职业教育·道路运输类专业教材

公路测设技术
（第2版）

王建林　主　编
徐　珊　副主编
谢海周　主　审

人民交通出版社股份有限公司
北京

内 容 提 要

本书为职业教育·道路运输类专业教材，是在各高等职业院校积极践行和创新先进职业教育理念，深入推进"校企合作，产教融合"人才培养模式的大背景下，在第1版教材基础上，根据教育部发布的最新专业教学标准及公路行业最新标准规范修订而成。

本教材以公路路线勘测、设计的全过程为主线，共设置九个模块，主要内容包括公路勘测与设计的基本认知、路线平面设计、路线纵断面设计、路基横断面设计、公路交叉口设计、公路选线、公路定线与放线、公路外业勘测、公路路线辅助设计。

本书可作为高职院校道路与桥梁工程技术专业及相关专业的教学用书，也可供公路勘测设计、施工、养护的工程技术人员学习参考。

本书配教学课件，教师可通过加入"职教路桥教学研讨群"(QQ:561416324)获取课件。

图书在版编目(CIP)数据

公路测设技术/王建林主编. —2版. —北京：人民交通出版社股份有限公司，2023.6
ISBN 978-7-114-16549-8

Ⅰ.①公… Ⅱ.①王… Ⅲ.①道路测量—高等职业教育—教材 Ⅳ.①U412.24

中国国家版本馆 CIP 数据核字(2020)第 079340 号

职业教育·道路运输类专业教材

书　　名：公路测设技术(第2版)
著 作 者：王建林
责任编辑：任雪莲
责任校对：孙国靖　刘　璇
责任印制：刘高彤
出版发行：人民交通出版社股份有限公司
地　　址：(100011)北京市朝阳区安定门外外馆斜街3号
网　　址：http://www.ccpcl.com.cn
销售电话：(010)59757973
总 经 销：人民交通出版社股份有限公司发行部
经　　销：各地新华书店
印　　刷：北京建宏印刷有限公司
开　　本：787×1092　1/16
印　　张：17.5
字　　数：413千
版　　次：2011年3月　第1版
　　　　　2023年6月　第2版
印　　次：2024年6月　第2版　第2次印刷　总第11次印刷
书　　号：ISBN 978-7-114-16549-8
定　　价：49.00元

(有印刷、装订质量问题的图书，由本公司负责调换)

第2版 前言
Preface

本教材遵照《公路工程技术标准》(JTG B01—2014)与《公路路线设计规范》(JTG D20—2017)的基本要求,以教育部最新发布的高等职业教育道路与桥梁工程技术专业教学标准为前提,在第1版教材的基础上,结合近年来职业教育教学与课程改革经验与成果,修订形成第2版教材。

本教材的编写充分体现岗课融通,即学习内容基于岗位工作实际,实现工作与学习结合,理论与实践并重,专业能力、职业素养和社会能力有机融合。在内容编排上,以公路路线设计的全过程为主线,全书共设置九个模块,每个模块设置若干个学习任务,主要内容包括公路勘测与设计的基本认知、路线平面设计、路线纵断面设计、路基横断面设计、公路交叉口设计、公路选线、公路定线与放线、公路外业勘测、公路路线辅助设计等。

在编写过程中,注重对学生个性与创新精神及实践动手能力的培养,教材内容设计以实用、实际、实效为原则,力求使本教材能反映当前公路工程设计技术的新理论、新技术、新方法,紧密跟踪公路设计的发展,教材内容符合最新的国家及行业标准、规范、规程及职业技能鉴定的要求,并为学生获取如公路施工员、注册建造师等交通土建类相关行业证书打下坚实的理论基础。

本书由浙江交通职业技术学院王建林担任主编并负责统稿,由浙江公路技师学院徐珊担任副主编。具体编写分工如下:模块一、模块二、模块七、模块九由王建林编写;模块五、模块六、模块八由徐珊编写;模块三、模块四由浙江交通职业技术学院刘丹萍编写。本书由中交公路规划设计院有限公司高级工程师谢海周担任主审。

本书可作为高职院校道路与桥梁工程技术专业及相关专业的教学用书,也可供公路勘测设计、施工及养护工程技术人员学习参考。

本教材编写过程中参考了大量标准、规范、手册、教材和有关论著,在此谨向相关作者表示衷心的感谢。

因编者水平有限,教材内容编排不当、错误或遗漏之处在所难免,敬请读者指正。

编　者
2023 年 3 月

目 录
Contents

模块一　公路勘测与设计的基本认知 ……………………………………… 001
  工作任务一　公路发展情况调查 ………………………………………… 001
  工作任务二　认识道路分类、公路分级与技术标准、公路勘测设计
       依据及程序 ……………………………………………… 005

模块二　路线平面设计 ……………………………………………………… 016
  工作任务一　公路平面线形组成分析 …………………………………… 016
  工作任务二　平曲线超高、加宽计算 …………………………………… 037
  工作任务三　平面视距要求及保证 ……………………………………… 055
  工作任务四　中桩坐标计算 ……………………………………………… 065
  工作任务五　平面设计成果编制 ………………………………………… 073

模块三　路线纵断面设计 …………………………………………………… 083
  工作任务一　路线纵断面线形组成分析 ………………………………… 083
  工作任务二　学习路线纵断面设计 ……………………………………… 096
  工作任务三　路线纵断面成果编制 ……………………………………… 107

模块四　路基横断面设计 …………………………………………………… 113
  工作任务一　路基横断面组成分析 ……………………………………… 113
  工作任务二　学习路基横断面设计 ……………………………………… 127
  工作任务三　路基土石方数量计算及调配 ……………………………… 132
  工作任务四　路基横断面成果编制 ……………………………………… 139

模块五　公路交叉口设计 …………………………………………………… 143
  工作任务一　公路与公路平面交叉认知 ………………………………… 143
  工作任务二　公路立体交叉认知 ………………………………………… 161

模块六　公路选线 ·· 175
　　工作任务一　路线方案选定 ·· 175
　　工作任务二　各类地形选线 ·· 182

模块七　公路定线与放线 ·· 201
　　工作任务一　纸上定线 ·· 201
　　工作任务二　实地定线和纸上移线 ·· 205
　　工作任务三　实地放线 ·· 217

模块八　公路外业勘测 ·· 223
　　工作任务一　公路初测 ·· 223
　　工作任务二　公路定测 ·· 233

模块九　公路路线辅助设计 ·· 250
　　工作任务一　公路路线 CAD 的基本认知 ····························· 250
　　工作任务二　路线辅助设计 ·· 258

参考文献 ··· 272

模块一 MODULE ONE

公路勘测与设计的基本认知

"公路测设技术"是高等职业教育道路与桥梁工程技术专业的核心课。本课程以公路路线几何线形为研究对象,依据现行《公路工程技术标准》(JTG B01)、《公路路线设计规范》(JTG D20)、《公路勘测规范》(JTG C10)等标准规范要求,以线形理论为基础,通过案例教学、理实一体化手段介绍相关知识。

本模块是学习公路测设技术课程的基础,共设两个工作任务,分别为公路发展情况调查,认识道路分类、公路分级与技术标准、公路勘测设计依据及程序。

工作任务一　公路发展情况调查

 学习目标

1. 通过学习,认识公路的发展概况;
2. 了解我国公路目前的发展规划;
3. 了解公路运输在现代交通运输网中的地位和作用。

 相关知识

一、公路的发展

公路是现代交通运输发展的产物,是人类文明的象征,是科学进步的一个重要标志。

我国的道路从商周的"周道如砥,其直如矢",一直到清朝修建长约15万km的"邮差路线",已有上千年的历史。但真正按一定标准修建公路,是从1913年修建长沙—湘潭公路开始的。此后,各省、区(西藏自治区除外)、市先后动工建设公路。由于我国当时经济落后和战乱的影响,20世纪前几十年,公路的发展十分缓慢。至1949年,全国(港澳台除外)公路通车里

程仅 8 万 km,而且分布极不合理,大部分公路集中在东部沿海地区,且路况很差,绝大部分达不到现在最低的技术等级,铺筑沥青类或水泥路面的公路总计不超过 300km,无法满足公路运输的需要。交通不便,不仅制约了当时经济的发展,也给人民群众的生活造成很大不便。

中华人民共和国成立后,为了恢复和发展国民经济、改善人民生活,我国各级政府十分重视交通基础设施建设,一方面对原有公路进行修复、改造,另一方面在我国西南、西北地区和广东、福建、江西、浙江等省开展了规模较大的国防公路建设。至 1957 年底,全国公路里程超过 25 万 km。著名的川藏、青藏、昆洛、海榆、敦格、福温等公路相继建成通车。1958 年,全国掀起了公路建设高潮,创造了两年修建公路 16 万多公里的纪录。到 1959 年末,全国公路里程突破 50 万 km 大关。

自 1978 年改革开放以后,随着交通量的迅速增长,1981 年国家计委、国家经委、交通部联合颁布了《国家干线公路网(试行方案)》,1982 年又提出了"普及与提高相结合,以提高为主"的公路建设方针。同时组织力量论证公路在国民经济中的地位和作用,阐述修建高速公路的经济效益和社会效益,使"要想富,先修路;公路通,百业兴"的口号,逐步成为多数人的共识。在这个基础上,交通部经过认真研究,提出征收车辆购置附加费(现改为汽车购置税),作为公路发展的专项资金;提高养路费的征收标准;利用国内外贷款修建高等级公路、大型桥梁和隧道,建成后收取通行费以及动用国家库存物资,以工代赈修建县乡公路等几项政策措施。经国务院批准后,于 1984 年和 1985 年相继付诸实施。从而使我国的公路建设进入了一个新的快速发展时期,不仅公路里程持续增长,高速公路也从无到有,在公路现代化的道路上迈出了可喜的一步。

从 20 世纪 90 年代开始,我国的公路建设进入了飞速发展时期,各级政府对公路建设投入力度之大、投资数量之多、建设标准之高,都是前所未有的。截至 2021 年年底,全国公路总里程达 528.07 万公里,其中,全国四级及以上等级公路里程约 506.19 万 km,高速公路里程 16.91 万公里,国道里程 37.54 万 km,省道里程 38.75 万 km,农村公路里程 446.60 万 km,其中县道里程 67.95 万 km、乡道里程 122.30 万 km、村道里程 256.35 万 km。

二、"十四五"公路发展趋势

"十四五"期间,我国交通运输领域将成为巨额资金和大型、重点工程的聚集地。按照《交通强国建设纲要》《国家综合立体交通网规划纲要》,以及融合、综合、智慧、绿色、安全、便捷的要求,"十四五"期间各地将密织交通运输网,改善交通运输服务品质,在实现交通运输领域高质量发展的同时,构建新发展格局。

经过"十三五"期间的发展,覆盖广泛、互联成网、质量优良、运行良好的公路网已基本形成。"十四五"期间,公路交通将以高质量发展为主题,更加注重服务国家大局,加强与京津冀协同发展暨雄安新区建设、长江经济带发展等国家重大战略规划的衔接,加快推进西部陆海新通道等重点项目建设;更加注重公路与铁路、水运、民航等运输方式的统筹衔接,提高网络效应和运营效率;更加注重公路网与运输服务网、信息网、能源网等的融合发展;更加注重拓展农村和边境地区交通通达深度,加快沿边抵边公路建设,继续深化"四好农村路"建设,完善道路安全设施,不断增强人民群众的获得感、幸福感和安全感。

三、公路运输的特点和作用

现代交通运输由铁路运输、公路运输、水上运输、航空运输及管道运输五种运输方式组成。不同运输方式各具特点：铁路运输在远程的大宗货物及客运运输中表现出运输量大、速度快及定点远行等优点，但中转多、不能直达；水上运输具有动力强、运输量大、耗能省、运输成本低等优点，但也有速度慢、中转多等缺点；航空运输具有速度快、成本高、运量小等特点；管道运输具有连续性强、运输成本低、损耗少、安全性高的特点，目前多用于液体、气体和粉状货物运输；公路运输，指以公路为运输线，利用汽车等陆路运输工具，做跨地区或跨国的移动，以完成旅客或货物位移的运输方式。公路运输是对外贸易运输和国内客货运输的主要方式之一。它既是独立的运输体系，也是车站、港口和机场物资集散的重要手段。公路运输与其他运输方式相比，具有以下几方面特点：

1. 机动灵活，适应性强

由于公路运输网一般比铁路网、水路网的密度大十几倍，分布范围广，因此公路运输车辆随处可见。公路运输在时间方面的机动性较强，车辆可随时调度、装运，各环节之间的衔接时间较短。尤其是公路运输对不同客运量、货运量具有很强的适应性，汽车的载质量有小（0.25~1t）有大（200~300t），既可以单辆车独立运输，也可以由若干车辆组成车队同时运输，这一点对抢险、救灾工作和军事运输具有特别重要的意义。

2. 可实现"门到门"直达运输

由于汽车体积较小，不需要二次搬运或转站，除了可沿分布较广的路网运行外，还可离开路网深入工厂企业、农村田间、城市居民住宅等地，即可以把旅客和货物从始发地直接运送到目的地，实现"门到门"直达运输。这是其他运输方式无法与之比拟的特点之一。

3. 在中、短途运输中，运送速度较快

在中、短途运输中，由于公路运输可以实现"门到门"直达运输，中途不需要倒运、转乘就可以直接将客、货运达目的地，因此，与其他运输方式相比，其客、货在途时间较短，运送速度较快。

4. 运量较小，运输成本较高

截至2021年，世界上载质量最大的汽车利勃海尔T282于1999年生产，载质量为327t；T282B为其升级版，其载质量达到363t，2004年投放市场，但其载质量仍比火车、轮船小得多。由于汽车载质量小，行驶阻力比铁路大9~14倍，所消耗的燃料以价格较高的液体汽油或柴油为主，因此，除了航空运输外，公路运输成本也相对较高。但随着高速公路建设日趋成熟，以及汽车制造技术的不断发展与改进，公路运输的成本也会随之下降。

综上所述，作为交通运输体系的重要组成部分，公路运输在当今国民经济发展中正发挥着越来越重要的作用。它以强大的通行能力、快捷的运行速度、灵活的运行方式等特性，极大地提高了运输的能力并丰富了运输的内容。另外，公路运输对创造就业机会、调整产业结构、合理开发自然资源以及发挥城市的经济辐射作用均有着重要意义。公路运输在整个交通运输中地位十分突出，具有举足轻重的作用。国民经济的发展离不开公路运输的支撑。

任务实施

一、任务实施流程

本工作任务可按以下脉络开展实践与交流：

(1)任务解读(根据教师所提供的参考文献、规划纲要等学习材料，以小组为单位，共同解读实践任务，包括任务的目的、内容与要求)；

(2)实践任务分解与分工；

(3)资料收集；

(4)资料汇总，分组讨论，并整理形成成果；

(5)上交成果：《公路发展情况调查报告》；

(6)学生自测与自评；

(7)组长对组员进行考核。

二、学习任务实施

(1)任务名称：公路发展情况调查。

(2)基本资料：

①中华人民共和国成立初期，全国(港澳台除外)公路通车里程仅为 8 万 km，经过新中国成立后几十年的建设，到 2021 年年底，全国公路总里程达 528.07 万公里。新中国成立至今，我国公路发展大致经历了 3 个阶段，分别为：1950—1978 年，通达工程建设期；1979—1997 年，提高等级建设期；1998 年至今，完善路网建设期。

②《国家公路网规划》《交通强国建设纲要》《国家综合立体交通网规划纲要》。

(3)任务：

①收集我国公路发展的三个时期中公路建设情况，并完成表 1-1-1。

我国公路建设情况调查表　　　　　表 1-1-1

项目	1950—1978 年	1979—1997 年	1998 年至今
通车总里程			

②结合各省(区、市)公路建设情况，收集自近 5 年来各级公路建设情况，并完成表 1-1-2。

近 5 年 _____ 省(区、市)各级公路建设情况调查表　　　　　表 1-1-2

项目	年份				
通车总里程					
高速公路					
一级公路					
二级公路					
三级公路					
四级公路					

③根据我国《国家公路网规划》的相关说明，用列表的形式完成"2022—2035年国家高速公路网一览表"。

④结合各省（区、市）公路建设情况，调查本省（区、市）范围内"十四五"时期公路建设规划。

⑤结合任务①~④的调查结果，分组讨论，分析我国公路的发展现状，完成《公路发展情况调查报告》。

(4) 要求：

①根据班级人数分成若干组，一般5~6人/组。

②以组为单位，各组员完成上述任务①~④，组长负责检查并统计各成员的调查结果，做好记录供集体讨论。

③全组共同完成上述任务⑤，组长负责成果的记录与整理，按任务目标的要求上交《公路发展情况调查报告》。

工作任务二　认识道路分类、公路分级与技术标准、公路勘测设计依据及程序

学习目标

1. 通过学习，掌握道路分类、公路分级及其功能的相关知识；
2. 熟悉各级公路的主要技术标准、公路勘测设计依据及程序；
3. 熟知各级公路所对应技术指标的内涵。

相关知识

一、道路分类

道路的主要功能是供各种车辆和行人通行。根据服务对象不同，道路可分为公路、城市道路，其中公路包含林区道路、厂矿道路及乡村道路等，公路是连接各城镇与城镇之间的通道，而城市道路则是连接城市各功能区之间的通道，如图1-2-1所示。

1. 公路

公路主要供汽车行驶，并具备一定的技术条件和设施。公路按其重要性、使用性质和行政等级又可划分为国家干线公路（简称国道）、省干线公路（简称省道）、县公路（简称县道）、乡村道路（简称乡道）以及专用公路等。

国道是指在国家干线网中，具有全国性的政治、经济、国防意义的主要干线公路，包括重要的国际公路，国防公路，连接首都与各省会、自治区首府、直辖市的公路，连接各大经济中心、港站枢纽、商品生产基地和战略要地的公路。

a)公路　　　　　　　　　　　　　　b)城市道路

图1-2-1　道路按服务对象分类

省道是指在省、区、市公路网中,具有全省性的政治、经济、国防意义,并由省级公路主管部门负责修建、养护和管理的省级干线公路。

县道是指具有全县政治、经济意义,连接县城和县内主要乡(镇)、主要商品生产和集散地的公路,以及不属于国道、省道的县际公路。县道由县、市公路主管部门负责修建、养护和管理。

乡道是指直接或主要为乡村经济、文化、生产、生活服务以及供乡村与外部联系的公路。乡道由县统一规划,由县、乡组织修建、养护和管理。由于乡村道路主要为农业生产服务,一般不列入国家公路技术等级标准。

专用公路是指专供或主要供厂矿、林区、农场、油田、旅游区、机场、港口、军事基地等与外部联系的公路。专用公路由专用单位负责修建、养护和管理,也可委托当地公路部门修建、养护和管理。专用公路的技术要求应按专门制定的技术标准或参照现行《公路工程技术标准》(JTG B01)执行。

2. 城市道路

在城市范围内,除供车辆及行人通行外,还用于城市埋设各类管线及作为其他公共用地,并具备一定技术条件和设施的道路统称为城市道路。城市道路除了把城市各部分联系起来为城市各种交通服务外,还起着构成城市结构布局的骨架,提供通风、采光,反映城市面貌和建筑风格,保持城市生活环境以及为防火、绿化提供场地的作用。

按照其在城市道路网中的地位、交通功能以及对沿线建筑物的服务功能等,城市道路分为快速路、主干路、次干路、支路四类。

各类道路由于其所处位置、交通性质及服务功能完全不同,其设计依据、对应的技术标准和具体要求也不相同,设计时应特别注意。

二、公路分级与技术标准

1. 公路分级

根据《公路工程技术标准》(JTG B01—2014)(以下简称《标准》)和《公路路线设计规范》(JTG D20—2017)(以下简称《规范》)的规定,我国公路的分级依据为交通功能和交通特性与控制干扰能力两个方面。其中：按交通功能分为干线公路、集散公路和支线公路，干线公路分为主要干线公路和次要干线公路，集散公路分为主要集散公路和次要集散公路；按交通特性与控制干扰能力，分为高速公路、一级公路、二级公路、三级公路及四级公路5个技术等级。

1）高速公路

高速公路为专供汽车分方向、分车道行驶，全部控制出入的多车道公路。高速公路的年平均日设计交通量宜在15000辆小客车以上。

2）一级公路

一级公路为供汽车分方向、分车道行驶，可根据需要控制出入的多车道公路。一级公路的年平均日设计交通量宜在15000辆小客车以上。

3）二级公路

二级公路为供汽车行驶的双车道公路。二级公路的年平均日设计交通量宜为5000~15000辆小客车。

4）三级公路

三级公路为供汽车、非汽车交通混合行驶的双车道公路。三级公路的年平均日设计交通量宜为2000~6000辆小客车。

5）四级公路

四级公路为供汽车、非汽车交通混合行驶的双车道或单车道公路。双车道四级公路的年平均日设计交通量宜在2000辆小客车以下；单车道四级公路年平均日设计交通量宜在400辆小客车以下。

2. 技术标准

《标准》是国家颁布的法定性技术准则，它反映了我国公路建设的方针、政策和技术要求，是公路勘测设计、施工和养护的依据。因此，在公路设计、施工和养护中，必须严格遵守。同时，在符合《标准》要求和不过多增加工程造价的前提下，根据技术经济原则尽可能采用较高的技术指标，以充分提高公路的使用质量和效益。

为正确指导公路建设，《标准》具有时效性，我国目前所采用的《标准》由交通运输部颁布，自2015年1月起实施。本《标准》适用于新建公路与改扩建公路。

《标准》分为10部分，分别是总则、术语、基本规定、路线、路基路面、桥涵、汽车及人群荷载、隧道、路线交叉、交通工程及沿线设施。《标准》的基本规定包括公路分级、设计车辆、交通量、服务水平、速度、建筑限界及抗震7个方面。

三、公路技术等级的选用

在选用公路技术等级时，应根据路网规划、公路功能，并结合交通量论证确定。实施时应从全局出发，并充分考虑项目所在地区的综合运输体系、社会经济、远期发展等因素，经综合论证后确定。在确定公路技术等级时，应明确以下几个问题。

（1）确定公路技术等级前，应首先明确该公路从交通功能上来说是干线公路还是集散公路，即属于直达还是连接，以及是否需要控制出入等。根据设计交通量初拟公路技术等级，然后结合地形、交通组成等，确定设计速度、路基宽度。

(2)公路技术等级应与该路段所对应的设计交通量相适应。各级公路所能适应的年平均日交通量是指设计交通量。高速公路和一级公路设计交通量预测年限为20年,二级、三级公路设计交通量预测年限为15年,四级公路可根据实际情况确定。设计交通量预测年限的起算年应为该项目可行性研究报告中的计划通车年。设计交通量的预测应充分考虑路线走廊带范围内远期社会、经济的发展和综合运输体系的影响。

(3)主要干线公路作为公路网中结构层次最高的主通道,应选用高速公路。次要干线公路作为主要干线公路的补充,应选用二级及以上公路。当设计交通量达到15000辆小客车/日时,宜选用一级及以上公路;当设计交通量达到10000辆小客车/日,且沿线纵横向干扰较大时,宜选用一级公路;当设计交通量不足10000辆小客车/日时,可选用二级公路;当货车占比较高时,宜间隔设置超车道以减少纵向干扰。

(4)主要集散公路是连接干线公路与支线公路的主要通道,宜选用一级、二级公路。

(5)次要集散公路是服务于县乡区域的主要交通通道,宜选用二级、三级公路。

(6)当既有公路不能满足功能需要时,应结合公路网发展规划,有计划地进行公路改建。

四、公路勘测设计依据及程序

公路建设应按一定的程序进行,在公路勘测阶段,应按已批准的计划任务书以及《标准》和《规范》的要求进行。无论是新建公路还是改建公路,都应有合理的设计依据,其中最基本的设计依据包括设计速度、设计车辆和设计交通量。

1. 公路勘测设计的依据

1)设计速度

设计速度是确定公路几何设计指标并使其相互协调的基本要素。设计速度一经选定,公路的所有相关要素如平曲线半径、视距、超高、纵坡、竖曲线半径等指标均应与其配合,以获得均衡设计。

设计速度与运行速度是两个不同的概念。运行速度是指汽车在公路上的实际行驶速度,它受气候、地形、交通密度以及公路自身条件的影响,同时与驾驶员的技术水平也有很大的关系。在设计速度低的路段上,当行车条件(交通密度、气候、地形等)比较好时,运行速度常接近或超过设计速度,设计速度愈低,出现这种现象的概率愈大。各级公路可根据项目沿线地形、地质与自然条件变化,分段选用设计速度。同时,超过设计速度的情况是危险的,所以在地形良好、线形顺适、视野开阔且容易产生超速行驶(超过设计速度)的路段,要特别注意曲线半径、超高、纵坡等参数的合理配置。

《标准》根据公路建设的难易程度、工程量及技术经济的合理性,规定了各级公路的设计速度,再结合交通需求的变化、技术经济的合理性、公路所在地形的协调性、视线与景观的互动性,便可做出合理的设计。

《标准》规定的各级公路的设计速度见表1-2-1。

各级公路设计速度 表1-2-1

公路等级	高速公路			一级公路			二级公路		三级公路		四级公路	
设计速度(km/h)	120	100	80	100	80	60	80	60	40	30	30	20

各级公路设计速度的选用应符合下列要求：

（1）高速公路设计速度不宜低于 100km/h，受地形、地质等条件限制时，可以选用 80km/h。

（2）作为干线的一级公路，设计速度宜采用 100km/h，受地形、地质等条件限制时，可采用 80km/h。作为集散的一级公路，设计速度宜采用 80km/h，受地形、地质等条件限制时，可采用 60km/h。

（3）高速公路和作为干线的一级公路的特殊困难局部路段，且因新建工程可能诱发工程地质病害时，经论证，该局部路段的设计速度可采用 60km/h，但长度不宜大于 15km，或仅限于相邻两互通式立体交叉之间的路段。

（4）作为干线的二级公路，设计速度宜采用 80km/h；受地形、地质等条件限制时，可采用 60km/h。作为集散的二级公路，设计速度宜采用 60km/h；受地形、地质等条件限制时，可采用 40km/h。

（5）三级公路设计速度宜采用 40km/h；受地形、地质等条件限制时，可采用 30km/h。

（6）四级公路设计速度宜采用 30km/h；受地形、地质等条件限制时，可采用 20km/h。

2）设计车辆

在公路上行驶的车辆主要有机动车和非机动车两类，其中机动车有摩托车、小客车、大型客车、载重汽车、拖拉机和大型集装箱车等，非机动车有自行车、人力车、畜力车等。根据公路的使用功能和性质，高速公路、一级公路专供机动车行驶，二、三、四级公路可供各种车辆（包括非机动车）行驶。

车辆的外廓尺寸是公路几何设计的重要依据，如路幅组成、平曲线加宽、视距、交叉口设计等都与车辆的外廓尺寸密切相关。《规范》对各种车辆进行归类，将其尺寸标准化，称为设计车辆。《标准》将设计车辆分为小客车、大型客车、铰接客车、载重汽车和铰接列车 5 种。公路设计所采用的设计车辆外廓尺寸规定见表 1-2-2。

设计车辆外廓尺寸　　　　　表 1-2-2

车 辆 类 型	总长(m)	总宽(m)	总高(m)	前悬(m)	轴距(m)	后悬(m)
小客车	6	1.8	2	0.8	3.8	1.4
大型客车	13.7	2.55	4	2.6	6.5 + 1.5	3.1
铰接客车	18	2.5	4	1.7	5.8 + 6.7	3.8
载重汽车	12	2.5	4	1.5	6.5	4
铰接列车	18.1	2.55	4	1.5	3.3 + 11	2.3

注：铰接列车的轴距(3.3 + 11)m；3.3m 为第一轴至铰接点的距离，11m 为铰接点至最后轴的距离。

3）交通量

交通量是指公路某断面在单位时间内通过往返车辆总数，其单位为辆/日或辆/小时。交通量与社会经济发展速度、气候、物产、文化生活水平等多方面因素有关，且随着时间、地点的变化而随机变化。其具体数值可通过交通调查和交通预测确定。

（1）年平均日交通量。

交通量通常用年平均日交通量（简称 AADT）表达，即一年 365 天交通量观测结果的平均值，其表达式为

$$N = \frac{1}{365}\sum_{i=1}^{365} Q_i \qquad (1\text{-}2\text{-}1)$$

式中:N——年平均日交通量(辆/日);
Q_i——一年内日交通量(辆/日)。

(2)设计交通量。

设计交通量是指达到设计年限时的年平均日交通量,它是规划道路、交通设施,确定道路等级,论证道路、交通设施建设可行性的主要依据。设计交通量与公路使用的功能、任务和性质有关,一般按年平均增长率计算确定。

$$N_d = N_0(1+\gamma)^{t-1} \qquad (1\text{-}2\text{-}2)$$

式中:N_d——达到设计年限时的年平均日交通量(辆/日);
N_0——起始年平均日交通量(辆/日);
γ——年平均增长率(%);
t——设计年限,按公路技术等级确定。

(3)设计小时交通量。

设计小时交通量是合理确定车道数、评价公路运行状态和服务水平的重要参数。研究认为,取一年中第30位小时交通量为设计小时交通量最合适,即将一年中测得的8760小时交通量按从大到小顺序排列,取第30位小时交通量作为设计小时交通量。如图1-2-2所示,在第30位小时交通量以上,曲线斜率急剧增大,第30位以下,曲线明显变缓,采用第30位小时交通量作为设计依据,每年只有29个小时的交通量超过设计小时交通量,保证率达99.67%。目前许多国家均采用第30位左右小时交通量作为设计依据,我国规定按不同情况可采用第20~40位小时交通量。

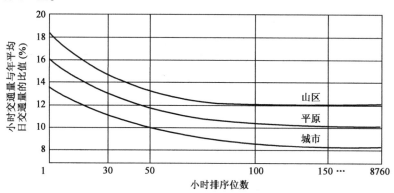

图1-2-2 年平均日交通量与小时交通量关系曲线图

设计小时交通量一般按预测年度的年平均日交通量计算,计算公式如下:

$$DDHV = AADT \times D \times K \qquad (1\text{-}2\text{-}3)$$

式中:DDHV——单向设计小时交通量(pcu/h);
AADT——预测年度的年平均日交通量(pcu/d);
D——方向不均匀系数(%),宜取50%~60%,亦可根据当地交通量观测资料研究确定;
K——设计小时交通量系数(%),为选定时位的小时交通量与年平均日交通量的比值。新建公路可参照公路功能、交通量、地区气候、地形等条件相似公路的预测数据确定;缺乏资料地区,一般平原区:$K = 13\% \sim 15\%$,山区:$K = 15\% \sim 17\%$。

(4)交通量换算。

《标准》规定,在确定某公路的设计交通量时,应将各种车辆折算为标准车型。我国公路设计时以小客车为标准车型。设计时应将公路行驶的各种车辆(含非机动车辆)按规定折合成小客车的年平均日交通量。各种汽车的折合必须有统一尺度才能比较交通量的大小。

确定公路技术等级的各汽车代表车型与车辆折算系数如表1-2-3所示。

各汽车代表车型与车辆折算系数 表1-2-3

汽车代表车型	车辆折算系数	说 明
小客车	1.0	座位≤19座的客车和载质量≤2t的货车
中型车	1.5	座位>19座的客车和2t<载质量≤7t的货车
大型车	2.5	7t<载质量≤20t的货车
汽车列车	4.0	载质量>20t的货车

注:1.畜力车、人力车、自行车等非机动车,在设计交通量换算中按路侧干扰因素计,如表1-2-4所示。

2.一、二级公路上行驶的拖拉机按路侧干扰因素计;三、四级公路上行驶的拖拉机每辆折算为4辆小客车。

3.公路通行能力分析所要求的车辆折算系数应针对路段、交叉口等形式,按不同的地形条件和交通需求,采用相应的折算系数。

路侧干扰等级表 表1-2-4

	路侧干扰等级	典型状况描述
1	轻微干扰	公路条件符合标准,交通状况基本正常,各类路侧干扰因素少
2	较轻干扰	公路设施两侧为农田,有少量自行车、行人出行或横穿公路
3	中等干扰	公路穿过村镇或路侧偶有停车,被交支路有少量车辆出入
4	严重干扰	公路交通流中有较多的非机动车混合行驶
5	非常严重干扰	路侧设有集市、摊位,交通管理或交通秩序很差

4)服务水平

服务水平是指驾驶员感受公路交通流运行状况的质量指标,通常采用平均行驶速度、行驶时间、驾驶自由度、交通延误等指标表征。

《标准》把公路设计服务水平分为六级,公路设计时其服务水平应根据公路功能、技术等级、地形地质条件等要素合理选用,并不低于表1-2-5的要求。承担集散功能的一级公路或路段,设计服务水平可降低一级。公路长隧道及特长隧道路段、非机动车及行人密集路段、互通式立体交叉的分合流区段及交织区段,其设计服务水平也可降低一级。

各级公路设计服务水平 表1-2-5

公路等级	高速公路	一级公路	二级公路	三级公路	四级公路
服务水平	三级	三级	四级	四级	—

2.公路勘测设计的程序和内容

公路勘测设计,指完成一条公路的外业勘测和内业设计工作,包括经济调查和技术勘测两部分。它是在公路网规划的基础上对一条公路进行具体布局、测量和设计的工作。一条公路的建设,首先必须进行工程可行性研究,然后进行相应的公路勘测与设计。根据公路建设的规模及投资等因素,公路勘测设计可包括初步设计、技术设计与施工图设计。

1) 工程可行性研究

工程可行性研究是公路基本建设前必须做一项重要工作,是建设项目决策和编制设计(计划)任务书的依据。工程可行性研究的目的是对建设项目的必要性、技术的可行性、经济的合理性、实施的可能性以及宏观和微观经济效益进行科学评价和评估,并提出多种比较方案,作为决策的依据。

公路工程可行性研究一般应包括以下内容:

(1) 概述。主要论述任务依据和历史背景、研究范围、研究的主要结论、存在的主要问题和建议。

(2) 现有公路技术状况及问题。主要阐述现有公路技术现状和适应程度,拟建项目在交通网中的作用、存在的主要问题。

(3) 运输量和交通量发展预测。主要阐述项目所在地的经济特性、经济增长与客货运输量增长的关系,交通调查情况和交通量发展预测。

(4) 公路建设规模及标准。主要论证公路技术等级和桥梁的结构规模、征地范围、技术标准等重要指标。

(5) 建设条件与方案选择。主要阐述地理位置、自然条件对工程方案、施工条件和工程造价的影响,社会环境及地方经济对建设项目的影响,工程方案的比选与推荐意见。

(6) 投资估算及资金筹措。根据主要工程数量、建设用地、拆迁数量进行投资估算,并说明资金来源和筹集办法。

(7) 实施方案。提出设计和施工的安排、工期和投资安排、工程管理和技术管理等方面的意见。

(8) 经济评价。主要指直接经济效益计算、经济投资费用计算、经济与社会效益分析等。

对上述内容,经研究后写出工程可行性研究报告,作为工程项目的决策依据。工程可行性研究报告获批准后,不得随意修改和变更。

2) 设计(计划)任务书

公路勘测与设计工作是根据已批准的设计(计划)任务书进行的,设计(计划)任务书由提出计划的主管部门下达或由下级单位编制后按规定上报审批。设计(计划)任务书包括以下基本内容:

(1) 建设依据和意义;

(2) 公路的建设规模和修建性质;

(3) 路线基本走向和主要控制点;

(4) 工程技术标准和主要技术指标;

(5) 按几阶段设计,各阶段完成的时间;

(6) 建设期限和投资估算,分期修建的应提出每期的建设规模和投资估算;

(7) 施工力量的安排;

(8) 路线示意图,工程数量,钢筋、水泥等主要材料数量及投资估算表等。

3) 设计阶段

公路工程基本建设项目的勘测设计阶段可分为"一阶段设计""两阶段设计""三阶段设

计"三种。通常采用两阶段设计,即初步设计和施工图设计。对技术简单、方案明确的小型建设项目,可采用一阶段设计,即施工图设计。对技术复杂而又缺乏经验的建设项目或建设项目中的个别路段、特殊大桥、互通式立体交叉、隧道等,必要时可采用三阶段设计,即初步设计、技术设计和施工图设计。

一阶段设计是根据获批准的设计(计划)任务书(或测设合同)的要求,进行定线测量,编制施工图设计文件和施工预算,作为公路施工的依据。

两阶段设计应根据获批准的设计(计划)任务书(或测设合同)的要求,经过初步测量,编制初步设计文件和设计概算,再根据获批准的初步设计文件,进行定线测量,编制施工图设计文件和施工预算,作为施工的依据。

三阶段设计是在初步设计文件和设计概算获批准后,先补充测量,然后编制技术设计文件和修正概算,最后根据获批准的技术设计文件,进行定线测量(或补充定测),编制施工图设计文件和施工预算,作为公路施工的依据。

在采用一阶段设计、两阶段设计或三阶段设计时,不论是新建公路还是改建公路,在公路勘测设计之前,均必须进行视察和工程可行性研究工作。视察和工程可行性研究虽不单独作为一个设计阶段,但它们是勘测设计工作之前必须进行的一个重要步骤。

一、任务实施流程

本工作任务可按以下脉络开展实践与交流:

(1)任务解读(以小组为单位,共同解读教师所布置的实践任务,包括任务的目的、内容与要求);

(2)实践任务分解与分工;

(3)资料收集;

(4)资料汇总,分组讨论,并整理形成成果;

(5)上交成果:《公路分级与技术指标认知报告》;

(6)学生自测与自评;

(7)组长对组员进行考核。

二、学习任务实施

(1)任务名称:解读《公路工程技术标准》(JTG B01—2014),完成公路分级与主要技术指标调查分析报告。

(2)基本资料:

①《公路工程技术标准》(JTG B01—2014);

②《公路路线设计规范》(JTG D20—2017)。

(3)任务:

①组织学习《标准》中"总则""基本规定""路线"相关内容,总结以上三方面的内容要点;

②根据《标准》和《规范》相关内容,完成表1-2-6。

各级公路主要技术指标 表1-2-6

公路等级		高速公路				一级公路		
设计速度(km/h)								
服务水平								
车道宽度(m)								
车道数								
圆曲线最小半径(m)	$i\leqslant 10\%$							
	$i\leqslant 8\%$							
	$i\leqslant 6\%$							
	$i\leqslant 4\%$							
不设超高最小半径(m)	$i\leqslant 2\%$							
	$i>2\%$							
竖曲线最小半径(m)	凸形							
	凹形							
竖曲线最小长度(m)								
停车视距(m)								
最大纵坡(%)								
汽车荷载等级								
公路等级		二级公路			三级公路			四级公路
设计速度(km/h)								
服务水平								
车道宽度(m)								
车道数								
左侧路缘带宽度(m)								
圆曲线最小半径(m)	$i\leqslant 10\%$							
	$i\leqslant 8\%$							
	$i\leqslant 6\%$							
	$i\leqslant 4\%$							
不设超高最小半径(m)	$i\leqslant 2\%$							
	$i>2\%$							
竖曲线最小半径(m)	凸形							
	凹形							
竖曲线最小长度(m)								
停车视距(m)								
最大纵坡(%)								
汽车荷载等级								

注:i为路拱横坡度。

(4)要求：

①根据班级人数分成若干组，一般5~6人/组；

②以组为单位，各组员分别完成上述任务①与②；

③组长负责成果的记录与整理，按要求完成任务并上交报告。

三、案例分析

[**案例**]　某公路通过交通流量调查，获得其当年的年平均日交通量如表1-2-7所示，若该公路拟按二级标准重建，试推算该公路的远景年限交通量。（注：年平均增长率 $\gamma=5\%$ ）

交通流量调查表　　　　　　　　　　　　　　　　　　表1-2-7

车型	小客车	中型车	大型车	汽车列车
交通量（辆/日）	500	1200	1000	550

解：(1)由表1-2-3可知，首先须将各种车型的交通量折算成标准车型的交通量，计算如表1-2-8所示。

交通流量折算表　　　　　　　　　　　　　　　　　　表1-2-8

车型	小客车	中型车	大型车	汽车列车
折算前交通量（辆/日）	500	1200	1000	550
折算系数	1.0	1.5	2.5	4.0
折算后交通量（辆/日）	500	1800	2500	2200
合计（辆/日）	7000			

(2)按《标准》要求，二、三级公路的设计年限为15年，则由式(1-2-2)得

$$N_d = N_0(1+\gamma)^{t-1} = 7000 \times (1+0.05)^{15-1} = 13859（辆/日）$$

由《标准》要求，双车道二级公路应能适应将各种汽车折合成小客车的年平均日交通量为5000~15000辆，说明该公路拟按二级标准重建满足设计交通量要求。

(1)我国公路发展经历了哪几个阶段？

(2)与其他公路相比，高速公路有哪些特点？

(3)公路与城市道路在功能上有哪些区别？

(4)我国把公路分成几级？公路技术等级的选用一般要考虑哪些方面？

(5)《公路工程技术标准》(JTG B01—2014)主要由哪几部分组成？

(6)公路勘测设计的依据有哪些？《公路工程技术标准》(JTG B01—2014)中提出的公路基本要求主要有哪些？

(7)什么是设计速度？为什么设计速度是公路设计的最基本设计依据？

(8)为什么说将第30位小时交通量作为设计小时交通量是合理的？

(9)公路工程可行性研究一般包括哪些内容？

(10)公路勘测设计可分为哪几个阶段？简述各阶段的主要任务。

模块二
MODULE TWO
路线平面设计

工作任务一　公路平面线形组成分析

 学习目标

1. 通过学习,重点掌握公路平面线形三要素(直线、圆曲线和缓和曲线)的含义及相关技术要求;
2. 熟练掌握公路平面线形的 7 种基本组合、内涵及其在线形设计中的技术要点;
3. 能根据所提供的工程案例对平面线形各要素进行正确且合理的取值。

 相关知识

一、公路平面线形组成

公路线形是指公路路线的空间形状。为研究方便和直观起见,对该空间线形进行三视图投影。中线在水平面上的投影称为公路的平面线形;沿中线竖直剖切并展开构成纵断面线形;沿中线上任一点的法向切面构成横断面线形,如图 2-1-1 所示。

公路线形的设计实际上是确定平面、纵断面及横断面线形的尺寸和形状,也就是通常所指的平面设计、纵断面设计和横断面设计。三者之间既相互联系又相互制约,因此进行路线设计时,必须综合考虑。

公路的平面线形因为受到技术条件、自然地理与社会经济等因素的制约,从路线的起点到终点之间不可能是一条直线,往往由许多直线段和曲线段(包括圆曲线和缓和曲线)构成,如图 2-1-2 所示。

平面线形可分解为直线、圆曲线及缓和曲线,因此对线形的研究,实际上是对直线、圆曲线

及缓和曲线三要素的研究,并对三要素进行恰当组合,适应自然地形,以保证汽车在公路上能安全、顺适行驶。

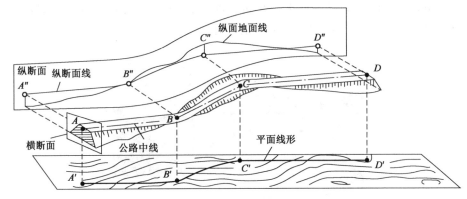

图 2-1-1　公路空间线形

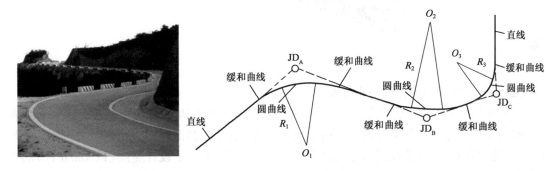

图 2-1-2　平面线形构成

1. 直线

直线是地面上两点之间距离最短的线形,一般情况下,这种线形的测设、放样简单,通视条件良好,车辆的运行距离短,可降低汽车的运营成本,因而在公路设计中被广泛运用。

但由于直线线形在布局时灵活性差,受地形、环境等条件限制,并且容易导致驾驶员的思想麻痹,经常性超车,从而发生交通事故,所以在设计中应合理取用直线长度。直线长度很难从理论上界定,但在实际应用时应根据地形、安全及景观因素,从以下几个方面考虑。

1)直线的最大长度

直线过长,则会出现公路线形单调,容易诱发驾驶疲劳问题,对行车安全不利。直线最大长度的控制主要考虑了驾驶员的视觉反应及心理承受能力,同时还与地形条件有关,《标准》规定:直线的最大长度应有所限制。设计人员在实际工作中,应根据地形、自然景观以及工作经验等来确定。当因故必须采用长直线时,为弥补长直线路段景观单调缺陷,应结合沿线具体情况采取相应技术措施。

2)直线的最小长度

(1)同向圆曲线间的直线最小长度。

同向圆曲线是指两个转向相同的相邻圆曲线以直线连接而构成的平面线形。互相通视的同向圆曲线间若插以短直线,容易产生把直线和两端圆曲线看成反向曲线的错觉,通常把这种线形称为断背曲线,如图 2-1-3 所示。此类线形不连续,容易造成驾驶员操作失误,设计中应尽量避免。《规范》规定,当设计速度 $V \geqslant 60\text{km/h}$ 时,同向圆曲线间的最小直线长度(以 m 计)以不小于该公路设计速度(以 km/h 计)的 6 倍为宜。

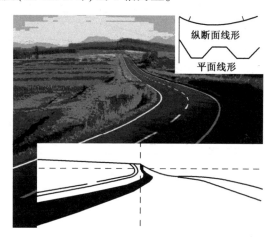

图 2-1-3　断背曲线的视觉效果

(2)反向圆曲线间的直线最小长度。

反向圆曲线是指两个转向相反的相邻圆曲线间连以直线所形成的线形。考虑到为设置超高和加宽缓和段的需要以及驾驶员转向的操作要求,如无缓和曲线时,宜设置一定长度的直线。《规范》规定反向圆曲线间最小直线长度(以 m 计)以不小于设计速度(以 km/h 计)的 2 倍为宜。若两反向圆曲线已设缓和曲线,在受限制的地点也可使两反向缓和曲线首尾相接构成 S 形曲线。

对于设计速度小于或等于 40km/h 的公路,曲线间最小直线长度可参照上述规定执行。

3)适宜采用直线的场合

(1)不受地形、地物限制的平坦地区和山间的开阔地段;

(2)城镇及其近郊或规划方正的农耕区等以直线为主体的地区;

(3)长大桥梁、隧道等结构物地段;

(4)路线交叉点前后;

(5)双车道公路供超车的路段。

4)采用长直线线形时的注意事项

(1)纵坡不宜过大,一般应小于 3%;

(2)与大半径凹形竖曲线组合为宜,如图 2-1-4 所示;

(3)两侧地形过于空旷时,宜采取种植不同树种或设置一定建筑物等措施;

(4)长直线或长下坡尽头的平曲线,除曲线半径、超高、视距等必须符合规定要求外,还必须采取设置标志、增加路面抗滑能力等安全措施;

(5)对设计速度较高的公路(设计速度 $V \geqslant 60\text{km/h}$),其直线长度宜控制在 70s 左右的行程距离内。

a)长直线与直线坡组合,视觉效果差　　　　b)长直线与凹形竖曲线组合,视觉效果好

图 2-1-4　长直线与凹形竖曲线组合前后的视觉效果

2. 圆曲线

圆曲线是平面线形的主要组成部分。平面线形中的单曲线、复曲线、虚交点曲线、回头曲线等,一般都包括圆曲线。圆曲线因具备地形适应性强、可循性好、线形美观、易于测设等优点,运用十分普遍。

1)圆曲线最小半径分析

《标准》规定圆曲线最小半径 R 的理论公式如下:

$$R = \frac{v^2}{127(\mu + i_h)} \tag{2-1-1}$$

式中:v——车辆速度(km/h);

μ——横向力系数,极限值为路面与轮胎之间的横向摩阻系数;

i_h——路面的横向坡度(%)。

由式(2-1-1)可知,圆曲线半径与横向力系数密切相关,在确定圆曲线的最小半径时,应考虑横向力系数的合理取值,即综合考虑汽车行驶的安全、迅速、舒适和经济,并兼顾线形的美观与顺适,使确定的最小半径能满足某种程度的行车要求。《标准》根据各级公路的不同要求,规定了圆曲线最小半径有三类:最小半径(极限值)、最小半径(一般值)和不设超高最小半径。其中最小半径(极限值)主要满足行车安全,适当考虑舒适性;最小半径(一般值)主要考虑汽车行驶的安全性和舒适性;不设超高最小半径则考虑即使不设超高也能保证汽车行驶的安全性和舒适性。

在一定车速 v 的条件下,要满足三类最小半径不同的安全性和舒适性要求,关键在于横向力系数 μ 值的合理确定。

(1)行车安全性分析。

汽车在弯道上安全行驶的必要条件是轮胎不会在路面上产生侧滑。它要求横向力系数 μ 小于或等于轮胎与路面之间的横向摩阻系数 φ,即

$$\mu \leq \varphi \tag{2-1-2}$$

其中,横向摩阻系数 φ 与路面的粗糙程度和潮湿泥泞程度、轮胎花纹和气压、车速、荷载等有关,可按表 2-1-1 选用。

轮胎与路面之间的横向摩阻系数　　　　　　表 2-1-1

路面类型	路面状况			
	干燥	潮湿	泥泞	冰滑
水泥混凝土路面	0.7	0.5	—	—
沥青混凝土路面	0.6	0.4	—	—
过渡式及低级路面	0.5	0.3	0.2	0.1

(2)行车舒适性分析。

根据国内外大量资料分析,随 μ 值的变化,乘客的心理反应如下：

当 $\mu<0.1$ 时,不感到有曲线存在,很平稳,近似于在直线上行驶；

当 $\mu=0.15$ 时,感到有曲线存在,但尚平稳；

当 $\mu=0.2$ 时,感到有曲线存在,略感不平稳；

当 $\mu=0.35$ 时,感到明显不平稳；

当 $\mu>0.4$ 时,感到非常不平稳,有倾倒的危险感。

由此,从乘客的舒适性出发,μ 值的取值范围以 0.10~0.17 为宜。

(3)行车经济性分析。

通过大量研究发现,μ 值与燃料消耗及轮胎磨损有关。试验表明,随着 μ 值的增大,车辆的运行经济性会明显下降,如表 2-1-2 所示。

横向力系数 μ 与燃料消耗、轮胎磨损对照表　　　　表 2-1-2

μ	燃料消耗(%)	轮胎磨损(%)
0	100	100
0.10	110	220
0.15	115	300
0.20	120	390

综上分析,μ 值大小与行车安全性、经济性与舒适性等密切相关。因此,μ 值应根据行车速度、圆曲线半径及超高横坡度,在合理的范围内选择。

2)圆曲线最小半径的含义

(1)最小半径(极限值)。

进行公路路线设计时,为满足安全要求,兼顾舒适性,《标准》提出的最小半径(极限值)指标主要是控制 μ 值的选用,可按式(2-1-3)确定。

$$R_{\min} = \frac{V^2}{127(\mu_{\max} + i_{b\max})} \tag{2-1-3}$$

式中：$R_{\min}$——最小半径(极限值)(m)；

V——设计速度(km/h)；

$\mu_{\max}$——最小半径(极限值)所对应的横向力系数,见表 2-1-3；

$i_{b\max}$——最大超高横坡度(%),见表 2-1-3。

最小半径(极限值)所对应的横向力系数及最大超高横坡度取用表　　表 2-1-3

V(km/h)	120	100	80	60	40	30	20
$\mu_{\max}$	0.10	0.12	0.13	0.15	0.15	0.16	0.17
$i_{b\max}$(%)	8	8	8	8	8	8	8

(2)最小半径(一般值)。

进行公路路线设计时,不应只考虑节约投资,不考虑线形的整体协调和今后提高公路等级而过多采用最小半径(极限值)的倾向,同时也要考虑在地形相对复杂的情况下不会过多增加工程量,而且具有充分的舒适感。最小半径(一般值)可按式(2-1-4)计算:

$$R_{一般} = \frac{V^2}{127(\mu_{一般} + i_b)} \tag{2-1-4}$$

式中:$R_{一般}$——最小半径(一般值)(m);
  V——设计速度(km/h);
  $\mu_{一般}$——最小半径(一般值)所对应的横向力系数,见表2-1-4;
  i_b——路拱超高横坡度(%),见表2-1-4。

最小半径(一般值)横向力系数及路拱超高横坡度取用表 表2-1-4

V(km/h)	120	100	80	60	40	30	20
$\mu_{一般}$	0.05	0.05	0.06	0.06	0.06	0.05	0.05
i_b(%)	6	6	7	8	7	6	6

(3)不设超高最小半径。

当路线某一半径大于一定值时,即使汽车在圆曲线外侧行驶也能获得足够的安全性和很高的舒适性,这时路面可不设超高,即路拱为双向横坡度,与直线段的路拱横坡度相同。不设超高最小半径可按式(2-1-5)计算:

$$R_{免} = \frac{V^2}{127(\mu - i_1)} \tag{2-1-5}$$

式中:$R_{免}$——不设超高最小半径(m);
  V——设计速度(km/h);
  μ——不设超高横向力系数,一般取$\mu = 0.035 \sim 0.06$;
  i_1——路拱横坡度,对于二级及以上公路,取$i_1 = 0.01 \sim 0.02$,对于二级以下公路,取$i_1 = 0.03 \sim 0.04$。

表2-1-5为《标准》规定的各级公路圆曲线最小半径。

各级公路圆曲线最小半径 表2-1-5

设计速度(km/h)		120	100	80	60	40	30	20
最小半径(一般值)(m)		1000	700	400	200	100	65	30
最小半径(极限值)(m)	$i_{max}=4\%$	810	500	300	150	65	40	20
	$i_{max}=6\%$	710	440	270	135	60	35	15
	$i_{max}=8\%$	650	400	250	125	55	30	15
	$i_{max}=10\%$	570	360	220	115	50	30	15
不设超高最小半径(m)	路拱≤2.0%	5500	4000	2500	1500	600	350	150
	路拱>2.0%	7550	5250	3350	1900	850	450	200

注:"一般值"为正常情况下的采用值;"极限值"为条件受限时可采用的值;i_{max}为采用最大超高值,"—"为不考虑采用对应最大超高值的情况。

结合《标准》及《规范》,各级公路圆曲线最小半径应满足以下要求:

①圆曲线最小半径应根据设计速度,按表 2-1-5 确定;
②选用圆曲线半径时,既要适应沿线地形地物条件变化,同时应注意前后线形协调,不应突然采用小半径圆曲线;
③长直线或大半径圆曲线路段,不能采用最小圆曲线半径;
④从地形条件好的区段进入地形条件较差区段时,线形技术指标应逐渐过渡,防止突变;
⑤各级公路平面不论转角大小,均应设置圆曲线;
⑥在选用圆曲线半径时,应与设计速度相适应;
⑦圆曲线最大半径值不宜超过 10000m。

3. 缓和曲线

缓和曲线是设置在直线与圆曲线之间或大半径圆曲线与小半径圆曲线之间的过渡线形,它是道路平面线形三要素之一。它的主要特征是曲率连续均匀变化。《标准》规定,直线与小于表 2-1-5 不设超高最小半径的圆曲线相衔接处,应设置缓和曲线。缓和曲线采用回旋线。缓和曲线参数及其长度应根据线形设计以及对安全、视觉、景观等的要求,选用较大的数值。四级公路直线与小于不设超高最小半径的圆曲线相衔接处,可不设置缓和曲线,用超高、加宽缓和段径相连接。在进行公路线形设计时,合理使用缓和曲线可增强汽车行驶的安全性与舒适性,美化线形。

1)缓和曲线的作用

(1)便于驾驶员操纵转向盘。

汽车从直线进入圆曲线,或从大半径圆曲线驶入小半径圆曲线时,插入缓和曲线可使汽车前轮转向角逐渐从 0°转向 α,以利于驾驶员操纵转向盘,保证行驶安全。

(2)保证乘客乘车的舒适与稳定,减少离心力变化。

离心力的大小与汽车行驶的曲率半径大小成反比,在直线段,离心力为零。在圆曲线上,离心力最大。当插入缓和曲线时,因为缓和曲线的曲率是逐渐变化的,可以消除离心力突变的影响,从而保证乘客乘车的舒适与稳定。

(3)满足超高、加宽缓和段过渡要求,利于平稳行车。

当圆曲线上有超高与加宽时,由直线段上无超高及加宽过渡到主圆曲线的全超高及全加宽时,必须有一个缓和段,从而设置缓和曲线,可以通过缓和曲线完成超高及加宽的逐渐过渡,保证行车的平稳性。

(4)与圆曲线配合得当,美化线形。

圆曲线与直线径相连接,在连接处曲率突变,存在折点和扭曲现象,视觉上有不平顺的感觉,视觉效果差,如图 2-1-5a)所示。设置缓和曲线后,线形连续圆滑,提升了线形的美观性,同时获得了良好的视觉效果和心理效果,如图 2-1-5b)所示。

《规范》规定,高速公路、一级公路、二级公路、三级公路的直线与小于表 2-1-5 所示的不设超高的圆曲线最小半径径相连接处,应设置回旋线,四级公路可不设置回旋线,但应设置超高、加宽过渡段。

半径不同的同向圆曲线径相连接处,应设置回旋线。但符合下列条件时可不设置回旋线。

①两同向圆曲线中的小圆半径大于表 2-1-5 所示的不设超高的最小半径要求。

a) 未设缓和曲线的视觉效果　　　　b) 设置缓和曲线后的视觉效果

图 2-1-5　设置缓和曲线前后效果图

②两同向圆曲线中的小圆半径大于表 2-1-6 所示的临界圆曲线半径值,并符合下列条件之一,可不设回旋线:

a. 小圆按最小回旋线线长度设置时,大圆与小圆的内移值之差小于 0.10m 时;

b. 设计速度大于或等于 80km/h,大圆半径与小圆半径之比小于 1.5 时;

c. 设计速度小于 80km/h,大圆半径与小圆半径之比小于 2.0 时。

同向复曲线中小圆半径的临界圆曲线半径　　　　表 2-1-6

设计速度(km/h)	120	100	80	60	40	30
临界圆曲线半径(m)	2100	1500	900	500	250	130

2) 缓和曲线的性质

当汽车逐渐由直线驶入圆曲线,为简便起见,可作两个假定:一是汽车匀速行驶;二是驾驶员操纵转向盘作匀角速转动,即汽车的前轮转向角由直线上的 0°均匀地增加到圆曲线上的 α 值,如图 2-1-6 所示。

由图 2-1-6 可得:

$$s = \frac{A^2}{\rho} \tag{2-1-6}$$

式中:s——汽车从曲线起点行驶至所求点的距离(m);

A——参数(m);

ρ——曲线上所求点处的曲率半径(m)。

式(2-1-6)为汽车转弯时的理论轨迹方程,从中可以得出两个结论:一是该曲线上任一点的曲率半径与该点至曲线起点的距离成反比,它符合汽车在道路上的行驶轨迹;二是参数 A 对某一曲线来说,是一个常数,但对整个公路线形而言,其实质为一个放大倍数,适应于不同的情况。

由式(2-1-6),令

$$s = l_h$$

则

$$\rho = R$$

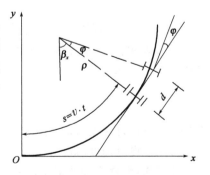

图 2-1-6　汽车行驶轨迹图

得

$$l_h = \frac{A^2}{R} \tag{2-1-7}$$

式中：l_h——缓和曲线长度(m)；

其余符号意义同前。

3) 缓和曲线最小长度

缓和曲线的长度应能够保证驾驶员操纵转向盘所需的时间，限制离心加速度的增长，满足设置超高与加宽过渡以及驾驶员视觉上的平顺感要求。

(1) 根据离心加速度变化率求缓和曲线最小长度。

为了保证乘客乘车的舒适性，需控制离心力的变化率。

在缓和曲线起点处：

$$\rho = \infty, \quad a_1 = 0$$

在缓和曲线终点处：

$$\rho = R, \quad a_2 = \frac{v^2}{\rho} = a_{max}$$

如果汽车从缓和曲线起点行驶到终点的行驶时间为 t，则

$$t = \frac{l_h}{v}$$

离心加速度平均增长率为

$$a_s = \frac{\Delta a}{t} = \frac{a_2 - a_1}{t} = \frac{a_{max}}{t} = \frac{v^3}{l_h R} = \frac{V^3}{47 l_h R}$$

则

$$l_h \geq \frac{v^3}{47 R a_s} \tag{2-1-8}$$

式中：V——设计速度(km/h)；

R——圆曲线半径(m)；

a_s——离心加速度的变化率(m/s^3)；

t——汽车在曲线上行驶的时间(s)，一般取 $t = 3s$。

确定缓和曲线的最小长度，我国公路设计中采用 $a_s \leq 0.6 m/s^3$，则

$$l_h \geq 0.035 \frac{V^3}{R} \tag{2-1-9}$$

(2) 依驾驶员操纵转向盘所需时间计算缓和曲线最小长度。

试验表明，驾驶员在缓和曲线上操纵转向盘的最合适时间为 $t = 3 \sim 5s$，我国采用 $t = 3s$，所以缓和曲线最小长度 l_h 为

$$l_h = vt = \frac{V}{3.6} t = \frac{V}{1.2} \tag{2-1-10}$$

式中：v——设计速度(m/s)；

V——设计速度(km/h)。

上式表明，缓和曲线最小长度与半径的大小无关，即使圆曲线半径较大，当汽车高速行驶时，也应有个转变过程，因而式(2-1-10)是高等级公路设置缓和曲线的校核式。

(3)根据超高过渡段不宜过陡确定缓和曲线最小长度。

超高过渡段(即超高渐变率)是指缓和曲线上设置超高缓和段后,因路基外侧由双向横坡逐渐变成单向超高横坡后,所产生的附加纵坡。当附加纵坡过小时,不利于排水;当附加纵坡过大时,路容不美观。

为了保证适中的超高渐变率,需确定合适的缓和曲线长度。由超高过渡段长度计算公式知:

$$l_c = \frac{h_c}{p}$$

即

$$l_h \geq \frac{h_c}{p} \tag{2-1-11}$$

式中:l_c——超高过渡段长度(m);

l_h——缓和曲线长度(m);

h_c——路基外侧全超高断面处的全超高值(m);

p——超高渐变率。

(4)在满足视觉上应有的平顺感的条件下计算缓和曲线最小长度。

根据视觉要求,缓和曲线的起点和终点的切线角 β 最好在 3°~29°之间,这样可获得良好的视觉效果。由图 2-1-7 可知:

$$\beta = \frac{l_h}{2R}$$

而

$$R = \frac{A^2}{l_h}$$

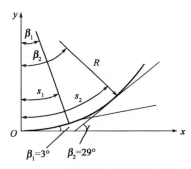

图 2-1-7 满足视觉要求的缓和曲线

则 $\beta = \frac{l_h^2}{2A^2}$,将 $\beta = 3°$ 及 $\beta = 29°$ 代入上式,得

$$\frac{R}{3} \leq A \leq R \tag{2-1-12}$$

或

$$s_1 \leq l_h \leq s_2 \tag{2-1-13}$$

根据上述四点要求可知,缓和曲线长度与行车速度关系最大,与半径的关系则有差异,其中(2)和(3)与半径无关,反之,(1)和(4)与半径相关。为此,《标准》规定按设计速度来计算缓和曲线最小长度,同时考虑了行车时间和超高过渡的要求,因此在相同设计速度的公路上,不论曲线半径大小如何,都可取同一个缓和曲线长度。各级公路缓和曲线最小长度见表 2-1-7。

各级公路缓和曲线最小长度 表 2-1-7

设计速度(km/h)	120	100	80	60	40	30	20
最小长度(m)	100	85	70	50	35	25	20

注:四级公路为超高、加宽过渡段长度。

在确定缓和曲线长度时需考虑以下几点：

①缓和曲线作为公路平面线形的三要素之一，在线形设计中应作为主要线形要素加以应用，不能仅将其视为一种过渡线形。设计时要注意缓和曲线与直线和圆曲线相协调，以保证线形的美观和良好的视觉效果。

②缓和曲线的参数 A 是反映曲率变化缓急的重要参数，其值除应满足式（2-1-12）外，还应满足下列条件：当 R 接近 100m 时，取 $A = R$；当 $R < 100$m 时，则取 $A \geq R$。当 R 较大且接近 3000m 时，取 $A = R/3$；当 $R > 3000$m 时，则取 $A < R/3$。

③缓和曲线长度除满足表 2-1-7 的规定外，还应保证大于超高过渡段长度。

4）缓和曲线的直角坐标

（1）缓和曲线的切线角。

①缓和曲线上任意点的切线角 β_x。

缓和曲线的切线角，指缓和曲线上任一点的切线与该缓和曲线起点的切线所成的夹角。如图 2-1-8 所示，在缓和曲线上任意一点 P 处取微分弧段 ds，按泰勒级数展开式的前两项整理，其计算式如式（2-1-14）所示：

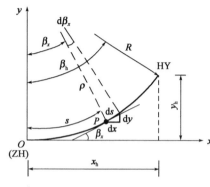

图 2-1-8　缓和曲线上的直角坐标

$$\beta_x = \frac{sds}{A^2} = \frac{s^2}{2A^2} = \frac{s^2}{2Rl_h^2} \quad (2\text{-}1\text{-}14)$$

式中：β_x——缓和曲线上任意一点的切线角（rad）；

　　　s——缓和曲线上任意一点至起点的距离（m）；

　　　R——圆曲线半径（m）；

　　　l_h——缓和曲线长度（m）；

　　　A——缓和曲线参数（m）。

②缓和曲线的总切线角 β_h。

在 l_h 终点处 $s = l_h$，将 $\rho = R$ 代入式（2-1-14），则得

$$\beta_h = \frac{l_h}{2R} \cdot \frac{180}{\pi} \quad (2\text{-}1\text{-}15)$$

式中：β_h——缓和曲线总切线角（°）；

其余符号意义同前。

（2）缓和曲线直角坐标。

在图 2-1-8 中，任意一点 P 处的微分弧段 ds，其所对应的中心角为 $d\beta_x$，则

$$\begin{cases} dx = ds \cdot \cos\beta_x \\ dy = ds \cdot \sin\beta_x \end{cases} \quad (2\text{-}1\text{-}16)$$

经积分并整理得

$$\begin{cases} x = s - \dfrac{s^5}{40R^2 l_h^2} \\ y = \dfrac{s^3}{6l_h} - \dfrac{s^7}{336R^3 l_h^3} \end{cases} \quad (2\text{-}1\text{-}17)$$

式中:x、y——缓和曲线上任意一点的切线支距值(m);

其余符号意义同前。

当 $s = l_h$ 时,缓和曲线终点的坐标为

$$\begin{cases} x_h = l_h - \dfrac{l_h^3}{40R^2} \\ y_h = \dfrac{l_h^2}{6R} - \dfrac{l_h^4}{336R^3} \end{cases} \quad (2\text{-}1\text{-}18)$$

式中:x_h、y_h——缓和曲线终点 HY(或 YH)的切线支距值(m);

其余符号意义同前。

(3)缓和曲线常数。

为了能在直线与圆曲线之间插入缓和曲线,必须将原有圆曲线向内移动一定的距离 p。圆曲线向内移动有两种方法:一种是圆心不变,使圆曲线半径减小,从而使圆曲线向内移动;另一种是半径不变,圆心沿分角线方向内移,从而使圆曲线向内移动。由于后者是不平行移动,圆曲线上各点的内移值不相等,测设工作烦琐,因此多采用第一种方法。

采用圆心不动的平行移动方法,可以假设圆曲线在未设置缓和曲线时的圆曲线半径为 $R+p$,而该圆曲线要插入缓和曲线,就需向内移动距离 p,圆曲线半径正好减小一个 p 值,即为 R,如图 2-1-9 所示。

①主圆曲线的内移值 p 及切线增长值 q,由图 2-1-9 可知:

$$p = x_h + R\cos\beta - R = x_h - R(1-\cos\beta)$$

$$q = x_h - R\sin\beta$$

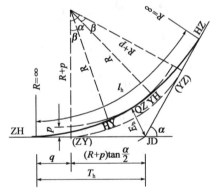

图 2-1-9 主圆曲线的"p"与"q"

将 $\sin\beta_h$ 及 $\cos\beta_h$ 用函数幂级数展开可得

$$p = \dfrac{l_h^2}{24R} - \dfrac{l_h^4}{2688R^3} \quad (2\text{-}1\text{-}19)$$

$$q = \dfrac{l_h}{2} - \dfrac{l_h^3}{240R^2} \quad (2\text{-}1\text{-}20)$$

②起、终点的切线交点距起、终点之距 T_d 及 T_k,由图 2-1-10 可知:

$$T_d = x_h - y_h \cot\beta$$

$$T_k = y_h \csc\beta$$

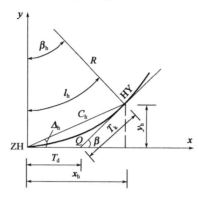

图 2-1-10 缓和曲线常数

同理,将 $\cot\beta$、$\csc\beta$ 进行级数展开并化简得

$$T_d = \frac{2}{3}l_h + \frac{11l_h^3}{360R^2}$$

$$T_k = \frac{l_h}{3} + \frac{l_h^3}{126R^2}$$

(2-1-21)

③缓和曲线的总偏角及总弦长。

如图 2-1-10 所示,缓和曲线的弦长 C_h(又称动径)与横轴的夹角即总偏角 Δ_h。因为 Δ_h 很小,故 $\sin\Delta_h \approx \tan\Delta_h \approx \Delta_h$,则

$$\Delta_h \approx \tan\Delta_h = \frac{x_h}{y_h} \approx \frac{y_h}{l_h}$$

因

$$y_h \approx \frac{l_h^2}{6R} \quad (\text{取公式的前一项})$$

又

$$\beta_h = \frac{l_h}{2R}$$

则

$$\Delta_h = \frac{l_h^2/6R}{l_h} = \frac{l_h}{6R} = \frac{\beta_h}{3}$$

(2-1-22)

同理,由图 2-1-10 可知:

$$C_h = x_h \sec\Delta_h$$

(2-1-23)

将 $\sec\Delta_h$ 用级数展开得

$$\sec\Delta_h \approx 1 + \frac{\Delta_h^2}{2} \quad (\text{取级数的前两项})$$

将上式代入式(2-1-23)并简化得

$$C_h = l_h - \frac{l_h^3}{90R^2}$$

(2-1-24)

5)带缓和曲线的平曲线要素计算

《标准》规定,当圆曲线半径小于不设超高最小半径时,必须设置缓和曲线。缓和曲线长度应视圆曲线半径及线形需要按表 2-1-7 取值。带缓和曲线的平曲线要素可按式(2-1-25)~式(2-1-29)计算,如图 2-1-11 所示。

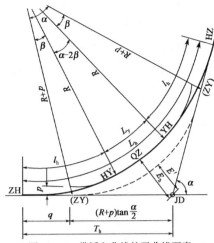

图 2-1-11 带缓和曲线的平曲线要素

切线长：
$$T_h = T + p = (R+p)\tan\frac{\alpha}{2} + q \tag{2-1-25}$$

外距：
$$E_h = E + p = (R+p)\sec\frac{\alpha}{2} - R \tag{2-1-26}$$

曲线长：
$$L_h = \frac{\pi}{180}R(\alpha - 2\beta) + 2l_h = \frac{\pi}{180}\alpha R + l_h \tag{2-1-27}$$

主圆曲线长：
$$L_y = L_h - 2l_h \tag{2-1-28}$$

曲切差：
$$D_h = 2T_h - L_h \tag{2-1-29}$$

二、公路平面线形的基本组合

公路平面线形由直线、圆曲线、缓和曲线三个几何要素组成。为适应不同的地形条件，可以有各种不同的组合线形，一般情况下有 7 种基本组合，即通常所指的基本型、S 形、卵形、复合形、凸形、C 形和回头曲线。

1. 基本型

按直线—回旋线—圆曲线—回旋线—直线的顺序组合起来的线形称为基本型曲线，如图 2-1-12 所示。基本型的两个回旋线参数应符合相关规定。两个回旋线的参数可根据地形条件设计成对称或非对称平曲线。

在进行回旋线、圆曲线的长度组合时应尽可能满足：回旋线:圆曲线:回旋线 = 1:1:1。

2. S 形

两个反向圆曲线用回旋线连接组合的线形称为 S 形曲线，如图 2-1-13 所示。

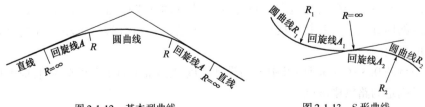

图 2-1-12 基本型曲线　　　　　　　图 2-1-13 S 形曲线

S形的两相邻回旋线参数 A_1 与 A_2 宜相等。当采用不同参数时,A_1 与 A_2 之比应小于2.0,有条件时以小于1.5为宜。当 $A_2 \leq 200$ 时,A_1 与 A_2 之比应小于1.5。

S形的两反向回旋线以径相衔接为宜,当受地形条件限制必须插入短直线或当两圆曲线的回旋线相互重合时,短直线或重合段长度应符合式(2-1-30)的要求:

$$l \leq \frac{A_1 + A_2}{40} \tag{2-1-30}$$

式中:l——反向回旋线间或重合段长度(m);

A_1、A_2——回旋线参数(m)。

两圆曲线半径之比不宜过大,以 $R_1/R_2 \leq 2$ 为宜(R_1 为大圆曲线半径;R_2 为小圆曲线半径)。

3. 卵形

用一个回旋线连接两个同向圆曲线的平面线形称为卵形曲线,如图2-1-14所示。

卵形回旋线的参数应符合式(2-1-31)规定的范围:

$$\frac{R_2}{2} \leq A \leq R_2 \tag{2-1-31}$$

式中:A——回旋线参数(m);

R_2——小圆曲线半径(m)。

两相邻圆曲线半径之比,以 $R_2/R_1 = 0.2 \sim 0.8$ 为宜。

两圆曲线的间距,以 $D/R_2 = 0.003 \sim 0.03$ 为宜。其中 D 为两圆曲线间的最小间距(m)。

4. 复合形

两个以上同向回旋线在曲率相等处相互连接的线形称为复合形曲线,如图2-1-15所示。

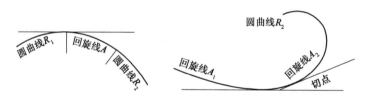

图2-1-14 卵形曲线　　　图2-1-15 复合形曲线

复合形的两个回旋线参数之比以小于1:1.5为宜。

复合形曲线在受地形条件限制或互通式立体交叉的匝道设计中可采用。

5. 凸形

受地形条件限制时,将两同向回旋线在曲率相同处径相衔接而组合成的线形称为凸形曲线,如图2-1-16所示。

凸形曲线只有在路线严格受地形限制,且对接点的曲率半径相当大时方可采用。

凸形曲线的回旋线参数及其对接点的曲率半径,应分别符合容许最小回旋线参数和圆曲线最小半径的规定。

对接点附近的 $0.3V$(以 m 计;其中 V 为设计速度,按 km/h 计)长度范围内,应保持以对接点的曲率半径确定的路拱横坡度。

6. C 形

同向两回旋线在曲率为零处径相衔接(即连接处曲率为 0，$R = \infty$)的形式称为 C 形曲线，如图 2-1-17 所示。

C 形曲线仅限于地形条件特殊困难,路线严格受限制时方可采用。

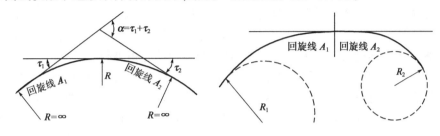

图 2-1-16　凸形曲线　　　　　图 2-1-17　C 形曲线

7. 回头曲线

山区公路为克服高差,公路路线在同一坡面上展线,且其圆心角大于或接近 180°的曲线称为回头曲线,如图 2-1-18 所示。

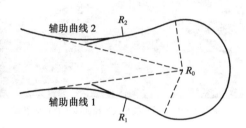

a)回头曲线实景　　　　　b)回头曲线线形示意图

图 2-1-18　回头曲线

回头曲线的前后线形应连续,两端以布设过渡性曲线(辅助曲线)为宜,此外还应设置限速标志,并采取合适的技术措施以获得良好的通视条件。回头曲线的主要技术指标见表 2-1-8。

回头曲线主要技术指标　　　　　表 2-1-8

主线设计速度(km/h)	40		30	20
回头曲线设计速度(km/h)	35	30	25	20
圆曲线最小半径(m)	40	30	20	15
缓和曲线最小长度(m)	35	30	25	20
超高横坡度(%)	6.0			
双车道路面加宽值(m)	2.5	2.5	2.5	3.0
最大纵坡(%)	3.5	3.5	4.0	4.5

三、公路平面线形设计

在进行公路平面线形设计时,不仅要保证直线、圆曲线及缓和曲线三要素的合理取用,还应考虑三者之间的相互配合,即直线的最大长度及曲线间直线的最小长度取用、直线与圆曲线间的缓和曲线设置都应综合考虑该公路等级的设计速度、地形、地物及地质等自然条件,以及立体线形的视觉效果,保证公路平面线形的行车安全与舒适。设计时一般要考虑以下几方面要求:

(1)平面线形应短捷、连续,并与地形相适应,与周围环境相协调。

在地势平坦开阔的平原微丘区,路线应直捷舒顺,其平面线形三要素中直线将占主导地位;而在地形有很大起伏的山岭重丘区,路线应随地形起伏布设成以曲线为主的线形,如图2-1-19所示。因此,如何合理处理路线与地形之间的关系,既是美学问题,也是经济问题和生态环境保护问题。平面线形三要素的选用与合理组合取决于地形与周围环境。

a) 平坦地区,长直线与大半径曲线组合直捷舒顺

b) 山岭地区,连续曲线组合与地形充分融合

图 2-1-19　公路平面线形布设图

(2)各级公路不论转角大小均应敷设曲线,并宜选用较大的圆曲线半径。转角过小时,应调整平面线形。当不得已而设置小于7°的转角时,则必须按规定设置足够长的曲线。

公路平曲线长度取值,可从以下三个方面加以确定:

①平曲线长度应至少保证两条缓和曲线插入,以满足公路线形要求。

②满足驾驶员操纵转向盘所需时间以及乘客的心理需求,也须保证两条缓和曲线的长度。一般情况下,平曲线最小长度应满足表2-1-9的要求。

各级公路平曲线最小长度　　表2-1-9

设计速度(km/h)	120	100	80	60	40	30	20
一般值(m)	600	500	400	300	200	150	100
最小值(m)	200	170	140	100	70	50	40

注:"一般值"为正常情况下的采用值;"最小值"为条件受限时可采用的值。

③对小偏角弯道,还应从驾驶员的视角及心理出发考虑其行驶的安全性,即驾驶员在高速行驶时,会认为该弯道的曲线长度及曲线半径比实际要小,从而降低行车速度。当驾驶员不想降速时,可能采用增大行车转弯半径的方式而侵入其他车道,造成交通事故。

《规范》规定,当路线转角小于或等于7°时,应设置较长的平曲线,其长度应大于表2-1-10中规定的"一般值"。当受地形条件及其他特殊情况限制时,可采用表中的"最小值"。

公路转角小于或等于 7°时的平曲线长度　　　　　　　表 2-1-10

设计速度(km/h)	120	100	80	60	40	30	20
一般值(m)	1400/Δ	1200/Δ	1000/Δ	700/Δ	500/Δ	350/Δ	280/Δ
最小值(m)	200	170	140	100	70	50	40

注：表中的 Δ 为路线转角值(°)，当 Δ<2°时，按 Δ=2°计算。

(3)平面线形设计应保持线形的均衡与连贯。设计时应充分注意各线形要素的连续性而不出现技术指标的突变，并符合以下要求：

①两同向圆曲线间应设有足够长的直线，否则应调整线形设置为单曲线或复曲线。

②两反向圆曲线间不应设置短直线段，否则应调整线形设置为 S 形曲线。

③六车道及以上高速公路，同向或反向圆曲线间插入的直线长度，还应符合路基外侧边缘超高渐变率规定的要求。

④设计速度小于或等于 40km/h 的双车道公路，两相邻反向圆曲线有超高时可径相衔接，无超高有加宽时应设置长度不小于 10m 的加宽过渡段；两相邻反向圆曲线设有超高时，地形条件特殊困难路段的直线长度不得小于 15m。

⑤设计速度小于或等于 40km/h 的双车道公路，应避免连续急弯的线形。地形条件特殊困难不得已而设置时，应在曲线间插入规定长度的直线或回旋线。

(4)线形设计的要求与内容应随公路技术等级和设计速度的不同而异。对于高速公路、一级公路以及设计速度大于或等于 60km/h 的公路，应注重空间线形设计，尽量做到线形连续、指标均衡、视野良好、景观协调、安全舒适。设计速度越高，线形设计所考虑的因素应越周全。设计速度小于或等于 40km/h 的公路，首先应在保证行驶安全的前提下，正确地运用平面线形要素规定值(包括最大值、最小值)，在条件允许的情况下力求做到各种平面线形要素的合理组合，并尽量减轻和避免不利的组合，以期充分发挥投资效益。

(5)在路线交叉前后应尽可能采用技术指标较高的线形，以保证行驶安全和提高公路的通行能力。

(6)应协调好线形与桥梁、隧道轴线之间的关系，原则上，对于大桥、特大桥和隧道以路线服从为主，即尽可能采用直线线形，但应视具体情况及其他条件选用适当的曲线线形，并应满足视距要求。

一、任务实施流程

本工作任务可按以下脉络开展实践与交流：

(1)任务解读(根据教师所提供的平面设计图，以小组为单位，共同解读实践任务，包括任务的目的、内容与要求)；

(2)实践任务分解与分工；

(3)资料收集；

(4)完成"学习任务实施"部分的任务①和④；

(5)"学习任务实施"部分的任务①和④的计算或分析成果汇总，分组讨论，并整理形成成果；

(6)组与组之间对计算成果进行交叉检查;
(7)重新分配任务,完成"学习任务实施"部分的任务②和③;
(8)分组讨论,完成"学习任务实施"部分的任务⑤;
(9)上交成果:《××公路路线平面线形组成分析报告》;
(10)学生自测与自评;
(11)组长对学员进行考核。

二、学习任务实施

(1)任务名称:解读《公路路线设计规范》(JTG D20—2017)(公路平面、线形设计),完成公路路线平面线形组成分析报告。

(2)基本资料:某山岭区三级公路,双车道,设计速度为30km/h,平面设计资料如表2-1-11所示。

某公路路线平面设计资料一览表　　　　表2-1-11

交点编号	交点桩号	交点偏角		半径(m)	缓和曲线长度(m)
		左偏	右偏		
起点	K0+000				
JD$_1$	K0+198.882		58°32′50.1″	100	30
JD$_2$	K0+509.284	11°38′06.9″		180	35
JD$_3$	K0+813.393	38°16′08.6″		120	30
JD$_4$	K1+077.748		24°56′57″	120	25
JD$_5$	K1+267.814		12°45′38.2″	280	50
JD$_6$	K1+669.545	25°14′49.3″		220	50
JD$_7$	K2+012.127		42°14′35.1″	260	60
JD$_8$	K2+305.638	20°47′49.7″		210	40
JD$_9$	K2+724.689		57°35′53.4″	120	50
JD$_{10}$	K2+990.891	15°32′06.8″		300	50
JD$_{11}$	K3+239.228	43°42′40″(Z)		100	30
JD$_{12}$	K3+572.367	21°10′02.3″		160	30
JD$_{13}$	K3+936.263	41°56′00.7″		180	50
终点	K4+327.569				

(3)任务:

①完成表2-1-11中各交点的平曲线要素计算,并提供相应的计算书。

②根据表2-1-11及已计算的平面设计资料,以各学习小组为单位,绘制一张1:2000路线草图,在图中注明各交点的曲线主点位置(包括第一缓和曲线起点HZ、第一缓和曲线终点HY、曲线中点、第二缓和曲线终点YH及第二缓和曲线起点),并注明对应各点的里程桩号。

③由路线起点开始,计算各交点间距,并以此计算各交点间设置平曲线后的交点间直线段长度,并分析设计路段的直线段长度是否合理。

④计算各缓和曲线参数,并分析其设置的合理性。

⑤仔细阅读图2-1-19所示的公路平面线形布设图,分组讨论并详细分析各图中公路平面线形布置的合理性。

(4)要求:

①根据班级人数分成若干组,一般5~6人/组;

②以组为单位,各组员完成上述任务①、③、④,组长负责成果汇总;
③全组共同完成上述任务②、⑤,组长负责成果汇总,按任务目标的要求上交《××公路路线平面线形组成分析报告》。

三、案例分析

[案例1] 某二级公路,设计速度 $V=80\text{km/h}$,则该公路的最小半径(极限值)为多少?

解: 由表 2-1-3 可知,横向力系数 $\mu_{bmax}=0.13$,$i_{bmax}=0.08$。

根据式(2-1-3),最小半径(极限值)为

$$R_{min} = \frac{V^2}{127(\mu_{max} + i_{bmax})} = \frac{80^2}{127 \times (0.13 + 0.08)} = 239.97(\text{m})$$

《标准》规定为 250m(表 2-1-5)。

[案例2] 某三级公路,设计车速 $V=30\text{km/h}$,则该公路的最小半径(一般值)为多少?

解: 由表 2-1-4 可知,横向力系数 $\mu_{一般}=0.05$,$i_b=0.06$。

根据式(2-1-4),最小半径(一般值)为

$$R_{一般} = \frac{V^2}{127(\mu_{一般} + i_b)} = \frac{30^2}{127 \times (0.05 + 0.06)} = 64.42(\text{m})$$

《标准》规定为 65m(表 2-1-5)。

[案例3] 已知某高速公路,设计速度 $V=120\text{km/h}$,设该公路的路拱横坡度采用 $i_1=1.5\%$,则该公路不设超高的最小半径为多少?并与《标准》进行比较。

解: 已知 $i_1=0.015$,设 $\mu=0.035$,根据式(2-1-5),不设超高最小半径为

$$R_免 = \frac{V^2}{127(\mu - i_1)} = \frac{120^2}{127 \times (0.035 - 0.015)} = 5569.29(\text{m})$$

由表 2-1-5 可知,当 $i_1 \leq 2.0\%$ 时,不设超高最小半径 $R_免=5500\text{m}$,与《标准》规定相符合。

[案例4] 某新建二级公路,设计速度为 80km/h,今有一弯道,其圆曲线半径 $R=260\text{m}$,路基宽度为 $9\text{m}+2\times 1.5\text{m}$,路拱横坡度为 2.5%,试合理确定该平曲线的缓和曲线长度。

解: 根据题意,缓和曲线长度可从以下三方面考虑。

由式(2-1-10)可得

$$l_h = vt = \frac{V}{3.6}t = \frac{V}{1.2} = \frac{80}{1.2} = 66.67(\text{m})$$

由式(2-1-9)可得

$$l_h \geq 0.035 \frac{V^3}{R} = 0.035 \times \frac{80^3}{260} = 68.92(\text{m})$$

缓和曲线设置必须保证超高缓和段长度,由式(2-1-11)可得

$$l_h \geq \frac{h_c}{p} = \frac{bi_b}{p}$$

查表 2-2-2 得超高横坡度为 8%,查表 2-2-4 得 $p=1/150$,代入上式得

$$l_h = \frac{9 \times 0.08}{1/150} = 108(\text{m})$$

综合考虑以上三方面,并取 5m 的整数倍,取该平曲线的缓和曲线长度为 110m,则

$$A = \sqrt{Rl_h} = \sqrt{260 \times 110} = 169.1(\text{m})$$

另外,缓和曲线长度还应考虑线形的平顺感,故按式(2-1-12):

$$\frac{R}{3} \leq A \leq R$$

即
$$86.67 \leq A \leq 260$$

所以,该平曲线的缓和曲线长度以70m为宜。

[案例5] 某二级公路,设计速度为80km/h,今有一弯道,其圆曲线半径$R=260$m,缓和曲线$l_h=70$m,交点JD桩号为K16+721.26,交点偏角$\alpha=29°23'24''$,试计算该曲线的平曲线要素。

解:①计算缓和曲线常数。

$$p = \frac{l_h^2}{24R} = \frac{70^2}{24 \times 260} = 0.79(\text{m})$$

$$\beta = \frac{l_h}{2R} \times \frac{180}{\pi} = \frac{70 \times 180}{2 \times 260 \times \pi} = 7°42'46''$$

$$x_h = l_h - \frac{l_h^3}{40R^2} = 70 - \frac{70^3}{40 \times 260^2} = 69.87(\text{m})$$

$$y_h = \frac{l_h^2}{6R} - \frac{l_h^4}{336R^3} = \frac{70^2}{6 \times 260} - \frac{70^4}{336 \times 260^3} = 3.14(\text{m})$$

②判断能否设置缓和曲线,即判断$\alpha > 2\beta$是否成立。

$$2\beta = 2 \times 7°42'46'' = 15°25'32'' < \alpha = 29°23'24''(\text{符合要求})$$

③曲线要素计算。

切线长:

$$q = \frac{l_h}{2} - \frac{l_h^3}{240R^2} = \frac{70}{2} - \frac{70^3}{240 \times 260^2} = 34.98(\text{m})$$

$$T_h = (R+p)\tan\frac{\alpha}{2} + q = (260 + 0.79)\tan\frac{29°23'24''}{2} + 34.98 = 103.37(\text{m})$$

曲线长度:

$$L_h = \alpha R \frac{\pi}{180} + l_h = 29°23'24'' \times 260 \times \frac{\pi}{180} + 70 = 203.37(\text{m})$$

外距:

$$E_h = (R+p)\sec\frac{\alpha}{2} - R = (260 + 0.79)\sec\frac{29°23'24''}{2} - 260 = 9.60(\text{m})$$

圆曲线长度:

$$L_y = L_h - 2l_h = 203.37 - 2 \times 70 = 63.37(\text{m})$$

曲切差:

$$D_h = 2T_h - L_h = 2 \times 103.37 - 203.37 = 3.37(\text{m})$$

[案例6] 已知某平原区二级公路,设计速度$V=60$km/h,其中某弯道的偏角$\alpha=2°30'$,求该弯道最小圆曲线半径。(设该公路的路拱横坡度为2%)

解:由表2-1-10可知:

$$L \geq \frac{700}{\alpha} = \frac{700}{2.5} = 280 \, (\text{m})$$

暂取该弯道的缓和曲线长度 $l_h = 70\text{m}$，因为：

$$L = \alpha R \frac{\pi}{180} + l_h$$

则

$$R = \frac{L - l_h}{\pi \alpha} \times 180 = \frac{280 - 70}{2.5\pi} \times 180 = 4812.85 \, (\text{m})$$

由表 2-1-5 可知，$R_{免} = 2500\text{m}$，则该弯道不需要设置缓和曲线，即

$$L = \alpha R \frac{\pi}{180}$$

则

$$R = \frac{180L}{\pi \alpha} = \frac{180 \times 280}{\pi \times 2.5} = 6417 \, (\text{m})$$

取 100m 整数倍，则 $R = 6500\text{m}$，才能保证该平曲线的最小长度。

工作任务二　平曲线超高、加宽计算

学习目标

1. 能叙述平曲线超高与加宽的原因，超高横坡度与加宽值确定方法及相关要求；
2. 了解超高过渡方式、超高过渡段构成，能进行超高值、加宽过渡段长度的计算；
3. 掌握在平曲线内设置超高与加宽的相关设计要点与计算要点；
4. 正确完成长度为 2~3km、由 5~8 个弯道组成的平曲线超高与加宽设计计算书。

相关知识

一、平曲线超高

1. 超高及其作用

如图 2-2-1 所示，在进行平曲线设计时，常将弯道外侧车道抬高，构成与内侧车道同坡度的单向坡，这种设置称为平曲线超高。设置超高的目的是使汽车在平曲线上行驶时能获得一个指向内侧的横向分力，用以克服离心力，减少横向力，从而保证汽车行驶的稳定性及乘客的舒适性。

2. 设置超高横坡度需考虑的因素

超高横坡度的大小与设计速度、平曲线半径及公路所处的环境、自然条件、路面类型、车辆组成等因素有关。

超高横坡度可按式(2-2-1)计算：

$$i_b = \frac{V^2}{127R} - \mu \tag{2-2-1}$$

式中：i_b——超高横坡度，以小数计；
V——各级公路的设计速度(km/h)；
μ——横向力系数；
R——平曲线半径(m)。

上式中横向力系数的取值，主要考虑设置超高后抵消离心力的剩余横向力系数，其值在$0 \sim \mu_{max}$之间，也与多种因素有关，如车速、快慢车的不同要求、乘客的舒适度与路容之间的矛盾等。因此，对于确定的行车速度，最大超高值主要取决于曲线半径、路面粗糙程度及当地气候条件。

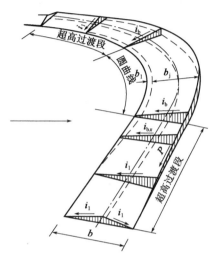

图 2-2-1　平曲线超高实景与超高断面构成
b-路基宽度；i_1-路拱坡度；i_b-超高横坡度；P-超高渐变率

3. 设置超高的一般规定和要求

（1）《规范》规定高速公路、一级公路最大超高值为8%或10%，正常情况下采用8%；对于以通行中、小型客车为主的高速公路和一级公路，最大超高值可采用10%。二级、三级、四级公路限定最大超高值为8%是适宜的。但对于积雪冰冻地区，考虑我国各级公路货车占比较高的特点，限定最大超高值为6%比较安全。对于城镇区域的公路，考虑到非机动车、行人以及排水等因素，最大超高值可采用4%。各级公路圆曲线最大超高值如表 2-2-1 所示。

各级公路圆曲线最大超高值　　表 2-2-1

公路技术等级	高速公路、一级公路	二级公路、三级公路、四级公路
一般地区(%)	8 或 10	8
积雪冰冻地区(%)	6	
城镇区域(%)	4	

（2）圆曲线半径小于表 2-1-5 规定的不设超高圆曲线最小半径时，应在曲线上设置超高。超高横坡度应根据设计速度、圆曲线半径、路面类型、自然条件、车辆组成等情况确定，设计时根据表 2-2-2，依据圆曲线半径值查表，合理确定该平曲线的相应超高值，必要时按运行速度予以验算。

圆曲线半径（m）与超高值

表 2-2-2

设计速度 (km/h)		120				100				80				60			
		一般情况			积雪冰冻	一般情况			积雪冰冻	一般情况			积雪冰冻	一般情况			积雪冰冻
超高 (%)		10%	8%	6%		10%	8%	6%		10%	8%	6%		10%	8%	6%	4%
	2	5500~(7550)~2950	5500~(7550)~2860	5500~(7550)~2730	5500~(7550)~2780	4000~(5250)~2180	4000~(5250)~2150	4000~(5250)~2000	4000~(5250)~2090	2500~(3350)~1460	2500~(3350)~1410	2500~(3350)~1360	2500~(3350)~1390	1500~(1900)~900	1500~(1900)~870	1500~(1900)~800	1500~(1900)~610	1500~(1900)~860
	3	2950~2080	2860~1990	2730~1840	2780~1910	2180~1520	2150~1480	2000~1320	2090~1410	1460~1020	1410~960	1360~890	1390~940	900~620	870~590	800~500	610~270	860~570
	4	2080~1590	1990~1500	1840~1340	1910~1410	1520~1160	1480~1100	1320~920	1410~1040	1020~770	960~710	890~600	940~680	620~470	590~430	500~320	270~150	570~410
	5	1590~1280	1500~1190	1340~970	1410~1070	1160~920	1100~860	920~630	1040~770	770~610	710~550	600~400	680~490	470~360	430~320	320~200	—	410~290
	6	1280~1070	1190~980	970~710	1070~810	920~760	860~690	630~440	770~565	610~500	550~420	400~270	490~360	360~290	320~240	200~135	—	290~205
	7	1070~910	980~790	—	—	760~640	690~530	—	—	500~410	420~320	—	—	290~240	240~170	—	—	—
	8	910~790	790~650	—	—	640~540	530~400	—	—	410~340	320~250	—	—	240~190	170~125	—	—	—
	9	790~680	—	—	—	540~450	—	—	—	340~280	—	—	—	190~150	—	—	—	—
	10	680~570	—	—	—	450~360	—	—	—	280~220	—	—	—	150~115	—	—	—	—

续上表

设计速度(km/h)		40					30					20				
		一般情况				积雪冰冻	一般情况				积雪冰冻	一般情况				积雪冰冻
超高(%)		8%	6%	4%	2%		8%	6%	4%	2%		8%	6%	4%	2%	
	2	600~(800)~470	600~(800)~410	600~(800)~330	600~(800)~75	600~(800)~430	350~(450)~250	350~(450)~230	350~(450)~150	350~(450)~40	350~(450)~270	150~(200)~140	150~(200)~110	150~(200)~70	150~(200)~20	150~(200)~120
	3	470~310	410~250	330~130	—	430~280	250~170	230~140	150~60	—	270~180	140~90	110~70	70~30	—	120~80
	4	310~220	250~150	130~70	—	280~190	170~120	140~80	60~35	—	180~120	90~70	70~40	30~15	—	80~60
	5	220~160	150~90	—	—	190~130	120~90	80~50	—	—	120~90	70~50	40~30	—	—	60~40
	6	160~120	90~60	—	—	130~90	90~60	50~35	—	—	90~55	50~40	30~15	—	—	40~25
	7	120~80	—	—	—	—	60~40	—	—	—	—	40~30	—	—	—	—
	8	80~55	—	—	—	—	40~30	—	—	—	—	30~15	—	—	—	—

注：括号值为路拱坡度大于2%时的不设超高最小半径。

(3)各级公路平曲线部分的最小超高值应与该公路直线部分的正常路拱横坡度值相同。

(4)二级、三级、四级公路接近城镇且混合交通量较大的路段,在车速受限制时,其最大超高值采用表 2-2-3 所列值。

车速受限制时最大超高值　　　　　表 2-2-3

设计速度(km/h)	80	60	40	30	20
超高值(%)	6	4	2		

(5)位于曲线上的行车道、硬路肩,均应根据设计速度、圆曲线半径、自然条件等设置超高值。

(6)在有纵坡的弯道上设置超高时,应考虑合成坡度的要求。

$$i_k = \sqrt{i_纵^2 + i_b^2} \qquad (2\text{-}2\text{-}2)$$

式中:i_k——合成坡度(%);

$i_纵$——道路纵坡(%);

其余符号意义同前。

4.超高过渡方式

从直线上的路拱双向坡断面过渡到圆曲线上具有超高横坡度的单向坡断面,要有一个逐渐变化的区段,这一区段称为超高过渡段。它有不同的过渡方式,一般有两种情况(无中间带和有中间带公路),共六种形式,如图 2-2-2 所示。

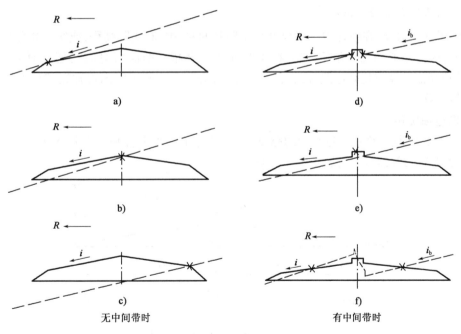

图 2-2-2　超高过渡方式

1)无中间带公路

(1)绕路面未加宽时的内侧车道边缘旋转,简称内边轴旋转,如图 2-2-2a)所示;

(2)绕路面中心线旋转,简称中轴旋转,如图 2-2-2b)所示;

(3)绕路面外侧车道边缘旋转,简称外边轴旋转,如图 2-2-2c)所示。

2)有中间带公路

(1)绕中间两侧边缘分别旋转,如图 2-2-2d)所示;

(2)绕中间带中心线旋转,如图 2-2-2e)所示;

(3)绕各自的行车道中心线旋转,如图 2-2-2f)所示。

3)相关规定

(1)对于无中间带的公路,当超高横坡度等于路拱坡度时,将外侧车道绕路中线旋转,直至超高横坡度;当超高横坡度大于路拱坡度时,应采用绕内侧车道边缘旋转、绕路中线旋转或绕外侧车道边缘旋转的方式。设计中应视情况确定:

①新建工程宜采用绕内侧车道边缘旋转的方式;

②改建工程可采用绕路中线旋转的方式;

③路基外缘高程受限制或对路容美观有特殊要求时,可采用绕外侧车道边缘旋转的方式。

(2)对于有中间带的公路,应采用绕中间带的中心线旋转、绕中间带边缘旋转或分别绕行车道中心线旋转的方式。设计中应视情况确定:

①有中间带的公路均可采用绕中间带边缘旋转的方式;

②中间带宽度较小的公路还可采用绕中间带中心线旋转的方式;

③车道数大于 4 条的公路可采用分别绕行车道中心线旋转的方式。

(3)采用分离式路基断面的公路,其超高过渡方式宜按无中间带公路分别予以过渡。

5. 主圆曲线上全超高值计算

为便于施工放样,在设计中一般要计算出路基的左、中、右实际高程,或实际高程与设计高程的差值,这一差值即为"超高值"。在主圆曲线上全超高断面所对应的超高值为"全超高值"。其超高值计算与超高过渡方式有关。这里仅介绍无中间带时内边轴旋转与中轴旋转的全超高值计算。

1)内边轴旋转

如图 2-2-3 所示,路基经超高后的路基右侧、路中心及路基左侧的超高值 h_c、h'_c、h''_c 可分别按式(2-2-3)、式(2-2-4)、式(2-2-5)计算。

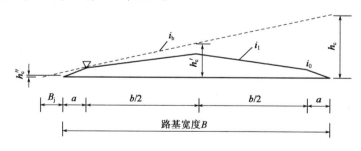

图 2-2-3 内边轴旋转时的全超高断面

$$h_c = ai_0 + (a+b)i_b \tag{2-2-3}$$

$$h'_c = ai_0 + \frac{b}{2}i_b \tag{2-2-4}$$

$$h''_c = ai_0 - (a + B_j)i_b \tag{2-2-5}$$

式中和图中：a——土路肩宽度(m)；
i_0——土路肩横坡度(%)；
b——路面宽度(m)；
i_1——路拱横坡度(%)，与路面类型有关；
B_j——圆曲线部分的全加宽值(m)，见表2-2-6；
B——路基宽度；

其余符号意义同前。

2) 中轴旋转

如图2-2-4所示，路基经超高后的路基右侧、路中心及路基左侧的超高值 h_c、h'_c、h''_c 可分别按式(2-2-6)、式(2-2-7)、式(2-2-8)计算。

$$h_c = ai_0 + \frac{b}{2}i_1 + \left(a + \frac{b}{2}\right)i_b \tag{2-2-6}$$

$$h'_c = ai_0 + \frac{b}{2}i_1 \tag{2-2-7}$$

$$h''_c = ai_0 + \frac{b}{2}i_1 - \left(a + \frac{b}{2} + B_j\right)i_b \tag{2-2-8}$$

式中符号意义同前。

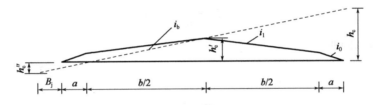

图2-2-4 中轴旋转时的全超高断面

6. 超高过渡段长度的确定

为满足行车舒适、路容美观及排水的要求，超高过渡段必须有一定的长度。超高过渡段长度一般通过"超高渐变率"来确定。所谓超高渐变率，是指在超高过渡段上由于外侧路基逐渐抬高(或降低)，其路基边缘纵坡较原来设计纵坡增加的一个附加纵坡，如图2-2-5所示。若超高渐变率过大，会造成行车不适，路容不美观；若过小，则易在路面内侧积水。

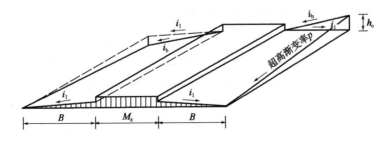

图2-2-5 超高渐变率(附加纵坡)

B-左(右)侧行车道＋左(右)侧路缘带；M_z-中间带宽度；i_1-路拱横坡度；i_b-超高横坡度；h_c-路外侧超高值

《规范》规定:超高过渡宜在回旋线全长范围内进行。当回旋线较长时,其超高过渡段应设在回旋线的某一区段范围内,超高过渡段的纵向渐变率不得小于1/330,全超高断面宜设在缓圆点或圆缓点处。超高渐变率见表2-2-4。

超 高 渐 变 率 表　　　　　表2-2-4

设计速度(km/h)	超高旋转轴位置		设计速度(km/h)	超高旋转轴位置	
	中轴	边轴		中轴	边轴
120	1/250	1/200	40	1/150	1/100
100	1/225	1/175	30	1/125	1/75
80	1/200	1/150	20	1/100	1/50
60	1/175	1/125			

由图 2-2-5 可知,超高过渡段长度计算的一般式为

$$L_c = \frac{h_c}{p} \quad (2\text{-}2\text{-}9)$$

式中符号意义同前。

具体计算时,超高过渡段长度随超高过渡方式不同有对应的计算公式,具体介绍如下。

1)超高过渡段长度计算(内边轴旋转)

由图 2-2-6 可知,内边轴旋转时超高过渡段长度可近似按式(2-2-10)计算:

$$L_c = \frac{b}{p} \cdot i_b \quad (2\text{-}2\text{-}10)$$

式中符号意义同前。

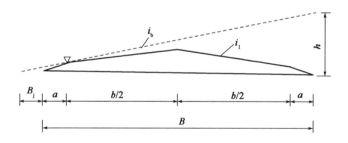

图 2-2-6　内边轴旋转时

2)超高过渡段长度计算(中轴旋转)

如图 2-2-7 所示,中轴旋转时超高过渡段长度可近似按式(2-2-11)计算。

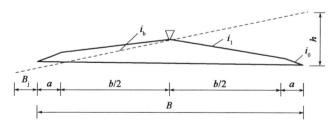

图 2-2-7　中轴旋转时

$$L_c = \frac{b}{2} \times \frac{i_1 + i_b}{p} \qquad (2\text{-}2\text{-}11)$$

式中符号意义同前。

3)超高过渡段长度计算(有中间带)

对于有中间带的3类超高过渡方式,其超高过渡段长度计算可参照式(2-2-11)。

由式(2-2-10)及式(2-2-11)归纳得出一般式为

$$L_c = \frac{b'}{p} \cdot \Delta i \qquad (2\text{-}2\text{-}12)$$

式中:b'——超高旋转轴至行车道(设路缘带时为路缘带)外侧边缘的宽度(m);

Δi——超高横坡度与路拱横坡度的代数差(%);

p——超高渐变率,参照表2-2-4;

L_c——超高过渡段长度(m)。

7. 超高过渡段的构成

超高过渡段是完成双向横坡向全超高断面逐渐变化的过渡段,这一过渡段由不同的阶段构成,通常称之为超高过渡段构成,它随超高过渡方式的不同而异。

1)内边轴旋转

如图2-2-8所示,在过渡段起点之前将路肩的横坡逐渐变为路拱横坡(L_0范围),再以路中线为旋转轴,逐渐抬高外侧路面与路肩,使之达到与路拱坡度一致的单向横坡(L_1范围),然后整个断面再绕加宽前的内侧车道边缘旋转,直至达到超高横坡度为止(L_2范围)。一般新建公路多采用此方式。

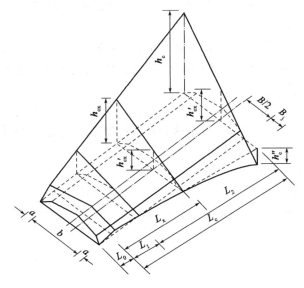

图2-2-8 内边轴旋转时的超高过渡段构成

图2-2-8中的L_0范围未计入超高过渡段范围,L_1可按式(2-2-13)计算:

$$L_1 = \frac{i_1}{i_b} \cdot L_c \qquad (2\text{-}2\text{-}13)$$

式中：L_1——超高过渡段上临界断面至超高过渡段起点的距离(m)；

L_c——超高过渡段长度(m)，一般情况下取该弯道的缓和曲线长度，并按式(2-2-10)验算；

其余符号意义同前。

2）中轴旋转

如图2-2-9所示，在过渡段起点之前将路肩的横坡逐渐变为路拱横坡(L_0范围)，再以路中线为旋转轴，逐渐抬高外侧路面与路肩，使之达到与路拱坡度一致的单向横坡(L_1范围)，然后整个断面再绕中心轴旋转，直至达到超高横坡度为止(L_2范围)。一般改建公路常采用此方式。

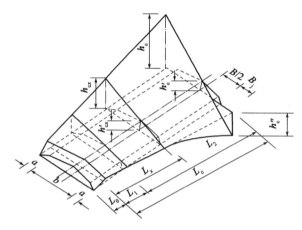

图2-2-9 中轴旋转时的超高过渡段构成

图2-2-9中的L_0范围未计入超高过渡段范围，L_1可按式(2-2-14)计算：

$$L_1 = \frac{2i_1}{i_1 + i_b} \cdot L_c \qquad (2\text{-}2\text{-}14)$$

式中符号意义同前。

3）外边轴旋转

先将外侧车道绕路面外边缘旋转，与此同时，内侧车道随中线的降低而相应降坡，待达到单向横坡后，整个断面仍绕外侧车道边缘旋转，直至达到超高横坡度为止。此方法仅在特殊设计时采用（如山区公路高填方或深挖方路段）。

4）绕中间带边缘旋转

如图2-2-10所示，将两侧行车道分别绕中间带边缘旋转，使之各自成为独立的单向超高断面，此时中间带维持原水平状态。各种宽度不同的中间带均可选用此方式。

5）绕中间带中心线旋转

如图2-2-11所示，先将外侧行车道绕中间带中心线旋转，待达到与内侧行车道构成单向横坡后，整个断面一同绕中心线旋转，直至达到超高横坡值。此时，中间带呈倾斜状。宽度小于或等于4.5m的公路可采用此方式。

6）绕各自行车道中心线旋转

如图2-2-12所示，将两侧行车道分别绕各自的中心线旋转，使之各自成为独立的单向超高断面。此时中间带两边缘分别升高与降低而成为倾斜断面。单向车道数大于4条的公路可采用此方式。

8．超高过渡段上超高值的计算

1）内边轴旋转

(1) 在临界断面之前：$0 \leqslant x \leqslant L_1$。

由图2-2-8和图2-2-13a)，经整理得

$$h_{cx} = a(i_0 - i_1) + [ai_1 + (a+b)i_b]\frac{x}{L_c} \approx \frac{x}{L_c} \times h_c \qquad (2\text{-}2\text{-}15)$$

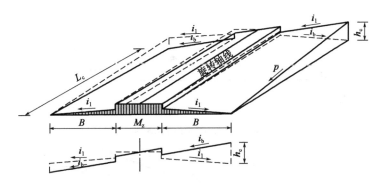

图 2-2-10 绕中间带边缘旋转的超高过渡段构成

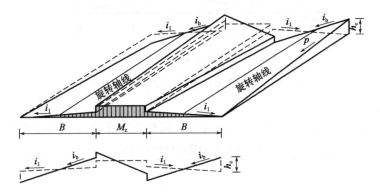

图 2-2-11 绕中间带中心线旋转的超高过渡段构成

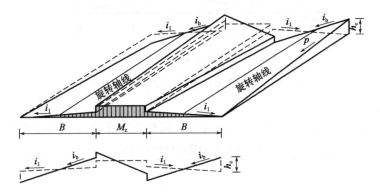

图 2-2-12 绕各自行车道中心线旋转的超高过渡段构成

$$h'_{cx} = ai_0 + \frac{b}{2} \times i_1 \tag{2-2-16}$$

$$h''_{cx} = ai_0 - (a + b_{jx})i_1 \tag{2-2-17}$$

式中：L_1——临界断面位置与超高过渡段起点的距离(m)，$L_1 = \frac{i_1}{i_b} \times L_c$；

b_{jx}——过渡段上的加宽值(m)，$b_{jx} = \frac{x}{L_c} B_j$；

B_j——圆曲线上全加宽值(m)，按《标准》取用；

x——过渡段上任一断面至过渡段起点的距离(m)；

其余符号意义同前。

(2)在临界断面之后：$L_1 \leqslant x \leqslant L_c$。

由图 2-2-8 和图 2-2-13b)，经整理得

$$h_{cx} = a(i_0 - i_1) + [ai_1 + (a+b)i_b]\frac{x}{L_c} \approx \frac{x}{L_c} \times h_c \qquad (2\text{-}2\text{-}18)$$

$$h'_{cx} = ai_0 + \frac{b}{2}i_{bx} \qquad (2\text{-}2\text{-}19)$$

$$h''_{cx} = ai_0 - (a + b_{jx})i_{bx} \qquad (2\text{-}2\text{-}20)$$

式中：i_{bx}——临界断面之后，在过渡段上任一断面的超高横坡度(％)，$i_{bx} = \frac{x}{L_c}i_b$；

其余符号意义同前。

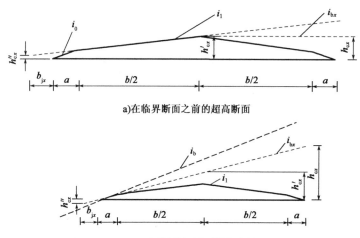

图 2-2-13　内边轴旋转时的超高过渡段上的超高值

2)中轴旋转

根据中轴旋转的过程，同理可以建立其相应的超高值计算公式，见表 2-2-5。

中轴旋转时的超高值计算公式　　　　　　　　　表 2-2-5

超高值	计算公式		备注
	$0 \leqslant x \leqslant L_1$	$L_1 \leqslant x \leqslant L_c$	
h_{cx}		$h_{cx} = a(i_0 - i_1) + \left(a + \dfrac{b}{2}\right)(i_1 + i_b)\dfrac{x}{L_c}$ 或 $h_{cx} = \dfrac{x}{L_c}h_c$	各超高值均为未加宽超高前路基边缘高程(设计高程)，其中： $L_1 = \dfrac{2i_1}{i_1 + i_b}L_c$ $b_{jx} = \dfrac{x}{L_c}B_j$ $i_{bx} = \dfrac{x}{L_c}(i_1 + i_b) - i_1$
h'_{cx}		$h'_{cx} = ai_0 + \dfrac{b}{2}i_1$	
h''_{cx}	$h''_{cx} = ai_0 - (a + b_{jx})i_1$	$h''_{cx} = ai_0 + \dfrac{b}{2}i_1 - \left(a + \dfrac{b}{2} + b_{jx}\right)i_{bx}$	

二、平曲线加宽

1. 加宽及其作用

汽车在曲线上行驶与在直线上行驶的状态有所不同,为保证安全,公路弯道上的路面宽度应有所拓宽。平曲线加宽,指的是为适应汽车在平曲线上行驶时后轮轨迹偏向曲线内侧的需要,平曲线内侧相应增加的路面、路基宽度。由图 2-2-14 可知,汽车在曲线上行驶时,四个车轮轨迹半径不同,其中前轴外轮的轨迹半径最大,后轴内轮的轨迹半径最小,因而弯道上的路面宽度需要比直线上的路面宽度更大。另外,汽车在曲线上行驶时,其行驶轨迹并不完全与理论行驶轨迹相吻合,而是有一定的摆动偏移,故需要路面加宽来弥补,以策安全。

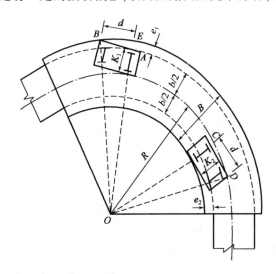

图 2-2-14　圆曲线上加宽值计算图式

$b/2$—一个车道宽;B-加宽后路面宽;K_1、K_2-车箱外廓宽度,取一个车道宽;

d-汽车后轴至前缘保险杠之距;e_1、e_2-内、外车道的加宽值

2. 平曲线全加宽值计算

平曲线的全加宽值与圆曲线半径、车型尺寸及会车时的行车速度有关。由理论分析可知,平曲线加宽主要包括两方面,即汽车转弯的几何特征所需的加宽值与不同车速摆动偏移所需的加宽值。有关平曲线加宽的相关知识分述如下。

1) 根据汽车转弯的几何特征所需的加宽值

$$e \approx \frac{d^2}{R} \tag{2-2-21}$$

2) 根据不同车速摆动偏移所需的加宽值

$$e' = \frac{0.1V}{\sqrt{R}} \tag{2-2-22}$$

3) 平曲线上的全加宽值

由式(2-2-21)及式(2-2-22)可得平曲线上的全加宽值为

$$B_j = \frac{d^2}{R} + \frac{0.1V}{\sqrt{R}} \qquad (2\text{-}2\text{-}23)$$

式中:B_j——平曲线上路面的全加宽值(m);
　　　d——汽车后轴至前缘保险杠之距(m);
　　　R——圆曲线半径(m);
　　　V——各级公路的设计速度(km/h)。

4)铰接列车对加宽的要求

铰接列车等大型车辆对加宽的要求包括牵引车、拖车及汽车摆动幅度的变化值三部分,可按下式计算:

$$B_j = \frac{d_1^2}{R} + \frac{d_2^2}{R} + \frac{0.1V}{\sqrt{R}} \qquad (2\text{-}2\text{-}24)$$

式中:d_1——牵引车后轴至前缘保险杠之距(m);
　　　d_2——拖车后轴至牵引车后轴之距(m);
　　　其余符号意义同前。

5)圆曲线加宽的相关规定

(1)二级公路、三级公路、四级公路的圆曲线半径小于或等于250m时,应设置加宽。双车道公路路面加宽值应符合表2-2-6的规定。圆曲线加宽值应根据公路功能、技术等级和实际交通组成确定。

(2)作为干线的二级公路,应采用第3类加宽值。

(3)作为集散的二级公路和三级公路,在考虑铰接列车通行时,应采用第3类加宽值;不考虑通行铰接列车时,可采用第2类加宽值。

(4)作为支线的三级公路、四级公路可采用第1类加宽值。

(5)有特殊车辆通行的专用公路应根据特殊车辆验算确定其加宽值。

双车道路面加宽值(m)　　　　表2-2-6

加宽类别	设计车辆	圆曲线半径(m)								
		200~250	150~200	100~150	70~100	50~70	30~50	25~30	20~25	15~20
第1类	小客车	0.4	0.5	0.6	0.7	0.9	1.3	1.5	1.8	2.2
第2类	载重汽车	0.6	0.7	0.9	1.2	1.5	2.0	—	—	—
第3类	铰接列车	0.8	1.0	1.5	2.0	2.7	—	—	—	—

注:单车道公路路面加宽值应为表列规定值的一半。

(6)圆曲线上的路面加宽应设置在圆曲线的内侧。各级公路的路面加宽后,路基也应相应加宽。

(7)双车道公路在采取强制性措施实行分向行驶的路段,其圆曲线半径较小时,内侧车道的加宽值应大于外侧车道的加宽值,设计时应通过计算分别确定。

3.加宽过渡段

1)加宽过渡段长度的确定

(1)设置回旋线或超高过渡段时,加宽过渡段长度应采用与回旋线或超高过渡段长度相同的数值。

(2) 不设回旋线或超高过渡段时，加宽过渡段长度应按渐变率为 1∶15 且长度不小于 10m 的要求设置。

(3) 二级公路、三级公路、四级公路的加宽过渡应在加宽过渡段全长范围内，按其长度成比例增加的方式设置。

(4) 四级公路的超高、加宽过渡段应设在紧接圆曲线起点或终点的直线上。受地形条件或其他特殊情况限制时，允许将超高、加宽过渡段的一部分插入曲线，但插入曲线内的长度不得超过超高、加宽过渡段长度的一半。

(5) 四级公路设人工构造物处，当因设置超高、加宽过渡段而在圆曲线起、终点内侧边缘产生明显转折时，可采用路面加宽边缘线与圆曲线上路面加宽后的边缘圆弧相切的方法予以消除。

(6) 不同半径的同向圆曲线径相连接构成的复曲线，其超高、加宽过渡段应对称地设在衔接处的两侧。

2) 加宽值计算

加宽过渡段的渐变尽量保证自然、平滑，避免突变是安全行车的需要。加宽过渡的渐变方式可根据需要采用线性或高次抛物线方式，如图 2-2-15a) 所示。

(1) 高速公路、一级公路及对路容有要求的其他公路通常采用四次抛物线渐变方式，渐变过程如式 (2-2-25) 所示。

$$b_x = (4k^3 - 3k^4)b \tag{2-2-25}$$

(2) 二级、三级、四级公路也可采用线性加宽渐变方式，渐变过程如式 (2-2-26) 所示。

$$\begin{cases} b_x = k \cdot b \\ k = L_x / L \end{cases} \tag{2-2-26}$$

式中：L_x——任意桩号位置 (任意点) 距加宽过渡段起点的距离 (m)；

L——加宽过渡段的长度 (m)；

b——圆曲线上的全加宽值 (m)；

b_x——任意桩号位置 (任意点) 的加宽值 (m)。

(3) 在城郊路段、桥梁、高架桥、挡土墙、隧道等结构物及各种安全防护设施地段，也可插入缓和曲线过渡，如图 2-2-15b) 所示。

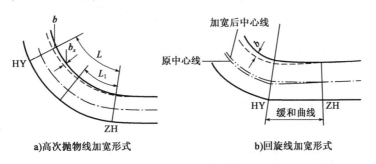

a) 高次抛物线加宽形式　　b) 回旋线加宽形式

图 2-2-15　加宽形式

一、任务实施流程

本工作任务可按以下脉络开展实践与交流：

(1) 任务解读（根据公路等级、路线平面基本设计资料，以小组为单位，共同解读实践任务，包括任务的目的、内容与要求）；

(2) 完成实训任务：观看超高与加宽模型或图片；

(3) 完成"学习任务实施"部分的任务①和③；

(4) 实践任务（加宽值确定，加宽过渡段长度确定，过渡段上加宽值计算）分解与分工；

(5) 课后思考与总结；

(6) 各组成果检查，完成"学习任务实施"部分的任务②；

(7) 分组讨论，完成"学习任务实施"部分的任务④和⑤；

(8) 上交成果：《××公路平曲线超高、加宽的设计与计算》；

(9) 学生自测与自评；

(10) 组长对组员进行考核。

二、学习任务实施

(1) 任务名称：公路平曲线超高、加宽的设计与计算。

(2) 基本资料：某山岭区三级公路，双车道，设计速度为30km/h，平面设计资料如表2-2-7所示。

某公路路线平面设计资料一览表　　　　表2-2-7

交点编号	交点桩号	交点偏角 左偏	交点偏角 右偏	半径（m）	缓和曲线长度（m）
起点	K0+000				
JD$_1$	K0+198.882		58°32′50.1″	100	30
JD$_2$	K0+509.284	11°38′06.9″		180	35
JD$_3$	K0+813.393	38°16′08.6″		120	30
JD$_4$	K1+077.748		24°56′57″	120	25
JD$_5$	K1+267.814		12°45′38.2″	280	50
JD$_6$	K1+669.545	25°14′49.3″		220	50
JD$_7$	K2+012.127		42°14′35.1″	260	60
JD$_8$	K2+305.638	20°47′49.7″		210	40
JD$_9$	K2+724.689		57°35′53.4″	120	50
JD$_{10}$	K2+990.891	15°32′06.8″		300	50
JD$_{11}$	K3+239.228	43°42′40″(Z)		100	30
JD$_{12}$	K3+572.367	21°10′02.3″		160	30
JD$_{13}$	K3+936.263	41°56′00.7″		180	50
终点	K4+327.569				

(3) 任务:

①判断上述路线中各弯道是否需要超高,若需超高,则完成需超高各弯道的超高横坡度取值,并填入表 2-2-8 中。

②判断上述路线中各弯道是否需要加宽,若需加宽,则完成需加宽各弯道的加宽值,并填入表 2-2-8 中。

③完成需超高各弯道的全超高值计算,并填入表 2-2-8 中。

④综合分析、合理确定需超高加宽各弯道的超高加宽过渡段长度,并填入表 2-2-8 中。

⑤计算需超高弯道的整 20m 桩号的超高值,并整理计算成果。

某公路平曲线超高、加宽设计成果汇总表　　　　表 2-2-8

交点编号	是否超高	超高横坡度(%)	全超高值(m)			是否加宽	全加宽值(m)	超高或加宽过渡段长度(m)
			h_c	h_c'	h_c''			
起点								
JD_1								
JD_2								
JD_3								
JD_4								
JD_5								
JD_6								
JD_7								
JD_8								
JD_9								
JD_{10}								
JD_{11}								
JD_{12}								
JD_{13}								
终点								

(4) 要求:

①根据班级人数分成若干组,一般 5~6 人/组。

②以组为单位,各组员完成上述任务①、②、③,组长负责检查各组员的计算结果,做好记录供集体讨论。

③全组共同完成上述任务④、⑤,组长负责成果的记录与整理,按任务目标的要求上交《××公路平曲线超高、加宽的设计与计算》。

三、案例分析

[案例1] 某新建三级公路,设计速度 $V = 40 \text{km/h}$,路基宽度 $B = 8.5 \text{m}$ ($b = 7.0 \text{m}$, $a = 0.75 \text{m}$,路拱横坡度 $i_1 = 2\%$,路肩横坡度 $i_0 = 3\%$)。现有某弯道,半径 $R = 150 \text{m}$。试计算:

(1)该弯道的超高横坡度;(2)该弯道的全超高值。(设该路段的最大超高横坡度为 $i_{bmax}=6\%$)

解:(1)由 $V=40\text{km/h}, i_{bmax}=6\%, R=150\text{m}$,按题意,查表2-2-2可得
$$i_b = 4\%$$

(2)因为该公路为新建公路,所以其超高过渡方式为内边轴旋转,由 $b=7.0\text{m}, a=0.75\text{m}, i_1=2\%, i_0=3\%$,根据式(2-2-3)可得
$$h_c = ai_0 + (a+b)i_b = 0.33(\text{m})$$

根据式(2-2-4)可得
$$h'_c = ai_0 + \frac{b}{2}i_b = 0.16(\text{m})$$

查表2-2-6,取平曲线上的全加宽值 $B_j=1.0$,代入式(2-2-5)可得
$$h''_c = ai_0 - (a+B_j)i_b = -0.05(\text{m})$$

[案例2] 某三级公路,设计速度 $V=30\text{km/h}$,有一半径 $R=125\text{m}$ 的弯道,求超高过渡方式为内边轴旋转的缓和曲线长度。

解: 由 $V=30\text{km/h}, b=6\text{m}, R=125\text{m}$,查表2-2-2可得 $i_b=4\%$,查表2-2-4可得 $p=1/75$,则
$$L_c = \frac{b}{p}i_b = \frac{6}{1/75} \times 4\% = 18(\text{m}) \approx 20(\text{m})$$

[案例3] 某二级公路,已知设计速度 $V=60\text{km/h}$,有一半径 $R=200\text{m}$ 的弯道,求超高过渡方式为中轴旋转的缓和曲线长度。

解: 按题意,查表2-2-2可得 $i_b=7\%$,查表2-2-4可得 $p=1/175$,按《标准》,$b=7\text{m}$,并取路拱横坡度 $i_1=3\%$。则
$$L_c = \frac{b}{p} \times \frac{i_1+i_b}{2} = \frac{7}{1/175} \times \frac{7\%+3\%}{2} = 61.25(\text{m}) \approx 60(\text{m})$$

[案例4] 某三级公路弯道,交点桩号为K3+572.37,交点偏角 $\alpha=21°10'02''$,取缓和曲线长 $l_h=30\text{m}$,其他条件同案例1,试计算该弯道K3+540、K3+550两桩号的路基左、中、右超高值。

解: ①由题意,计算得该弯道的曲线要素分别为: $T_h=43.07\text{m}, L_h=85.42\text{m}, L_y=25.42\text{m}$。同时计算得该弯道的5个主点桩号,如图2-2-16所示。

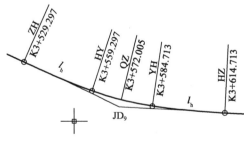

图2-2-16 平曲线要素计算图

②取超高过渡段长度 $L_c=l_h=30\text{m}$,则由ZH~HY的临界断面位置到ZH桩号之距为:
$$L_1 = \frac{i_1}{i_b} \times L_c = 15(\text{m})$$

即临界断面桩号为:ZH+15 = +529.30+15 = 544.30。

由题意可知,K3+540桩号在临界断面之前,K3+550桩号在临界断面之后。

K3+540的超高值计算: $x = +540 - (+529.30) = 10.70(\text{m})$,分别代入式(2-2-15)~式(2-2-17)得
$$h_{cx} \approx \frac{x}{L_c} \times h_c = \frac{10.70}{30} \times 0.33 = 0.12(\text{m})$$

$$h'_{cx} = ai_0 + \frac{b}{2}i_1 = 0.09 \text{ (m)}$$

$$h''_{cx} = ai_0 - (a+b_{jx})i_1 = 0.75 \times 0.03 - \left(0.75 + \frac{10.70}{30} \times 1.0\right) \times 0.02 = 0$$

K3+550 的超高值计算：$x = +550 - (+529.30) = 20.70 \text{ (m)}$，分别代入式(2-2-18)~式(2-2-20)得

$$h_{cx} \approx \frac{x}{L_c} \times h_c = 0.23 \text{ (m)}$$

$$h'_{cx} = ai_0 + \frac{b}{2}i_{bx} = 0.75 \times 0.03 + \frac{7.0}{2} \times \frac{20.70}{30} \times 0.04 = 0.12 \text{ (m)}$$

$$h''_{cx} = ai_0 - (a+b_{jx})i_{bx} = -0.012 \text{ (m)}$$

工作任务三　平面视距要求及保证

学习目标

1. 通过学习，正确理解与掌握公路平面视距的基本含义、平面视距分类及各自的适用场合；

2. 认识与理解停车视距及超车视距各组成要素与内涵，并根据《规范》的相关要求，完成任务"公路平面视距保证分析与设计计算"；

3. 能根据提供的应用案例分析平面视距保证方法与措施，独立完成《××公路平面视距保证分析与设计计算书》的撰写及数据整理。

相关知识

一、视距的认知

驾驶员在公路上行驶时，应能看到前方一定距离内的路面状况，当发现障碍物或对向来车时，能及时采取措施，使汽车在一定的速度下及时制动或绕过。汽车在这段时间内沿路面所行驶的最短距离称为行车视距。行车视距将直接关系汽车行驶的安全与顺适，它是公路主要技术指标之一。因此，无论在公路的平面上或纵断面上，都应保证必要的行车视距，如图 2-3-1 所示。在平面设计中，行车视距包括停车视距、会车视距、超车视距和识别视距。

汽车在单车道或有分隔带的多车道公路上行驶时，遇到障碍物或路面破坏处，驾驶员只有采取制动的方法，使汽车在障碍物或破坏处前完全停车，以保证安全。驾驶员在距离路面 1.2m 高的视线看到障碍物或破坏处，从开始采取制动措施到完全停车，这一必须保证的最短视距称为停车视距。

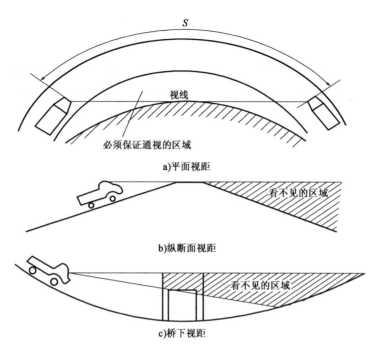

图 2-3-1 影响行车视距的地点

会车视距是指在双向混合行驶的公路上,两辆对向行驶的车辆会产生相互碰撞的可能,致使双向采取制动措施,直至停止时两辆汽车同时行驶的距离。根据计算,会车视距约为 2 倍的停车视距。

超车视距是指在双向行驶的公路上,当车辆相对比较密集时,后车会超越前车,从开始驶离原车道起,至可见对向来车并能超车后安全驶回原车道时所需的安全距离。

识别视距是指车辆以一定速度行驶时,驾驶员自看清前方分流、合流、交叉、渠化、交织等各种行车条件变化时的导流设施、标志、标线,做出制动减速、变换车道等操作,至变化点前使车辆达到必要的行驶状态所需要的最短行驶距离。

二、停车视距

停车视距由三部分组成,如图 2-3-2 所示,包括反应距离、制动距离和安全距离,停车视距可按式(2-3-1)计算。

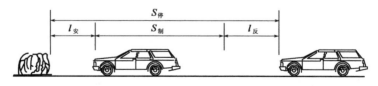

图 2-3-2 停车视距

$$S_{停} = l_{反} + S_{制} + l_{安} \tag{2-3-1}$$

式中:$S_{停}$——汽车的停车视距(m);

$l_{反}$——驾驶员的反应距离(m);

$S_{制}$——汽车的制动距离(m);

$l_{安}$——安全距离,一般取5~10m,以保证汽车在障碍物或路面破坏处前停车而不发生碰撞。

驾驶员的反应时间是从发现障碍物开始,到判断是否采取制动措施,再到决定制动,最后到制动开始生效所需的时间。这一反应时间内汽车所行驶的距离称为反应距离。反应距离可按式(2-3-2)计算:

$$l_{反} = \frac{V}{3.6}t \qquad (2-3-2)$$

式中:V——各级公路的设计速度(km/h);

t——驾驶员反应时间,取2.5s(判断时间1.5s,运行时间1.0s);

其余符号意义同前。

汽车从制动生效到完全停止,这段时间内所行驶的距离为制动距离。制动距离的大小与汽车的制动性能高低、速度大小有关,同时也与驾驶员的技术水平等有关,因此,还需考虑汽车制动方面的使用系数。其计算公式为

$$S_{制} = \frac{V^2}{254(\varphi \pm i)} \qquad (2-3-3)$$

式中:$S_{制}$——汽车的制动距离(m);

φ——纵向摩阻系数;

i——公路纵坡(%),根据《规范》,可不考虑纵坡的取值;

其余符号意义同前。

由此可知,停车视距的计算公式为

$$S_{停} = \frac{V}{3.6}t + \frac{V^2}{254\varphi} + l_{安} \qquad (2-3-4)$$

式中符号意义同前。

高速公路、一级公路的视距应采用停车视距。二级公路、三级公路、四级公路的视距应采用会车视距,其长度一般应不小于停车视距的2倍。受地形条件或其他特殊情况限制而采取分道行驶措施的路段,可采用停车视距。高速公路、一级公路的停车视距,以及二级、三级、四级公路的会车视距与停车视距见表2-3-1、表2-3-2。

高速公路、一级公路停车视距　　　　　　　　　　表2-3-1

设计速度(km/h)	120	100	80	60
停车视距(m)	210	160	110	75

二级、三级、四级公路会车视距与停车视距　　　　　　表2-3-2

设计速度(km/h)	80	60	40	30	20
会车视距(m)	220	150	80	60	40
停车视距(m)	110	75	40	30	20

三、超车视距

在对向混合行驶的双车道公路,各种车辆的行驶速度不同,快速行驶的车辆追上慢速行驶

的车辆并超车,需占用对向一定长度的车道,为保证车辆行驶安全,驾驶员必须看见前面足够长度的车流空隙,以便顺利完成超车,并在超车过程中不影响被超车的行驶状态及其他车流,如图 2-3-3 所示。

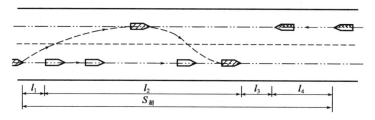

图 2-3-3 超车视距

超车视距由四部分组成,可按式(2-3-5)计算:

$$S_{超} = l_1 + l_2 + l_3 + l_4 \tag{2-3-5}$$

式中:l_1——加速行驶距离(m),可按 $l_1 = \dfrac{V_0}{3.6}t_1 + \dfrac{1}{2}at_1^2$ 计算;

V_0——被超汽车的速度(km/h);

t_1——加速时间(s);

a——平均加速度(m/s²);

l_2——超车汽车在对向车道行驶的距离(m),可按 $l_2 = \dfrac{V_0}{3.6}t_2$ 计算;

t_2——超车汽车在对向车道行驶时间(s);

l_3——超车完成后超车汽车与对向车之间的安全距离,一般取 15~100m;

l_4——超车汽车从开始超车至超车完成后对向汽车的行驶距离(m),可按 $l_4 = \dfrac{V}{3.6}(t_1 + t_2)$ 计算;

V——超车汽车的速度(km/h);

当地形困难时,超车视距也可按式(2-3-6)计算:

$$S_{超} = \dfrac{2}{3}l_2 + l_3 + l_4 \tag{2-3-6}$$

式中符号意义同前。

超车视距最小值应符合表 2-3-3 的规定。

超车视距最小值 表 2-3-3

设计速度(km/h)	80	60	40	30	20
一般值(m)	550	350	200	150	100
极限值(m)	350	250	150	100	70

注:"一般值"为正常情况下的采用值;"极限值"为条件受限时可采用的值。

《规范》规定,二级公路、三级公路、四级公路双车道公路,应间隔设置满足超车视距的路段。具有干线功能的二级公路宜在 3min 的行驶时间内,提供一次满足超车视距要求的超车路段。

四、识别视距

在公路各类出入口区域,由于驾驶员需要及时辨识出(入)口的位置、适时选择换道、进行加(减)速驶入(驶出)等操作,存在交通流交织和冲突等现象。《规范》规定,各级公路的互通式立体交叉、服务区、停车区、客运汽车停靠站等各类出口路段应满足识别视距要求,并应符合下列规定:

(1)不同设计速度对应的识别视距宜符合表 2-3-4 的规定。

识别视距   表 2-3-4

设计速度(km/h)	120	100	80	60
识别视距(m)	350(460)	290(380)	230(300)	170(240)

注:括号中为行车环境复杂、路侧出口提示信息较多时应采取的视距值。

(2)受地形、地质等条件限制路段,识别视距可采用 1.25 倍的停车视距,但应进行必要的限速控制和管理措施,以策安全。

五、平面视距保证

为了保证汽车在弯道上行驶的安全,应保证平面视距的区域内通视,即应对这个区域内的障碍物进行清除。

在弯道各点的横断面上,驾驶员视点轨迹线(汽车行驶轨迹线)至驾驶员视线间的最大距离称为最大横净距。驾驶员的视点距路面高度 1.2m,距未加宽的路面外边缘 1.5m,如图 2-3-4 所示。

设汽车行驶轨迹线至驾驶员视线间的距离为 Z,障碍物线至汽车行驶轨迹线之间的距离为 Z_0,S 为平面视距长度,图 2-3-4 中阻碍驾驶员视线的阴影部分为清除范围。由图 2-3-4 可知:

当 $Z < Z_0$ 时,视距能保证;

当 $Z > Z_0$ 时,视距不能保证,应进行障碍物清除。

为了保证汽车行驶的平面视距,需通过计算确定最大横净距值 Z,而 Z_0 值则可在公路横断面图上量取,如图 2-3-5 所示。

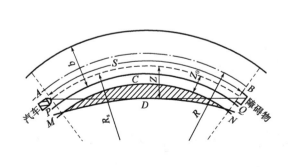

图 2-3-4 平面视距

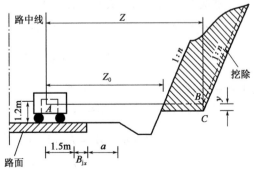

图 2-3-5 视距平台

最大横净距值的确定,可按有无缓和曲线以及视距与汽车行驶轨迹线长度的关系分几个方面进行计算。

1. 无缓和曲线时的最大横净距计算

1)当视距 S 小于曲线长度 L_S 时

由图 2-3-6a)可知:

$$Z = R_S - R_S\cos\frac{\gamma}{2} = R_S\left(1 - \cos\frac{\gamma}{2}\right) = \frac{S^2}{8R_S} \tag{2-3-7}$$

式中:R_S——汽车行驶轨迹半径(m),$R_S = R + \frac{b}{2} - 1.5$,其中 R 为该弯道圆曲线半径,b 为行车道宽度(m);

Z——最大横净距(m);

S——行车视距(m)。

2)当视距 S 大于曲线长度 L_S 时

由图 2-3-6b)可知:

$$Z = Z_1 + Z_2 = R_S\left(1 - \cos\frac{\alpha}{2}\right) + \frac{S - L_S}{2}\sin\frac{\alpha}{2}$$

$$Z = \frac{L_S}{8R_S}(2S - L_S) \tag{2-3-8}$$

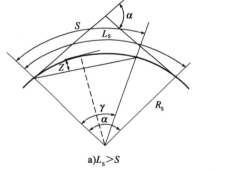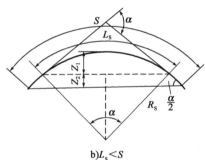

a)$L_S > S$ b)$L_S < S$

图 2-3-6 无缓和曲线时的最大横净距计算

2. 有缓和曲线时的最大横净距计算

1)当视距 S 小于主圆曲线长度 L_S 时

$$Z = R_S\left(1 - \cos\frac{\gamma}{2}\right) = \frac{S^2}{8R_S}$$

式中:γ——视距 S 所对应的圆心角。

2)当 $L_Y \leq S \leq L'_S$ 时[图 2-3-7a)]

$$Z = Z_1 + Z_2 = R_S\left(1 - \cos\frac{\alpha - 2\beta}{2}\right) + (l - l_0)\sin\left(\frac{\alpha}{2} - \delta\right) \tag{2-3-9}$$

式中和图中:δ——$\delta = \arctan\left\{\frac{1}{6}\frac{l_h}{R_S}\left[1 + \frac{l_0}{l_h} + \left(\frac{l_0}{l_h}\right)^2\right]\right\}$

β——缓和曲线的切线角(rad);

l_h——缓和曲线长度(m);

l_0——汽车计算位置(M 或 N)到缓和曲线起点的距离(m),$l_0 = \frac{1}{2}(L'_S - S)$;

L_Y——主圆曲线长度(m);

L'_S——行车轨迹线上的平曲线长度(m)。

3)当 $S > L'_S$ 时[图2-3-7b)]

$$Z = R_S \left(1 - \cos\frac{\alpha - 2\beta}{2}\right) + l_h \sin\left(\frac{\alpha}{2} - \delta\right) + \frac{S - L'_S}{2}\sin\frac{\alpha}{2} \quad (2\text{-}3\text{-}10)$$

式中符号意义同前。

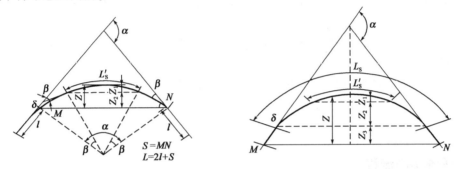

a) $L_Y \leq S \leq L'_S$ b) $S > L_S$

图2-3-7 有缓和曲线时的最大横净距计算

3. 视距保证的方法与步骤

如图2-3-8所示,绘制视距包络图及确定视距清除范围的具体方法如下。

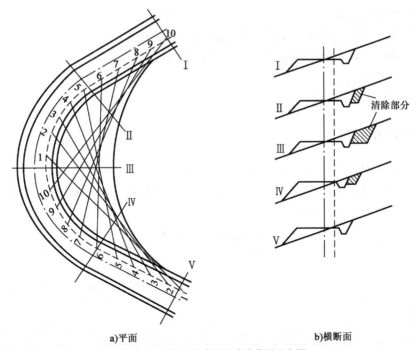

a)平面   b)横断面

图2-3-8 图解法确定视距清除范围示意图

(1)确定 R_s 并计算 Z 值。

(2)在弯道内相应的横断面上量取行车轨迹线至障碍物线之间的距离 Z_0 值,如图 2-3-8 所示。

(3)判断视距能否保证,若视距不能保证,则需进行下列工作。

(4)按比例绘制弯道平面图,要求在该图中绘出道路中心线、障碍物线、行车轨迹线位置。

(5)在平面图上从行车轨迹线起点(或终点)处分别向直线方向两端量取 S 长度得 0 点及 n 点。

(6)将 $0 \sim n$ 长度范围平分成若干等份,得 $0,1,2,3,4,\cdots,n$ 各点。

(7)由 1 点开始,沿轨迹线方向每隔等距离量取 S 得 $1',2',3',4',\cdots,n'$ 各点,并连接 1—$1',2—2',3—3',\cdots$,用一光滑曲线外切各连线,该光滑曲线即为视距包络线。

(8)图中的阴影部分即为视距清除范围。

(9)在平面图上量取 Z_0,图 2-3-8b)所示阴影部分即为视距清除范围,并在对应横断面上绘出视距平台。

(10)在横断面上根据视距平台计算对应的填挖面积。

任务实施

一、任务实施流程

本任务可按以下脉络开展实践与交流:

(1)任务解读(平面视距保证任务书);

(2)实践任务(公路平面视距保证)分解与分工;

(3)课后思考与总结;

(4)各组讨论与检查,完成"学习任务实施"部分相关任务;

(5)上交成果:《××公路平面视距保证分析与设计计算书》;

(6)学生自测与自评;

(7)组长对组员进行考核。

二、学习任务实施

(1)任务名称:公路平面视距保证分析与设计计算。

(2)设计资料:某山岭区三级公路,双车道,设计速度为 30km/h,其他设计资料如下。

①平面设计资料如表 2-3-5 所示。

平面设计资料一览表　　表 2-3-5

交点号	交点桩号	转 角 值	曲线要素值(m)				曲线主点桩号	
			半径	缓和曲线长度	切线长度	曲线长度	ZH	HZ
JD_0	K0+000							
JD_1	K0+239.342	121°18′48.6″(Z)	80	30	158.122	199.3856	K0+081.220	K0+280.606

续上表

交点号	交点桩号	转 角 值	曲线要素值（m）				曲线主点桩号	
			半径	缓和曲线长度	切线长度	曲线长度	ZH	HZ
JD_2	K0+562.462	139°53′11.7″(Y)	50	30	153.955	152.0741	K0+408.508	K0+560.582
JD_3	K0+723.551	64°42′25.4″(Z)	100	50	88.955	162.9351	K0+634.596	K0+797.531
JD_4	K0+983.067	131°50′12.8″(Y)	50	30	128.501	145.0494	K0+854.566	K0+999.615
JD_5	K1+315.427	143°47′45.8″(Z)	50	30	170.2	155.4857	K1+145.227	K1+300.713
JD_6	K1+783.846							

②路基标准横断面图如图2-3-9所示。
③纵、横断面地面线资料及各桩号填挖值如表2-3-6所示。
④设计时不考虑弯道超高。

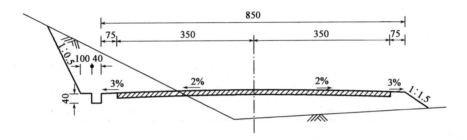

图2-3-9 路基标准横断面图(尺寸单位:cm)

纵、横断面地面线资料及各桩号填挖值一览表(m) 表2-3-6

桩号	填挖值	位置	距离	高差	距离	高差	距离	高差	距离	高差	距离	高差
测点号			1		2		3		4		5	
K0+160.0	+1.05	左侧	4.0	1.70	4.0	1.63	4.0	2.68	4.0	2.86	4.0	3.00
		右侧	4.0	−1.60	4.0	−1.62	4.0	−1.67	4.0	−0.58	4.0	−0.24
K0+180.9	−0.56	左侧	4.0	1.71	4.0	1.60	4.0	1.66	4.0	1.55	4.0	1.57
		右侧	4.0	−1.65	4.0	−0.31	4.0	−0.27	4.0	0.06	4.0	0.18
K0+220.0	+0.12	左侧	4.0	0.77	4.0	1.44	4.0	1.52	4.0	1.46	4.0	1.43
		右侧	4.0	−0.73	4.0	−0.56	4.0	0.00	4.0	0.00	4.0	0.00
K0+460.0	+0.58	左侧	4.0	−1.28	4.0	−1.07	4.0	0.00	4.0	0.00	4.0	0.00
		右侧	4.0	1.76	4.0	2.04	4.0	1.03	4.0	1.07	4.0	1.89
K0+484.6	−0.35	左侧	4.0	−0.55	4.0	−0.56	4.0	−0.38	4.0	0.00	4.0	0.00
		右侧	4.0	0.80	4.0	1.73	4.0	1.17	4.0	1.15	4.0	1.12
K0+540.0	−1.02	左侧	4.0	−0.05	4.0	−0.05	4.0	−0.05	4.0	−0.05	4.0	−0.05
		右侧	4.0	0.12	4.0	0.38	4.0	1.42	4.0	1.96	4.0	2.18

续上表

桩号	填挖值	位置	距离	高差	距离	高差	距离	高差	距离	高差	距离	高差
测点号			1		2		3		4		5	
K0+900.0	-0.25	左侧	4.0	-0.37	4.0	-0.37	4.0	-0.37	4.0	-0.37	4.0	-0.53
		右侧	4.0	1.12	4.0	1.97	4.0	2.89	4.0	3.76	4.0	3.70
K0+927.1	+0.56	左侧	4.0	-0.47	4.0	-0.44	4.0	-0.42	4.0	-0.89	4.0	-1.19
		右侧	4.0	0.47	4.0	1.61	4.0	1.76	4.0	2.46	4.0	3.22
K0+940.0	+0.42	左侧	4.0	-1.04	4.0	-1.14	4.0	-0.86	4.0	-0.76	4.0	-1.56
		右侧	4.0	0.66	4.0	0.74	4.0	1.74	4.0	2.05	4.0	2.60
K1+220.0	-1.05	左侧	4.0	2.84	4.0	2.88	4.0	3.40	4.0	4.40	4.0	2.90
		右侧	4.0	-2.75	4.0	-2.93	4.0	-2.86	4.0	-2.63	4.0	-4.37
K1+220.3	-0.29	左侧	4.0	2.84	4.0	2.84	4.0	3.41	4.0	4.48	4.0	2.97
		右侧	4.0	-2.75	4.0	-2.91	4.0	-2.80	4.0	-2.62	4.0	-4.31
K1+222.9	-0.35	左侧	4.0	2.65	4.0	2.63	4.0	3.10	4.0	5.17	4.0	3.69
		右侧	4.0	-2.70	4.0	-2.74	4.0	-2.75	4.0	-2.67	4.0	-3.58
K1+240.0	+0.36	左侧	4.0	3.32	4.0	2.23	4.0	2.21	4.0	2.10	4.0	2.05
		右侧	4.0	-3.50	4.0	-3.00	4.0	-2.84	4.0	-3.45	4.0	-3.31
K1+740.0	-1.18	左侧	4.0	0.00	4.0	0.00	4.0	0.00	4.0	2.13	4.0	2.95
		右侧	4.0	3.09	4.0	3.87	4.0	3.60	4.0	3.58	4.0	3.92

(3)任务：

①根据《规范》确定该公路各弯道的加宽值及视距值；

②根据表2-3-5中平面设计资料，绘制一张1∶2000路线草图，在图中注明各弯道的平曲线主点位置，并注明对应各点的里程桩号；

③初步分析各弯道的平面视距保证情况，并撰写视距保证分析报告；

④绘制交点 JD_1、JD_2、JD_3、JD_4、JD_5 的平曲线视距包络图；

⑤绘制表2-3-6中各桩的路基横断面设计图，并绘制相应的视距平台。

(4)要求：

①根据班级人数分成若干组，一般5~6人/组；

②以组为单位，组长分配任务，各组员独立完成上述任务①~③；

③全组共同完成上述任务④和⑤，组长负责成果的记录与整理，按任务目标的要求上交《××公路平面视距保证分析与设计计算书》。

三、案例分析

[案例] 某二级公路，路基宽度 $B=12m$，设计速度 $V=80km/h$，试问该等级公路的行车视距为多少？

解：由表2-3-2可知，该公路停车视距为110m，又因为该公路的路基宽度 $B=12m$，根据《规范》相关要求，该公路属混合交通，所以：

$$行车视距 = 2 \times 停车视距 = 220m$$

工作任务四 中桩坐标计算

学习目标

1. 通过学习与互动交流,熟悉并掌握中桩坐标计算的基本原理与方法;
2. 能独立完成公路平曲线中桩坐标的计算,完成《××公路平面线形中桩坐标计算书》。

相关知识

公路勘测、施工前中线恢复、公路中桩放样以及交(竣)工验收时的公路几何线形检测,往往采用坐标法施测,以提高测量精度,所以计算公路中桩坐标十分必要。

一、坐标系统的采用

根据测区内原坐标系统,一般可选择下列几种坐标系统:

(1)大地坐标系统。

在大地坐标系统中,地面点在地球表面上的投影位置用大地经度和大地纬度表示,地面点的大地坐标是根据大地测量数据由大地坐标原点推算而得的。我国大地坐标原点位于陕西泾阳县永乐镇,在西安市以北约40km处。

(2)高斯平面直角坐标系统。

我国于1952年开始采用高斯投影系统,以高斯投影的方法建立了高斯平面直角坐标系统。地面点的高斯平面坐标与大地坐标可以相互转换。高等级公路的勘测设计和施工放样都采用高斯平面直角坐标系统。

(3)平面直角坐标系统。

三级及三级以下公路、独立桥梁、隧道及其他构造物等小区域内,可不经投影,采用平面直角坐标系统在平面上直接进行计算。

(4)在已有平面控制网地区,应尽量沿用原有的坐标系统,如精度不符合要求,也应充分利用其点位,选用其中一点的坐标及含此点的方位角,作为平面控制的起算依据。

二、中桩坐标计算步骤

根据《规范》要求,公路中线上确定的各中桩点,其坐标计算和测量方法应遵循整体到局部的原则。具体步骤如下:

1.计算导线点坐标

采用两阶段设计的公路或一阶段设计但遇地形困难的路段,一般都要先进行平面控制测量,而路线的平面控制测量多采用导线测量的方法,在条件允许时可优先采用全球导航卫星系统(GNSS)测量的方法,用 GNSS 定位技术观测,可在测站之间不通视的情况下,高精度、高效率地获得测点的三维坐标。另外,导线测量可采用经纬仪导线法和全站仪导线法,其中全站仪可以直接读取导线点的坐标,经纬仪导线法可以在测得各边边长及其夹角后,用坐标增量法逐点推算其坐标。

1)方位角确定

如图 2-4-1 所示,若已知 A,B 两点坐标,则直线与 X 轴的夹角 β 为

$$\beta = \arctan \frac{|Y_B - Y_A|}{|X_B - X_A|} \tag{2-4-1}$$

直线 AB 的方位角 α_{AB} 与 β 的关系如图 2-4-1 所示。

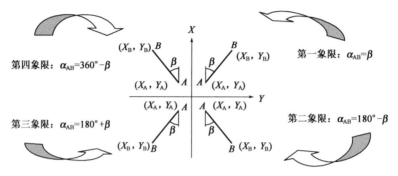

图 2-4-1　直线方位角计算图

2)方位角推算

路线平面控制测量中,导线布置多采用附合导线,为统一计算,导线间水平夹角有左角与右角之分,如图 2-4-2 所示。

BC 边的方位角可按式(2-4-3)推算:

$$\alpha_{BC} = \alpha_{AB} + 180° - \beta_{右} \tag{2-4-2}$$

即

$$\alpha_{后} = \alpha_{前} + 180° - \beta_{右} \tag{2-4-3}$$

CD 边的方位角可按式(2-4-5)推算:

$$\alpha_{CD} = \alpha_{BC} - 180° + \beta_{左} \tag{2-4-4}$$

即

$$\alpha_{后} = \alpha_{前} - 180° + \beta_{左} \tag{2-4-5}$$

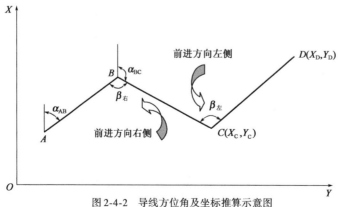

图 2-4-2　导线方位角及坐标推算示意图

3)坐标计算

如图 2-4-2 所示,导线点坐标可按式(2-4-6)、式(2-4-7)计算:

$$X_{后} = X_{前} + D\cos\alpha \tag{2-4-6}$$

$$Y_{后} = Y_{前} + D\sin\alpha \tag{2-4-7}$$

式中:D——计算导线边的边长(m);

α——计算导线边的方位角(°)。

2. 计算交点坐标

根据公路路线平面设计成果,在图上(或现场实测)求得路线起点、终点与平面控制点之间的几何关系,按附合导线控制网计算的有关要求,计算公路起点、各弯道交点及终点坐标,如图 2-4-3 所示,其方法与导线点坐标计算相同。

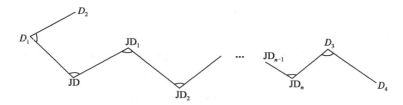

图 2-4-3　交点坐标计算示意

3. 计算各中桩坐标

先计算位于直线段的主要控制点、交点及曲线上各主点坐标,然后计算缓和曲线、圆曲线上各中桩坐标,如图 2-4-4 所示。

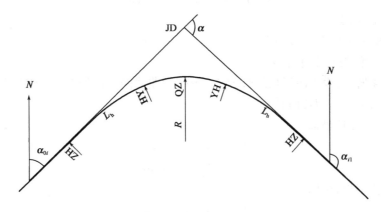

图 2-4-4　平曲线坐标计算

1)未设缓和曲线的单圆曲线坐标计算

(1)圆曲线起、终点坐标计算。

如图 2-4-4 所示,JD 坐标为$(X_{\mathrm{JD}i}, Y_{\mathrm{JD}i})$,交点前后直线边的方位角分别为 α_{0i},α_{i1},圆曲线的半径为 R,平曲线切线长为 T_i,曲线起、终点的坐标可按下式计算。

圆曲线起点(ZY)坐标:

$$X_{\mathrm{ZY}i} = X_{\mathrm{JD}i} - T_i\cos\alpha_{0i} \tag{2-4-8}$$

$$Y_{ZYi} = Y_{JDi} - T_i \sin\alpha_{0i} \tag{2-4-9}$$

圆曲线终点（YZ）坐标：

$$X_{YZi} = X_{JDi} + T_i \cos\alpha_{i1} \tag{2-4-10}$$

$$Y_{YZi} = Y_{JDi} + T_i \sin\alpha_{i1} \tag{2-4-11}$$

（2）圆曲线任意点坐标计算。

ZY～QZ 段（YZ～QZ 段）的坐标计算以曲线起点 ZY（曲线终点 YZ）为坐标原点，切线为 X'轴，法线为 Y'轴建立直角坐标系：

$$X' = R\sin\frac{180l}{\pi R} \tag{2-4-12}$$

$$Y' = R - R\cos\frac{180l}{\pi R} \tag{2-4-13}$$

式中：l——圆曲线上任意点至 ZY（YZ）点的弧长（m）；

R——圆曲线半径（m）。

利用坐标轴转换及平移，ZY～QZ 段的各点坐标可按式（2-4-14）、式（2-4-15）计算：

$$X = X_{ZYi} - X'\cos\alpha_{0i} - \xi Y'\sin\alpha_{0i} \tag{2-4-14}$$

$$Y = Y_{ZYi} + X'\sin\alpha_{0i} + \xi Y'\cos\alpha_{0i} \tag{2-4-15}$$

式中：ξ——路线转向，右转角时 $\xi = 1$，左转角时 $\xi = -1$；

其余符号意义同前。

同理，YZ～QZ 段的各点坐标可按式（2-4-16）、式（2-4-17）计算：

$$X = X_{YZi} - X'\cos\alpha_{i1} - \xi Y'\sin\alpha_{i1} \tag{2-4-16}$$

$$Y = Y_{YZi} - X'\sin\alpha_{i1} + \xi Y'\cos\alpha_{i1} \tag{2-4-17}$$

式中符号意义同前。

2）带缓和曲线的单曲线坐标计算

（1）平曲线起、终点坐标计算。

如图 2-4-4 所示，设平曲线切线长为 T_h，带缓和曲线的单曲线起点（ZH）、终点（HZ）坐标可按式（2-4-18）～式（2-4-21）计算。

平曲线起点（ZH）坐标：

$$X_{ZHi} = X_{JDi} - T_h\cos\alpha_{0i} \tag{2-4-18}$$

$$Y_{ZHi} = Y_{JDi} - T_h\sin\alpha_{0i} \tag{2-4-19}$$

平曲线终点（HZ）坐标：

$$X_{HZi} = X_{JDi} + T_h\cos\alpha_{i1} \tag{2-4-20}$$

$$Y_{HZi} = Y_{JDi} + T_h\sin\alpha_{i1} \tag{2-4-21}$$

（2）平曲线任意点坐标计算。

ZH～QZ 段的坐标计算以曲线起点 ZH 为坐标原点，切线为 X'轴，法线为 Y'轴建立直角坐标系。

①计算点在 ZH～HY 段的 X'、Y' 值可按式（2-4-22）、式（2-4-23）计算：

$$X' = l - \frac{l^5}{40R^2 l_h^2} \tag{2-4-22}$$

$$Y' = \frac{l^3}{6Rl_h} - \frac{l^7}{336R^3 l_h^3} \qquad (2\text{-}4\text{-}23)$$

式中：l——缓和曲线上任意点至 YZ 点的弧长(m)；

其余符号意义同前。

②计算点在 HY ~ QZ 段的 X'、Y' 值可按式(2-4-24)、式(2-4-25)计算：

$$X' = R\sin\left(\frac{2l - l_h}{2R} \cdot \frac{180}{\pi}\right) + q \qquad (2\text{-}4\text{-}24)$$

$$Y' = R\left[1 - \cos\left(\frac{2l - l_h}{2R} \cdot \frac{180}{\pi}\right)\right] + p \qquad (2\text{-}4\text{-}25)$$

式中：p——带缓和曲线的主曲线内移值(m)，可按式(2-1-19)计算；

q——带缓和曲线的切线增长值(m)，可按式(2-1-20)计算；

其余符号意义同前。

同理，可利用坐标轴转换及平移，ZH ~ QZ 段的各点坐标可按式(2-4-14)、式(2-4-15)计算，QZ ~ HZ 段的各点坐标可按式(2-4-16)、式(2-4-17)计算。

3) 直线段中桩坐标计算

如图 2-4-5 所示，M 点位于 ZH 之前或 HZ 之后的直线段上，该点的中桩坐标可利用 JD 坐标、ZH(或 HZ)坐标与该点的距离 D，按式(2-4-26)及式(2-4-27)计算：

$$X = X_0 - D\cos\alpha_{0i} \qquad (2\text{-}4\text{-}26)$$

$$Y = Y_0 - D\sin\alpha_{0i} \qquad (2\text{-}4\text{-}27)$$

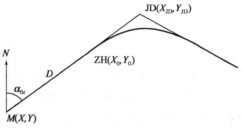

图 2-4-5　直线段坐标计算图

三、测量坐标与施工坐标的换算

为了计算和施工时使用方便，施工时常采用平面控制网坐标系的一个坐标轴（X 轴或 Y 轴）平行或重合于路线中线的较长直线段的方向。在施工中，对于所有导线点、路线中线点，根据其坐标，就可知这些点是否在中线上。所以施工中常常需要将地面控制测量坐标变换为施工坐标。

如图 2-4-6 所示，地面三角网原采用的测量坐标系为 X、Y。隧道路线中线进口端为曲线，出口端为直线。施工坐标拟采用 x 轴与隧道路线中线直线部分平行，即平行于曲线切线方向，且使各点坐标均为正值，便于施工中使用。

图 2-4-6 中 3 点为曲线交点，3—8 点为切线方向。首先将原测量坐标系 X、Y 变换为以 3 点为原点，3—8 点切线方向为 x 轴的坐标系 x'、y'。变换公式为：

$$x' = (X - X_0)\cos\alpha + (Y - Y_0)\sin\alpha \qquad (2\text{-}4\text{-}28)$$

$$y' = (Y - Y_0)\cos\alpha - (Y - Y_0)\sin\alpha \qquad (2\text{-}4\text{-}29)$$

式中：X_0、Y_0——x'、y' 坐标系原点(图 2-4-6 中 3 点)在原测量坐标系内的坐标；

α——坐标轴顺时针方向旋转的角度。

3—8 点方向在原测量坐标系中的坐标方位角，可按下式计算：

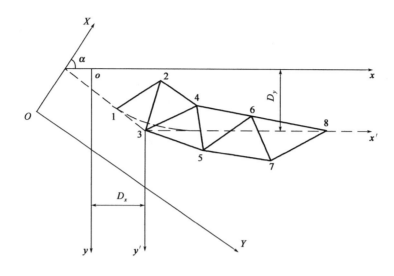

图 2-4-6 测量坐标与施工坐标换算

$$\alpha = \arctan \frac{|Y_8 - Y_3|}{|X_8 - X_3|} \tag{2-4-30}$$

式中：X_3、X_8、Y_3、Y_8——3 点和 8 点在原测量坐标系中的坐标。

为使施工坐标系的坐标值均为正值，还应将 x'、y' 坐标系平移，使整个控制网置于坐标系的第一象限，平移后的坐标系为 x、y 坐标系。设 x 轴平移 D_y 距离，y 轴平移 D_x 距离，所以最终使用的施工坐标 x、y 为：

$$x = (X - X_0)\cos\alpha + (Y - Y_0)\sin\alpha + D_x \tag{2-4-31}$$
$$y = (Y - Y_0)\cos\alpha - (Y - Y_0)\sin\alpha + D_y \tag{2-4-32}$$

任务实施

一、任务实施流程

本工作任务可按以下脉络开展实践与交流：
(1)任务解读(路线平面设计资料及相关计算要素，提出完成任务的内容与要求)；
(2)实践任务(中桩坐标计算)分解与分工；
(3)课后思考与总结；
(4)完成"学习任务实施"部分的相关任务；
(5)分组检查，讨论计算成果并汇总；
(6)上交成果：《×× 公路平面线形中桩坐标计算书》；
(7)学生自测与自评；
(8)组长对组员进行考核。

二、学习任务实施

（1）任务名称：公路平面线形中桩坐标计算与分析。

（2）基本资料：××平原区二级公路，设计速度为80km/h，平面设计基础资料如表2-4-1所示，其中$JD_1 \sim JD_2$与平面控制网之间的关系如图2-4-7所示。

××公路路线平面设计资料一览表　　　　表2-4-1

交点编号	交点桩号	交点偏角	半径(m)	缓和曲线长度(m)	交点间距(m)
起点	K0+000				
JD_1	K0+394.127	28°20′55.8″(Y)	300	70	394.127
JD_2	K0+963.495	30°27′00.6″(Z)	400	80	572.784
JD_3	K2+356.732	36°52′14″(Y)	400	70	1398.722
JD_4	K2+864.108	77°06′58.1″(Z)	392.755	70	516.965
JD_5	K3+808.287	23°43′53.2″(Z)	420	70	1042.492
JD_6	K4+632.272	43°02′54.8″(Y)	260	70	826.704
JD_7	K5+279.066	51°12′39.1″(Z)	280	70	657.110
JD_8	K5+720.863	29°46′54.7″(Y)	350	70	460.568
终点	K6+226.422				510.056

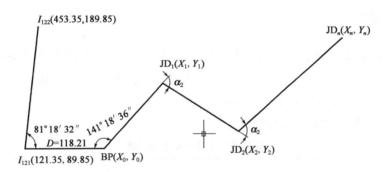

图2-4-7　平面控制网与公路路线关系图

（3）任务：

①根据图2-4-7及表2-4-1的相关数据，完成表中起点（BP）、各交点及终点（EP）的坐标值计算，并把计算成果填入表2-4-2中。

××公路路线交点坐标表　　　　表2-4-2

交点编号	交点坐标		交点编号	交点坐标	
	X	Y		X	Y
BP			JD_5		
JD_1			JD_6		
JD_2			JD_7		
JD_3			JD_8		
JD_4			EP		

②完成 K1+100～K4+000 范围内的平曲线主点及整 20m 桩号的中桩坐标计算,并把计算成果整理汇总填入表 2-4-3 中。

××公路路线逐桩坐标表　　　　　表 2-4-3

桩　号	中桩坐标		桩　号	中桩坐标	
	X	Y		X	Y
K1+100			…		
ZH+118.24			+940		
+120			+960		
+140			+980		
…			K4+000		

(4)要求:
①根据班级人数分成若干组,一般 5～6 人/组。
②以组为单位,组长分配任务,各组员分别完成上述任务①和②。
③组员间相互检查对方计算成果,组长汇总计算成果,按任务目标的要求上交《××公路平面线形中桩坐标计算书》。

三、案例分析

[案例]　已知某高速公路路线的 3 个交点为 JD_2、JD_3、JD_4,其所对应的坐标见表 2-4-4,JD_3 的里程桩号为 K2+703.47,圆曲线半径 $R=2000m$,缓和曲线长 $l_h=100m$。试计算:
(1)JD_3 的平曲线主点桩号及主点坐标;
(2)K2+150、K2+250 两点的坐标。

某高速公路某段交点坐标表　　　　　表 2-4-4

交点号	交点坐标	
	X	Y
JD_2	3116010.77	477565.039
JD_3	3117249.262	479968.143
JD_4	3116946.038	483280.499

解:(1)根据题意,利用表 2-4-4 中各交点对应坐标,计算 JD_2—JD_3、JD_3—JD_4 两条边的坐标方位角 α_{23}、α_{34},由式(2-4-1)可知:

$$\beta_{23} = \arctan\frac{|Y_3-Y_2|}{|X_3-X_2|} = \arctan\frac{|479968.143-477565.039|}{|3117249.262-3116010.77|} = 62°44'05''$$

$$\beta_{34} = \arctan\frac{|Y_4-Y_3|}{|X_4-X_3|} = \arctan\frac{|483280.499-479968.143|}{|3116946.038-3117249.262|} = 84°46'10''$$

根据图 2-4-1，结合坐标增量，可知以上两边均在第一象限，即

$$\alpha_{23} = \beta_{23} = 62°44'05''$$
$$\alpha_{34} = \beta_{34} = 84°46'10''$$

所以，JD_3 的偏角 $A = 22°02'05''$。

由已知条件，按式（2-1-25）、式（2-1-27）、式（2-1-28）计算出 JD_3 的平曲线要素及主点桩号，见表 2-4-5。

JD_3 平曲线要素及主点桩号成果表　　　　　　　　　　表 2-4-5

切线长(m)	曲线长(m)	平曲线主点桩号				
		ZH	HY	QZ	YH	HZ
632.926	1234.316	K2+070.548	K2+170.548	K2+187.706	K3+204.863	K3+304.863

（2）由式（2-4-18）、式（2-4-19）可知，直缓点（ZH）的坐标为：

$$X_{ZH} = X_{JD_3} - T_h \cos\alpha_{23} = 3116959.312 \text{(m)}$$
$$Y_{ZH} = Y_{JD_3} - T_h \sin\alpha_{23} = 479405.538 \text{(m)}$$

由式（2-4-22）、式（2-4-23）可知，缓圆点（HY）的切线支距值为：

$$X' = l_h - \frac{l_h^3}{40R^2} = 99.99 \text{(m)}$$

$$Y' = \frac{l_h^2}{6R} - \frac{l_h^4}{336R^3} = 0.83 \text{(m)}$$

由式（2-4-14）、式（2-4-15）可知，该交点右转偏，取 $\xi = 1$，HY 点的坐标为：

$$X = X_{JD_3} - X'\cos\alpha_{23} - Y'\sin\alpha_{23} = 3117202.718 \text{(m)}$$
$$Y = Y_{JD_3} + X'\sin\alpha_{23} + Y'\cos\alpha_{23} = 480057.404 \text{(m)}$$

同理可以计算出其他各点坐标，如表 2-4-6 所示。

中桩坐标计算表　　　　　　　　　　表 2-4-6

里程桩号	X	Y	里程桩号	X	Y
ZH+070.55	3116959.311	479405.538	YH+204.86	3117199.849	480498.780
K2+150	3116995.337	479476.353	K2+250	3117037.571	479566.985
HY+170.55	3117202.718	480057.404	HZ+304.86	3117191.563	480598.433
QZ+187.71	3117167.380	479984.085			

工作任务五　平面设计成果编制

学习目标

1. 通过学习与交流，熟悉公路平面设计成果的主要内容；

2. 掌握公路路线平面设计图,直线、曲线及转角表的编制方法;
3. 能分析平面设计成果主要技术参数的合理性,独立完成公路平面设计成果的编制。

相关知识

公路路线经平面设计后需提供各种平面设计成果。其中,主要设计图纸包括路线平面设计图、路线总体布置图、公路用地图、纸上移线图等;主要设计表格有直线、曲线及转角表,路线交点坐标表(或含在直线、曲线及转角表中),逐桩坐标表,总里程及断链表等。各种图纸和表格的样式可参照交通运输部颁布的《公路工程基本建设项目设计文件图表示例》。以下仅介绍路线平面设计图与直线、曲线及转角表。

一、路线平面设计图

路线平面设计图是公路设计文件的重要组成部分。如图 2-5-1 所示,路线平面设计图可以反映公路的平面位置和所经过地区的地形、地物等,还可以反映路线所经地段的各种结构物如挡土墙、边坡、排水结构、桥涵等的具体位置以及和地形、地物的关系。它是设计人员对路线设计意图的总体体现。路线平面设计图对有关部门审批、专家评议、设计初审、设计会审、工程施工以及指导后续工作(如施工图设计、施工放样等)起着重要的作用。

1. 路线平面设计图比例尺及测图范围

公路路线平面设计图是指包括路中心线在内的有一定宽度的带状地形图。若用于工程可行性研究、初步设计阶段的方案研究与比选,可采用 1:5000 或 1:10000 的平面设计图;若作为初步设计、施工图设计等设计文件组成部分,则应采用更大的比例尺,一般采用 1:500～1:2000 的平面设计图;在地形复杂地段或重要设计路段,如大型交叉、大中桥等,则应采用 1:500～1:1000 的平面设计图。

带状地形图的测图范围,一般视具体情况确定,常用路中心线两侧 100～200m。对于 1:5000 的地形图,测图范围应适当放大,一般不小于 250m。若为比较线,则须包括比较线的范围。

2. 路线平面设计图的内容及测绘步骤

1)路线平面设计图的内容

(1)公路沿线的地形、地物情况;

(2)公路中心线交点和转点位置及里程桩标注、公路沿线的各类控制桩位置及有关数据;

(3)路线所经地段的地名,重要地理位置情况标注;

(4)各类结构物的设计成果的标注;

(5)若图纸中包含弯道,应包括曲线要素表和导线、交点坐标表;

(6)图签和有关说明。

2)路线平面设计图的测绘步骤

(1)按要求选定比例尺;

(2)依直线、曲线及转角表及中线资料绘制公路中线图;

(3)在公路中线图上标出公路起(终)点里程桩、百米桩、公里桩、曲线要素桩、桥涵桩位置;

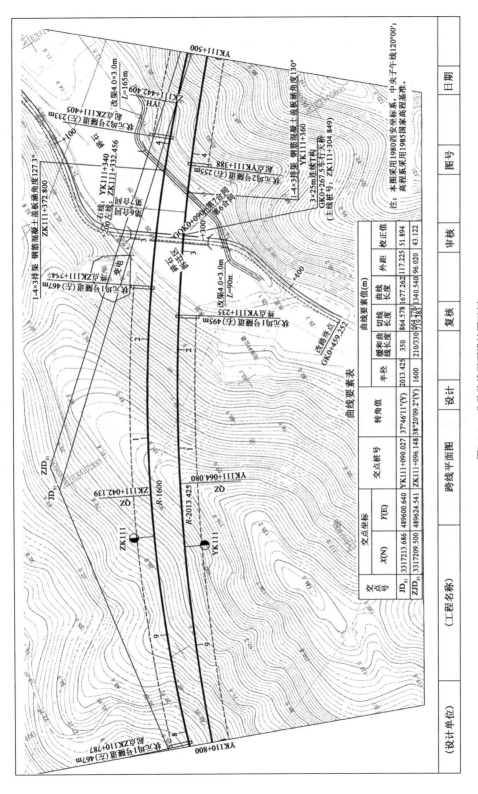

图2-5-1　公路路线平面设计图示例

(4)实地测绘沿线带状地形图并现场勾绘出等高线;

(5)根据设计情况在图纸上标出各类结构物的平面位置,并在图上列出曲线要素表等有关内容。

二、直线、曲线及转角表

直线、曲线及转角表(表2-5-1)是公路平面设计的主要成果之一,是公路路线的平面位置和线形等各项指标的具体体现。只有根据该表才能进行路线平面设计后续的一系列设计工作,如路线平面设计图、逐桩坐标表。它同时可为路线纵断面设计、横断面设计提供设计依据。

1. 交点桩号推算

公路中心线上各点桩号是指该点沿路中心线到路线起点的水平距离,由于交点并不在道路中心线上,所以交点桩号实际上是计算过程中出现的过渡桩号,是计算某平曲线各主点桩号的基础。如图2-5-2所示,交点桩号计算可按式(2-5-1)、式(2-5-2)进行:

$$JD_1 = 路线起点(BP)桩号 + D_1 \tag{2-5-1}$$
$$JD_{n+1} = HZ_n + D_{n+1} \tag{2-5-2}$$

式中:D_1——路线起点至交点(JD_1)之距(m);

D_{n+1}——第n个交点平曲线的HZ点至第$n+1$个交点平曲线的交点之距(m)。

2. 直线段长

在直线、曲线及转角表中,直线段长是指公路中线上相邻两平曲线间的直线段长度,它可以直观地反映出公路线形的合理性。如图2-5-2所示,直线段长可按式(2-5-3)或式(2-5-4)计算:

$$L = ZH_{n+1} - HZ_n \tag{2-5-3}$$

或
$$L = D - T_n - T_{n+1} \tag{2-5-4}$$

式中:L——直线段长(m);

D——相邻两交点之间的距离(m);

T_{n+1}——第$n+1$个交点的切线距离(m);

T_n——第n个交点的切线距离(m);

ZH_{n+1}——第$n+1$个交点的平曲线起点ZH桩号(圆曲线时为ZY桩号);

HZ_n——第n个交点的平曲线终点HZ桩号(圆曲线时为YZ桩号)。

图2-5-2 路线交点桩号推算图

直线、曲线及转角表

表 2-5-1

交点号	交点坐标 N(X)	交点坐标 E(Y)	交点桩号	转角值	曲线要素值 (m) 半径	缓和曲线长度	缓和曲线参数	切线长度	曲线长度	外距	校正值	曲线主点桩号 第一缓和曲线起点或圆曲线起点	第一缓和曲线终点或圆曲线起点	曲线中点	第二缓和曲线起点或圆曲线终点	第二缓和曲线终点	直线段长(m)	交点间距(m)	计算方位角	备注
1	2	3	4	5	6	7	8	9	10	11	12	13	14	15	16	17	18	19	20	21
JD25	3324653.043	482849.8252	YK100+602.095	58°51′21.6″(Z)	1500.000	180.000	519.615	954.021	1747.026	231.835	161.016	YK99+648.074	YK99+828.074	YK100+521.597	YK101+215.100	YK101+395.100	244.744	1543.774	156°38′55.9″	
JD26	3323235.715	483461.7235	YK101+984.853	7°35′30.4″(Y)	5200.000			345.009	689.008	11.433	1.010		YK101+639.844	YK101+984.348	YK102+328.852		0.000	754.190	164°14′26.3″	
JD27	3322509.874	483666.56	YK102+738.034	10°57′41.2″(Z)	2700.000	300.000	900.000	409.182	816.546	13.795	1.817	YK102+328.852	YK102+628.852	YK102+737.125	YK102+845.399	YK103+145.399	1437.957	2817.945	153°16′45″	
JD28	3319992.862	484933.631	YK105+554.162	26°38′33.1″(Z)	4100.000			970.806	1906.500	113.367	35.112		YK104+583.356	YK105+536.606	YK106+489.856		285.105	1541.021	126°38′11.9″	
JD29	3319073.276	486170.2021	YK107+060.071	7°46′01″(Y)	4200.000			285.110	569.346	9.666	0.873		YK106+774.961	YK107+059.634	YK107+344.308		876.620	2190.804	134°24′12.9″	
JD30	3317540.353	487735.376	YK109+250.002	34°28′12″(Z)	2800.000	320.000	946.573	1029.075	2004.522	133.233	53.627	YK108+220.927	YK108+540.927	YK109+223.188	YK109+905.449	YK110+225.449	0.000	1893.653	99°56′00.9″	
JD31	3317213.686	489660.6396	YK111+090.027	37°46′11″(Y)	2013.425	350.000	839.463	864.578	1677.262	117.225	51.894	YK110+225.449	YK110+575.449	YK111+064.080	YK111+552.711	YK111+902.711	548.512	2113.426	137°42′11.9″	第7合同右线起点 YK111+340
JD32	3315650.448	491022.9116	YK113+151.558	32°13′38.9″(Z)	2000.000	240.000 300.000	692.820 1072.594	700.336 654.434	1323.181	83.652	31.589	YK112+451.223	YK112+691.223	YK113+082.813	YK113+474.404	YK113+774.404	0.000	1382.341	105°28′32.9″	
JD33	3315281.596	492355.1337	YK114+502.311	19°45′24.9″(Z)	4180.000			727.907	1441.361	62.906	14.454		YK113+774.404	YK114+495.084	YK115+215.764		944.498	2353.159	85°43′08.1″	第7合同右线终点 YK114+114.357
JD34	3315457.258	494701.7272	YK116+841.016	22°01′36.6″(Y)	2700.000	310.000	914.877	680.754	1347.990	52.171	13.519	YK116+160.262	YK116+470.262	YK116+834.257	YK117+198.252	YK117+508.252	−0.002	680.752	107°44′44.7″	
EP	3315249.769	495350.0882	YK117+508.250																	

任务实施

一、任务实施流程

本工作任务可按以下脉络开展实践与交流：
(1) 任务解读（地形图及相关设计要素，提出完成任务的内容与要求）；
(2) 实践任务（公路平面设计成果编制）分解与分工；
(3) 课后思考与总结；
(4) 课程实训：公路平面设计成果编制实训，完成"学习任务实施"部分的相关任务；
(5) 上交成果：《××公路平面设计成果编制报告》；
(6) 学生自测与自评；
(7) 组长对组员进行考核。

二、学习任务实施

(1) 任务名称：公路平面设计成果的分析与编制。
(2) 基本资料：某平原区三级公路，双车道，设计速度为40km/h。
① 平面设计基础资料见表2-5-2。
② 路线平面设计图如图2-5-3所示。
(3) 任务：
① 完成表2-5-2的编制工作，并提供相应的计算书。
② 根据表2-5-2的相关数据，完成图2-5-3（××公路路线平面设计图）未标注部分，并在图上补充曲线要素表。
(4) 要求：
① 根据班级人数分成若干组，一般5~6人/组。
② 以组为单位，各组员完成上述任务①，组长负责检查各组员的计算或分析结果，做好记录供集体讨论。
③ 全组共同完成上述任务②，组长负责成果的记录与整理，按任务目标的要求上交《××公路平面设计成果编制报告》。

三、案例分析

[案例] 如图2-5-4所示，已知起点BP的里程桩号为K0+000，试计算JD_2、JD_3桩号及交点间的直线段长度。

解：(1) 由题意及图2-5-4可知：
$$JD_2 = BP桩号 + D_1 = K0 + 325.42$$
(2) 根据图2-5-4中JD_2、JD_3的已知条件，两个交点的平曲线要素分别如下：
JD_2：　　　　　$T_2 = 71.55m$；$L_2 = 141.83m$；$L_{y2} = 41.83m$
JD_3：　　　　　$T_3 = 80.06m$；$L_3 = 159.14m$；$L_{y3} = 59.14m$

××公路直线、曲线及转角表

表 2-5-2

交点号	交点坐标 N(X)	交点坐标 E(Y)	交点桩号	转角值	曲线要素值(m) 半径	缓和曲线长度	缓和曲线参数	切线长度	曲线长度	外距	校正值	曲线主点桩号 第一缓和曲线起点	第一缓和曲线终点或圆曲线起点	曲线中点	第二缓和曲线起点或圆曲线终点	第二缓和曲线终点	直线段长度(m)	直线长度及方向 交点间距(m)	计算方位角	备注
1	2	3	4	5	6	7	8	9	10	11	12	13	14	15	16	17	18	19	20	21
JD$_0$	3182393.819	500123.2586	K0+000																	
JD$_1$				26°27′07.3″(Z)	135	50												347.36		
JD$_2$				6°00′41.8″(Y)	1500													332.14		
JD$_3$				20°40′21.7″(Y)	350	60												402.33		
JD$_4$				36°07′58.9″(Y)	240.35	50												197.44		
JD$_5$				55°34′11.9″(Y)	160	70												405.88		
JD$_6$				46°32′09.6″(Z)	200	50												384.10		
JD$_7$				15°55′28.8″(Y)	350	60												441.12		
JD$_8$				54°14′47.6″(Y)	120	50												278.82		
JD$_9$				46°33′18.2″(Z)	280	60												399.97		
JD$_{10}$				69°35′12.2″(Z)	200	50												551.59		
JD$_{11}$																		624.44		

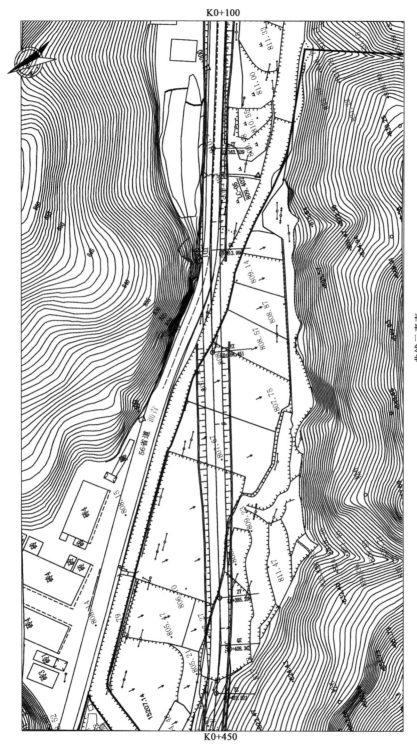

曲线元素表

交点号	交点桩号	转角值	曲线要素值(m)				
			半径	缓和曲线长度	切线长度	曲线长度	外距	校正值
JD₁	K0+214.007	3°36′50.4″(Z)	1600		50.478	100.922	0.796	0.033
JD₂	K0+408.397	7°34′54.7″(Y)	350		23.191	46.315	0.767	0.068

图2-5-3 ××公路路线平面设计图

图 2-5-4　路线布置(尺寸单位:m)

通过计算,JD_2 各主点的里程桩号如下:

$$ZH_2 = JD_2 - T_2 = +253.87$$
$$HY_2 = ZH_2 + l_{h2} = +303.87$$

同理可得

$$QZ_2: +323.79; \quad YH_2: +344.70; \quad HZ_2: +394.70$$

由题意可知,JD_2 的平曲线终点 HZ 至 JD_3 之间的距离为

$$D_2 - T_2 = 256.32 - 71.55 = 184.77(\mathrm{m})$$

由式(2-5-2)可知,JD_3 桩号为

$$JD_3 = HZ_2 + 317.56 = +394.70 + 317.56 = +712.26$$

(3)由式(2-5-4)可知,JD_2 与 JD_3 之间的直线段长度为

$$L = D_2 - T_2 - T_3 = 256.32 - 71.55 - 80.06 = 104.71(\mathrm{m})$$

(1)公路平面线形的三要素是什么?
(2)缓和曲线长度由哪些因素决定?
(3)平面线形有哪些基本组合形式?各种组合应满足哪些要求?
(4)平面线形设计的一般原则是什么?
(5)公路超高横坡度的确定需要考虑哪些因素?
(6)平曲线超高过渡方式有哪些?分别适用于哪些场合?
(7)试叙述内边轴超高的超高过渡段构成。
(8)平曲线加宽有哪些规定与要求?
(9)什么是行车视距?行车视距按制动方式分为哪几种?

(10) 停车视距由哪几部分组成?

(11) 试叙述视距包络图绘制的一般步骤。

(12) 公路平面设计成果主要有哪些?

(13) 某三级公路,其设计速度 $V=40$km/h,路线偏角 $\alpha=29°17'25''$,半径 $R=280$m,缓和曲线长 $l_h=70$m,求该弯道的平曲线要素。

(14) 某二级公路弯道,设计速度 $V=80$km/h,交点桩号为 K1+077.75,$R=280$m,交点偏角 $\alpha=24°56'57''$,取缓和曲线长 $l_h=70$m,路基宽度 $B=12$m($b=9.0$m,$a=1.5$m,$i_1=2\%$,$i_0=3\%$),试计算该弯道 K0+990、K1+000 两桩号的路基左、中、右超高值。(设该路段的最大超高横坡度为 $i_{bmax}=8\%$)

(15) 已知某二级公路路线的 3 个交点:JD_1(456.55,328.36),JD_2(655.75,158.63) 与 JD_3(298.55,573.56),JD_2 的里程桩号为 K13+156.55,圆曲线半径 $R=450$m,缓和曲线长 $l_h=70$m。试计算 JD_3 的平曲线主点坐标。

模块三 MODULE THREE
路线纵断面设计

工作任务一　路线纵断面线形组成分析

 学习目标

1. 通过学习与交流,了解纵断面线形中纵坡、坡长和竖曲线的含义及相关要求;
2. 熟悉纵断面设计的目的、组成及设计高程的规定;
3. 能熟练分析纵断面设计线中直坡段与坡长限制的原因以及取值的合理性,分析竖曲线设置原因及取值的合理性。

 相关知识

一、公路路线纵断面的组成

公路平面设计确定了路线起、终点之间的走向,沿着公路中线用曲面竖直剖切,然后展开所得到的垂直面为公路路线纵断面图,如图 3-1-1 所示。路线纵断面图与平面图、横断面图结合起来,就能完整地表达道路的空间位置与立体线形。

公路路线纵断面示意图如图 3-1-2 所示。在纵断面图上有两条主要线形,其中一条是地面线,它是根据公路中线上各桩号地面高程而点绘的一条不规则折线,反映了道路中线所经过的地面起伏情况;另一条是设计线,它是经过技术上、经济上及视觉效果等方面的比选而定出来的几何线形,反映了道路路线的起伏情况。纵断面图的比例:竖向为 1:200 或 1:100;横向为 1:2000 或 1:1000。

由于自然因素的影响以及经济性要求,公路起、终点之间不可能设计为一条水平线,它必定有一定的起伏,路线纵断面设计就是确定路线在原地面上的高度、形状及尺寸。纵断

面设计线由直线(直坡段)和曲线(竖曲线)组成。直坡段有纵坡、坡长要求,竖曲线有半径大小要求,因此本工作任务就是分析纵断面的组成,如何确定和计算直坡段的纵坡、坡长及竖曲线的半径,如何保证线形平顺、经济合理,如何保证汽车可以快速、安全、舒适地上坡与下坡。

图 3-1-1　公路中线竖向剖切示意图

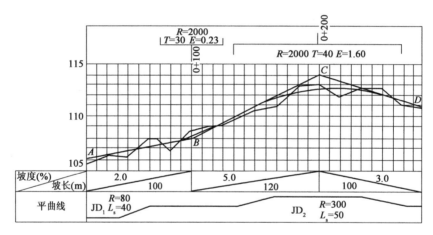

图 3-1-2　公路路线纵断面示意图

1. 设计高程

纵断面上的地面高程是指道路中线各中桩处的原地面高程。纵断面上的设计高程,即路基设计高程,其位置随公路是否设置中央分隔带等情况而定。

1)新建公路的路基设计高程

高速公路和一级公路宜采用中央分隔带的外侧边缘高程;二级公路、三级公路、四级公路宜采用路基边缘高程,在设置超高、加宽路段为超高、加宽前该处边缘高程。

2)改建公路的路基设计高程

一般宜按新建公路的规定执行,也可视具体情况而采用中央分隔带中线或行车道中线高程。

纵断面上任一桩号的设计高程与地面高程之差,称为该桩号断面的施工高度。施工高度决定了道路施工时的填方高度和挖方深度。填方是设计线在地面线之上,施工时需填筑路堤;挖方是设计线在地面线之下,施工时需开挖路堑。

2. 直坡段

直坡段有上坡(+)、下坡(-)与平坡之分,用纵坡和坡长表示。纵坡是指两点间的高差与水平距离的比值,坡长是指两变坡点之间的水平直线距离。纵坡和坡长影响汽车的行驶速度、运输经济性以及行车安全性,故必须对其临界值作必要的限制,以满足行车要求。

3. 竖曲线

相邻两个直坡段的转折处即为变坡点,为了平顺过渡,变坡点处须设置竖曲线,竖曲线有凹形和凸形两种,其大小用曲线的半径和水平长度来表示。

二、直坡段及坡长

1. 最大纵坡

最大纵坡是指在纵坡设计时各级公路容许采用的最大纵坡值,它是公路纵断面设计的一项重要控制指标。一方面,道路纵坡的大小直接影响路线的长度、使用质量、运输成本和工程造价;另一方面,由于汽车的牵引力有一定的限度,纵坡也不可能采用太大值。因此,最大纵坡的取值应通过全面分析,综合考虑后合理确定。

1) 确定最大纵坡应考虑的因素

(1) 汽车的动力性能:根据公路上主要行驶车辆的牵引性能,在一定的设计速度条件下确定。

(2) 公路等级:公路等级越高,要求行车速度越快,但爬坡能力越低,因此不同等级公路有不同的最大纵坡值。

(3) 自然因素:公路所经地区的地形、气候、海拔等自然因素均影响汽车的行驶条件和爬坡能力。

2) 最大纵坡的确定

最大纵坡的确定主要取决于汽车的动力性能、公路等级和自然因素,但同时还必须保证行车安全、快速、经济。从实际调查中可知,一般情况下最大纵坡不宜超过8%。但由于各级公路的要求不同,8%不能作为各级公路的统一指标,公路等级越高,最大纵坡应越小,否则会大大降低车速,增大危险程度。《规范》规定的各级公路的最大纵坡见表3-1-1。

各级公路最大纵坡 表3-1-1

设计速度(km/h)	120	100	80	60	40	30	20
最大纵坡(%)	3	4	5	6	7	8	9

3) 最大纵坡的应用

(1) 设计速度为120km/h、100km/h、80km/h 的高速公路受地形条件或其他特殊情况限制时,或设计速度为40km/h、30km/h、20km/h 的改扩建路段,经技术经济论证,最大纵坡可增加1%。四级公路位于海拔2000m 以上或积雪冰冻地区的路段,最大纵坡不应大于8%。

(2) 非机动车交通比例较大的路段,可根据具体情况将纵坡适当放缓,平原、微丘区一般不大于2%~3%,山岭、重丘区一般不大于4%~5%。

(3) 桥梁及其引道的平、纵、横技术指标应与路线总体布设相协调,各项技术指标应符合路线布设的规定。大、中桥上的纵坡不宜大于4%,桥头引道纵坡不宜大于5%,引道紧接桥头部分的线形应与桥上线形相配合。

(4)隧道内的纵坡应大于0.3%且小于3%,但短于100m的隧道不受此限;紧接隧道洞口的路线纵坡应与隧道内纵坡相同。

(5)高原地区空气密度下降,使汽车发动机的功率和汽车的牵引力降低,导致汽车爬坡能力下降;此外,在高原地区,汽车水箱中的水容易"开锅"而破坏冷却系统。故《规范》规定:当设计速度$V \leqslant 80 \text{km/h}$时,位于海拔3000m以上高原地区的公路,最大纵坡应按表3-1-2的规定予以折减。最大纵坡折减后小于4%时应采用4%。

高原纵坡折减值　　　　　　　　　　　　　　　　表3-1-2

海拔(m)	3000~4000	4000~5000	5000以上
纵坡折减(%)	1	2	3

2. 最小纵坡

一般来说,为使公路上汽车快速和安全行驶,适当降低纵坡值将有利于行车。但在挖方路段、设置边沟的低填方路段和横向排水不畅路段,为保证纵向排水要求,防止积水渗入路基而影响其稳定性,在这些路段上应保证最小纵坡,以免为了排水而将其边沟挖得过深。《规范》规定,公路纵坡不宜小于0.3%。在各级公路的长路堑路段以及其他横向排水不畅路段,采用平坡(0%)或小于0.3%的纵坡时,应对其边沟作纵向排水设计。

干旱地区以及横向排水良好的路段,其最小纵坡可不受此限制。

3. 坡长限制

坡长限制包括最小坡长限制和最大坡长限制两个方面。

1)最小坡长限制

最小坡长限制应从汽车行驶平顺性、乘客舒适性、纵面视距和相邻两竖曲线的布置等方面综合考虑。若坡长过短,变坡点增多,纵面线形呈锯齿状,汽车将频繁增重与减重,乘客感觉不舒适,路容也不美观;此外,当相邻坡段的纵坡相差较大,而坡长又较短时,汽车运行需频繁换挡,增加了驾驶员的操作劳动强度。因此,纵坡应有一定的最小坡长限制。

最小坡长以按设计速度行驶9~15s的行程作为规定值。我国综合考虑设计速度、地形等情况后,《规范》规定了各级公路相应的最小坡长,见表3-1-3。

最 小 坡 长　　　　　　　　　　　　　　　　表3-1-3

设计速度(km/h)	120	100	80	60	40	30	20
最小坡长(m)	300	250	200	150	120	100	60

2)最大坡长限制

根据汽车的动力性能可知,公路纵坡的大小及其坡长对汽车的行驶影响很大。纵坡设置越陡、坡长越长,对行车越不利。上坡时汽车在陡坡上长时间低速行驶,当提高汽车功率时易使水箱"开锅",导致汽车爬坡无力,甚至使发动机熄火;下坡时汽车连续制动,易使汽车的制动器发热而失效,导致交通事故。所以《规范》规定,各级公路不同纵坡下的最大坡长需按表3-1-4选用。

不同纵坡下的最大坡长（m） 表3-1-4

	设计速度(km/h)	120	100	80	60	40	30	20
纵坡 （%）	3	900	1000	1100	1200	—	—	—
	4	700	800	900	1000	1100	1100	1200
	5	—	600	700	800	900	900	1000
	6	—	—	500	600	700	700	800
	7	—	—	—	—	500	500	600
	8	—	—	—	—	300	300	400
	9	—	—	—	—	—	200	300
	10	—	—	—	—	—	—	200

3) 组合坡长

当某一纵坡所用坡长未达到其限制坡长时，其后采用纵坡及坡长可按式(3-1-1)确定，且后坡段坡长应满足最小坡长规定。

$$\frac{l_1}{l_{1\max}} + \frac{l_2}{l_{2\max}} + \frac{l_3}{l_{3\max}} + \cdots \leq 1 \qquad (3\text{-}1\text{-}1)$$

式中：l_1, l_2, l_3——各坡段实际坡段长(m)；

$l_{1\max}, l_{2\max}, l_{3\max}$——各坡段纵坡所对应的最大坡长限制值(m)，见表3-1-4。

4. 缓和坡段

缓和坡段的作用主要是改善汽车在连续陡坡上行驶的紧张状况，避免汽车长时间低挡行驶或汽车下坡产生不安全因素。因此，当陡坡的长度达到限制坡长时，应设置一段缓坡，用以恢复汽车在陡坡上行驶所降低的速度。汽车在缓坡上行驶的长度，从理论上应满足汽车加速或减速行驶过程的需要。

《规范》规定，设计速度小于或等于80km/h时，缓和坡段的纵坡应不大于3%；设计速度大于80km/h时，缓和坡段的纵坡应不大于2.5%。缓和坡段的长度应大于表3-1-3的规定。

一般情况下，缓和坡段宜设在平面的直线或较大半径的平曲线上，以便充分发挥缓和坡段的作用，提高道路的使用质量。在必须设置缓和坡段而地形困难的地段，可以将缓和坡段设于半径较小的平曲线上，但应适当增加缓和坡段的长度，以使缓和坡段端部的竖曲线位于该小半径平曲线之外。

5. 平均纵坡

平均纵坡是指一定长度的路段的高差与该段路线长度之比，以百分率(%)表示，即 $i = H/L$。平均纵坡是为了合理运用最大纵坡、坡长限制及缓和坡段的规定，以保证车辆安全顺利行驶的限制性指标，它是衡量纵断面线形设计质量的重要指标之一。

根据对山区公路行车的实际调查发现，有时虽然公路纵坡的设计完全符合最大纵坡、坡长限制和缓和坡段的规定，但仍不能保证车辆安全行驶。如对地形困难、高差较大的地段，设计者可能交替使用最大纵坡及缓和坡段，形成"台阶式"纵断面线形，这是一种"合法不合理"的做法。以这种方法设计的路段对行车安全很不利，因此有必要从行车平顺和安全的角度来控制设计纵坡的平均值。

《标准》规定:二级及二级以下公路的越岭路线连续上坡(或下坡)路段,相对高差为200~500m时,平均纵坡不应大于5.5%;相对高差大于500m时,平均纵坡不应大于5%。任意连续3km路段的平均纵坡不应大于5.5%。对于海拔3000m以上的高原地区公路,平均纵坡应较规定值减小0.5%~1.0%。

6.合成纵坡

合成纵坡是指路线纵坡与超高横坡或路拱横坡组合而成的最大纵坡,其纵坡方向为最大流水方向。合成纵坡的计算公式如下:

$$I = \sqrt{i_h^2 + i^2} \tag{3-1-2}$$

式中:I——合成纵坡(%);

　　i——路线纵坡(%);

　　i_h——超高横坡度或路拱横坡度(%)。

路线设计时将合成纵坡控制在一定的范围之内,目的是尽可能地避免急弯和陡坡的不利组合,防止因合成纵坡过大而引起汽车横向滑移和行车危险,保证车辆在平曲线上安全而顺适地行驶。《规范》规定各级公路的最大容许合成坡度见表3-1-5。

各级公路的最大合成坡度　　　　表3-1-5

公路技术等级	高速公路、一级公路				二级公路、三级公路、四级公路				
设计速度(km/h)	120	100	80	60	80	60	40	30	20
合成坡度值(%)	10.0	10.0	10.5	10.5	9.0	9.5	10.0	10.0	10.0

当陡坡与小半径平曲线重合时,在条件许可的情况下,宜采用较小的合成纵坡。特别是在冬季路面有积雪、结冰的地区,自然横坡陡峻的傍山路段和非机动车交通量较大路段,其合成纵坡必须小于8%。

设计中可由式(3-1-3)计算平曲线上允许的最大纵坡i_{max}:

$$i_{max} = \sqrt{I_{max}^2 - i_h^2} \tag{3-1-3}$$

式中:I_{max}——最大合成纵坡(%);

　　其余符号意义同前。

在应用最大合成纵坡时,用规定值如10%来控制合成纵坡,并不意味着横坡为10%的弯道上就完全不允许有纵坡。无论是纵坡还是横坡中任何一方采用最大值时,都允许另一方采用缓一些的纵坡,一般以不大于2%为宜。但是各级公路的最小合成纵坡不宜小于0.5%,否则不利于排水。在超高过渡的变化处,合成坡度不应设计为0%。当合成纵坡小于0.5%时,应采取综合排水措施,以保证路面排水通畅。

三、竖曲线计算与设计

竖曲线是在变坡点处,为了满足行车平顺的需要而设置的一段曲线。竖曲线的形状,通常采用圆曲线或二次抛物线。在设计和计算上二次抛物线比圆曲线更为方便,故一般采用二次抛物线。

在纵坡设计时,由于纵断面上只反映水平距离和竖直高度,因此竖曲线的切线长与曲线长是其在水平面上的投影,切线支距是竖直的高程差,相邻两条纵坡线相交角用坡度差表示。

1. 竖曲线计算

如图 3-1-3 所示,设变坡点相邻两纵坡分别为 i_1 和 i_2,坡度差以 ω 表示,则坡度差 ω 为 i_1 和 i_2 的代数差,即 $\omega = i_1 - i_2$。当 $\omega > 0$ 时,为凸形竖曲线;当 $\omega < 0$ 时,为凹形竖曲线。

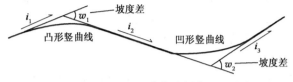

图 3-1-3 竖曲线示意图

1)竖曲线的基本方程

我国目前常用二次抛物线作为竖曲线的基本形式。如图 3-1-4 所示,用二次抛物线作为竖曲线的基本方程为:

$$y = \frac{1}{2r}x^2 + bx$$

竖曲线上任意一点的斜率:

$$k = \frac{dy}{dx} = \frac{x}{r} + b$$

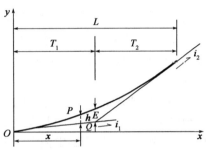

图 3-1-4 竖曲线要素示意图

当 $x = 0$ 时,$k = i_1$,则 $b = i_1$;

当 $x = L, r = R$ 时,$k = \frac{L}{R} + i_1 = i_2$,则 $R = \frac{L}{i_1 - i_2} = \frac{L}{\omega}$。

因此,竖曲线的基本方程式为:

$$y = \frac{\omega}{2L}x^2 + i_1 x \quad \text{或} \quad y = \frac{1}{2R}x^2 + i_1 x \tag{3-1-4}$$

2)竖曲线的要素计算

曲线长:

$$L = R\omega \tag{3-1-5}$$

切线长:

$$T = \frac{L}{2} = \frac{R\omega}{2} \tag{3-1-6}$$

外距:

$$E = \frac{T\omega}{4} = \frac{T^2}{2R} = \frac{R\omega^2}{8} = \frac{L\omega}{8} \tag{3-1-7}$$

曲线上任意一点的竖距(改正值):

$$h = \frac{x^2}{2R} \tag{3-1-8}$$

2. 竖曲线最小半径与最小长度

1)确定竖曲线最小半径与最小长度需考虑的因素

(1)缓和冲击。

汽车在竖曲线上行驶时会产生径向离心力,在凸形竖曲线上行驶时会减重,在凹形竖曲线上行驶时会增重,当这种离心力达到某种程度时,乘客就会有不舒适的感觉,同时对汽车的悬架系统也有不利影响,故应在确定竖曲线半径时对径向离心加速度加以控制。根据试验得知,径向离心加速度 a 限制在 $0.5\sim0.7\text{m/s}^2$ 比较合适。

(2)行程时间不宜过短。

汽车从直坡段驶入竖曲线时,如果其竖曲线长度过短,汽车迅速驶过,一方面会增大冲击力,引起乘客不适,另一方面也会造成线形在视觉上有突然转折之感,影响美观。因此,应限制汽车在竖曲线上的行程时间,其值一般不宜小于 3s。

(3)满足视距要求。

当汽车行驶在凸形竖曲线上时,若半径过小,道路凸起部分会阻挡驾驶员的视线;当汽车行驶在凹形竖曲线上时,若半径过小,也同样存在视距问题。为了行车安全,对竖曲线的最小半径或最小长度还应从保证视距的角度加以限制。

总之,竖曲线无论是凹形还是凸形都受到以上三种因素的控制。三种因素中,最不利情况才是有效控制因素。由于汽车在凹形、凸形两种竖曲线上行驶时的受力、视距等不同,其控制因素也不相同。

2)凸形竖曲线最小半径和最小长度

根据缓和冲击、行程时间及视距要求三种限制因素,分别计算凸形竖曲线最小半径和最小长度,取其中较大者作为确定依据。根据计算比较,凸形竖曲线最小半径和最小长度以满足视距要求为控制因素。

《规范》规定的凸形竖曲线最小半径见表 3-1-6。竖曲线的最小长度相当于各级公路设计速度的 3s 行程,见表 3-1-6。

竖曲线最小半径和最小长度 表 3-1-6

设计速度(km/h)		120	100	80	60	40	30	20
凸形竖曲线半径(m)	一般值	17000	10000	4500	2000	700	400	200
	极限值	11000	6500	3000	1400	450	250	100
凹形竖曲线半径(m)	一般值	6000	4500	3000	1500	700	400	200
	极限值	4000	3000	2000	1000	450	250	100
竖曲线最小长度(m)	一般值	250	210	170	120	90	60	50
	极限值	100	85	70	50	35	25	20

3)凹形竖曲线最小半径和最小长度

根据缓和冲击、行程时间及视距要求三种限制因素,分别计算凹形竖曲线最小半径和最小长度,取其中较大者作为确定依据。根据计算比较,凹形竖曲线最不利的情况是以径向离心力产生的冲击力不应过大作为主要控制因素,因此凹形竖曲线最小半径和最小长度应依据缓和冲击的要求来确定。

《规范》规定的凹形竖曲线最小半径和最小长度见表 3-1-6。

3. 竖曲线设计

1)竖曲线设计的一般要求

(1)宜选用较大的竖曲线半径,当条件许可时应尽量采用大于最小半径的一般值,只有当地形受到限制或遇其他特殊困难时,经技术经济论证后才采用最小半径的极限值。

(2)同向竖曲线间,特别是同向凹形竖曲线之间,如果直坡段不长,应合并为单曲线或复曲线,以避免出现断背曲线。

(3)反向竖曲线之间应尽量设置一段直坡,直坡段的长度一般以不小于按设计速度行驶3s的行程为宜,以使汽车的增重与减重之间有一过渡段,利于汽车行驶。当插入直坡段有困难时,也可径相连接。

2)竖曲线半径的选择

(1)所选半径应符合相关规范要求。

(2)在不过分增加土石方数量的情况下,为使行车舒适,应尽量采用较大竖曲线半径。

(3)根据竖曲线范围内的纵断面地面线起伏情况和高程控制要求,确定合适的外距值,按外距控制选择半径。

(4)考虑相邻竖曲线的连接或平纵组合,确定竖曲线长度,按其切线长度选择半径。

(5)在夜间行车交通量较大的路段,选择时应适当加大半径,使汽车前灯有较长的照射距离。

(6)过大的竖曲线半径将使竖曲线过长,对排水不利,选择半径时应注意。

任务实施

一、任务实施流程

本工作任务可按以下脉络开展实践与交流:

(1)任务解读(公路路线纵断面纵坡与坡长计算与分析、纵断面图,提出完成任务的内容与要求);

(2)实践任务(公路路线纵断面的组成)分解与分工;

(3)课后思考与总结;

(4)实践任务(直坡段与坡长)分解与分工;

(5)课后思考与总结;

(6)完成"学习任务实施"部分的任务①和②;

(7)上交成果:《公路路线纵断面纵坡和坡长计算与分析评价》和《××公路路线纵断面图》;

(8)学生自测与自评;

(9)组长对组员进行考核。

二、学习任务实施一

(1)任务名称:公路路线纵断面纵坡和坡长计算与分析评价。

(2)基本资料:某山岭重丘区四级公路,设计速度为20km/h,其纵坡竖曲线表见表3-1-7。

(3)任务:

①根据表3-1-7中各变坡点的里程桩号和高程,计算各直坡段的纵坡与坡长,并提供相应的计算书。

②根据表3-1-7中各变坡点处竖曲线的半径以及计算的前、后坡纵坡与坡长,计算竖曲线要素。

③根据计算的纵坡、坡长及竖曲线要素,分析该路段纵断面纵坡、坡长、竖曲线设计是否满足规范要求。

纵 坡 竖 曲 线 表　　　　　　　表 3-1-7

序号	桩号	高程（m）	竖曲线		切线长 T（m）	外距 E（m）	起点桩号	终点桩号	纵坡(%)		坡长（m）	直坡段长（m）
			曲线半径(m)						+	-		
			凸形	凹形								
80	K12+868	670.3		1200								
81	K12+953	671.8	2500									
82	K13+220	670		3000								
83	K13+412	672.3	2000									
84	K13+590	669.2		2000								
85	K13+740	671.72	1300									
86	K13+820	669.4		1000								
87	K13+930	671.8	1800									
88	K14+040	670.8		1100								
89	K14+146	674.8	700									

(4)要求:

①根据班级人数分成若干组,一般5~6人/组。

②以组为单位,各组员完成上述任务①、②,组长负责检查各组员的计算或分析结果,做好记录供集体讨论。

③全组共同完成上述任务③,组长负责成果的记录与整理,按任务目标的要求上交《公路路线纵断面纵坡和坡长计算与分析评价》。

三、学习任务实施二

(1)任务名称:公路路线纵断面图的设计与计算。

(2)基本资料:某山岭区三级公路,设计速度 $V=30\text{km/h}$,其他资料如下。

①路线直线、曲线及转角表见表3-1-8。

②各桩号地面高程见表3-1-9。

直线、曲线及转角表

表 3-1-8

交点	交点桩号	交点转角	曲线要素值					曲线主点桩号					直线长度	
			半径 R(m)	缓和曲线长 l_h(m)	切线长 T_h(m)	曲线总长 L_h(m)	外距 E(m)	第一缓和曲线起点 ZH	第一缓和曲线终点或圆曲线起点 HY (ZY)	圆曲线中点 QZ	第二缓和曲线起点或圆曲线终点 YH (YZ)	第二缓和曲线终点 HZ	直线长度 (m)	交点距离 (m)
39	K5+904.98	8°28′	350											
40	K6+175.85	29°16′	150	30										
41	K6+364.05	40°03′	75	30										
42	K6+534.79	44°18′	100	30										
43	K6+693.14	33°37′	75	35										
44	K6+834.59	23°37′	100	30										
45	K7+003.79	78°39′	30	35										

纵断面地面线高程资料　　　　　　　　　　表 3-1-9

桩号	地面高程(m)	桩号	地面高程(m)	桩号	地面高程(m)	桩号	地面高程(m)
K6+000	509.98	+280	514.63	QZ+	524.93	+800	540.85
+020	510.66	+300	513.90	+540	525.75	+820	537.58
+040	511.12	+320	515.65	YH+	526.42	HY+	542.43
+050	512.07	ZH+	515.96	+560	527.42	QZ+	543.02
+060	511.85	+340	514.99	+580	527.05	YH+	542.66
+080	511.18	HY+	516.31	HZ+	527.05	+840	543.21
+090	509.62	+360	516.43	+600	530.33	+860	543.17
+100	510.08	QZ+	516.72	+620	530.80	HZ+	543.69
+110	512.24	YH+	515.73	+640	532.32	+880	544.46
+120	512.37	+380	514.72	ZH+	533.23	+900	545.02
ZH+	512.97	+400	516.28	+660	532.95	+920	547.82
+140	512.27	HZ+	516.30	+680	532.89	+940	548.36
HY+	512.57	+420	516.60	HY+	534.89	+960	558.45
+160	512.77	+430	517.20	QZ+	535.35	ZH+	548.45
QZ+	512.87	+440	517.59	YH+	535.87	+980	547.34
+180	510.16	+450	518.05	+700	538.08	HY+	548.57
YH+	513.80	+460	518.05	+720	538.32	QZ+	549.65
+200	515.40	ZH+	519.50	HZ+	537.87	K7+000	550.98
+220	517.40	+480	520.10	+740	537.82		
HZ+	515.40	+500	521.00	+760	538.80		
+240	541.20	HY+	520.70	+780	538.68		
+260	514.85	+520	522.80	ZH+	539.77		

③沿线地质情况:K6+000~K6+150 为表土粉质亚黏土(厚度 1m),下为软石;K6+150~K6+300 为粉质亚黏土;K6+300~K6+580 为表土粉质亚黏土(厚度 0.8m),下为软石;K6+580~K6+700 为表土粉质亚黏土(厚度 1m),下为软石;K6+700~K7+000 为表土粉质亚黏土(厚度 1m),下为坚石。

④路线水准点位置和高程:BM_{12} 在 K6+035 右侧 15m 的石头上,高程 500.402m;BM_{13} 在 K6+505 右侧 20m 的石头上,高程 508.043m;BM_{14} 在 K6+995 右侧 19m 的石头上,高程 544.432m。

⑤路线的控制点高程:K6+000 的设计高程要求为 509.60m;K7+000 的设计高程要求为 549.90m。

(3)任务:

①根据直线、曲线及转角表中已知资料计算曲线要素与主点里程桩号。

②在坐标纸上按横坐标 1:2000、纵坐标 1:200 绘制纵断面图。

③由下向上填充纵断面图中表的部分:直线平曲线、里程桩号、地面高程、设计高程、填挖高度、纵坡及坡长、地质概况。

④根据路线平面设计成果填写里程桩号;根据各里程桩号的地面高程,填写纵断面图地面

高程一栏。

⑤根据各里程桩号的地面高程绘制地面线。

(4)要求：

①根据班级人数分成若干组，一般5~6人/组。

②以组为单位，各组员完成上述任务①~⑤，组员互相检查完成结果。

③按任务目标的要求上交《××公路路线纵断面图》。

四、案例分析

[**案例1**] 某公路有连续三个变坡点，分别为K8+700、K9+100、K9+380，对应的高程分别为77.756m、65.356m、68.716m，试计算其纵坡与坡长。

解：①坡长计算。

$$(K9+100) - (K8+700) = 400m$$
$$(K9+380) - (K9+100) = 280m$$

②纵坡计算。

$$i_1 = \frac{65.356 - 77.756}{(K9+100) - (K8+700)} = \frac{-12.4}{400} = -3.1\%$$

$$i_2 = \frac{68.716 - 65.356}{(K9+380) - (K9+100)} = \frac{3.36}{280} = 1.2\%$$

由计算结果得出坡长分别为400m、280m，纵坡下坡为-3.1%、上坡为1.2%。

[**案例2**] 利用前、后坡的纵坡判断竖曲线凹凸性。

(1) $i_1 = 3\%$，$i_2 = -4\%$（凸）；

(2) $i_1 = -3\%$，$i_2 = 4\%$（凹）；

(3) $i_1 = 3\%$，$i_2 = 4\%$（凹）；

(4) $i_1 = -3\%$，$i_2 = -4\%$（凸）。

[**案例3**] 某二级公路，变坡点桩号为K9+100，高程为427.68m，$i_1 = +5\%$，$i_2 = -4\%$，竖曲线半径$R = 2000m$，试计算竖曲线要素及起、终点桩号。

解：①竖曲线要素。

$$\omega = i_1 - i_2 = 5\% - (-4\%) = 0.09$$

前坡为上坡，后坡为下坡，所以该竖曲线为凸形竖曲线。

曲线长：

$$L = R\omega = 2000 \times 0.09 = 180(m)$$

切线长：

$$T = L/2 = 180/2 = 90(m)$$

外距：

$$E = \frac{T^2}{2R} = \frac{90^2}{2 \times 2000} = 2.03(m)$$

②竖曲线起、终点桩号。

$$竖曲线起点桩号 = (K9+100) - 90 = K9+010$$
$$竖曲线终点桩号 = (K9+100) + 90 = K9+190$$

[案例4] 某二级公路,变坡点桩号为 K6+800,高程为 326.78m,$i_1=-5\%$,$i_2=+4\%$,竖曲线半径受外距控制 $E \geqslant 1.5$m,试确定竖曲线半径并计算竖曲线要素及起、终点桩号。

解:①确定竖曲线半径。

$$\omega = i_1 - i_2 = -5\% - 4\% = -0.09$$

前坡为下坡,后坡为上坡,所以该竖曲线为凹形竖曲线。

$$E = \frac{R\omega^2}{8} \geqslant 1.5$$

得出:

$$R \geqslant \frac{1.5 \times 8}{(-5\% - 4\%)^2} = 1481(\text{m})$$

由此确定 $R=1500$m。

②竖曲线要素。

曲线长:

$$L = R\omega = 1500 \times 0.09 = 135(\text{m})$$

切线长:

$$T = L/2 = 135/2 = 67.5(\text{m})$$

外距:

$$E = \frac{T^2}{2R} = \frac{67.5^2}{2 \times 1500} = 1.52(\text{m})$$

③竖曲线起、终点桩号。

竖曲线起点桩号 =(K6+800)-67.5 = K6+732.5

竖曲线终点桩号 =(K6+800)+67.5 = K6+867.5

工作任务二 学习路线纵断面设计

学习目标

1. 通过学习,熟练掌握纵断面设计相关指标及其应用;
2. 能根据典型案例正确分析与选择变坡点位置;
3. 正确分析平、纵线形的组合类型的优缺点,掌握纵断面设计方法,并能独立完成一条公路的纵断面设计。

相关知识

一、公路纵断面设计相关指标及其应用

纵断面设计主要是指纵坡和竖曲线设计,其主要内容是根据公路等级、沿线自然条件、拟

建构造物的高程要求等,确定路线起、终点及变坡点高程、各坡段的纵坡和坡长,并设计竖曲线。其基本要求是纵坡均匀平顺、起伏和缓,坡长和竖曲线长短适当,平纵组合设计协调及填挖经济平衡。

1. 纵坡极限值

《规范》中根据汽车动力性能、经济性等因素确定的最大纵坡极限值,设计时一般情况下不允许轻易采用,只有受限较严时,才可以采用。好的路线设计既要保证汽车行驶安全、快速,又要满足驾驶员视觉、心理上的要求。进行路线设计时,纵坡应在不过分增加工程量的情况下,尽可能缓一些,但在降雨量较大的地区,为了利于路面和边沟排水,最小纵坡不应小于0.3%。

2. 最小坡长

坡长是指两变坡点之间的水平直线距离。坡长不宜过短,以不小于按设计速度行驶9s的行程为宜。陡坡路段,其坡长不应超过最大坡长。

3. 各种地形条件下的纵坡应用

(1) 平原微丘区:纵坡应均匀、平缓,满足路基最小填土高度和最小纵坡的要求。

(2) 丘陵区:纵坡应避免过分迁就地形而起伏过大,纵坡应顺适,不产生突变。

(3) 山岭重丘区:沿河线应尽量采用平缓纵坡,坡长不宜过短,纵坡不宜过大;越岭线应力求纵坡均匀,尽量不采用极限纵坡,更不宜连续采用极限长度的陡坡之间夹短距离缓和坡段的纵面线形,避免设置反坡,以免浪费高程;山脊线和山腰线,除结合地形不得已时采用较大的纵坡外,一般情况下应尽量采用平缓纵坡。

4. 竖曲线半径的选用

竖曲线选用较大半径为宜。在不过分增加工程量的情况下,应选用大于或等于最小半径的一般值,特殊困难地段可采用最小半径的极限值。

5. 相邻竖曲线衔接

同向竖曲线是指相邻竖曲线转向相同,反向竖曲线是指相邻竖曲线转向相反。相邻两个同向凹形或凸形竖曲线,特别是同向凹形竖曲线之间,若直坡段接近或达到最小坡长时,应合并为单曲线或复曲线,否则对行车不利。反向竖曲线之间,最好设置一段直坡段,其长度一般不小于按设计速度行驶3s的行程,当竖曲线半径较大时,也可直接连接。

二、变坡点位置选择

变坡点是两条相邻设计纵坡线的交点。变坡点的位置直接影响纵坡的大小、坡长、平纵组合、土石方填挖平衡以及公路的使用质量。因此,在确定变坡点位置时,除尽量满足填挖工程量最小和线形最理想外,还应使最大纵坡、最小纵坡、坡长限制、缓和坡段满足有关规定的要求,同时要使平、纵线形相互配合、彼此协调。此外,为方便设计和计算,变坡点的位置一般应设在整10m桩号处。

三、平、纵线形的组合设计

公路平、纵线形组合设计是指在满足汽车运动学和力学要求的前提下,结合地形、地物、景观、视觉和经济性等,研究如何满足驾驶员在视觉和心理方面的连续性、舒适性以及与周围环境的协调性,以保证汽车行驶的安全、舒适与经济。

公路线形设计首先从路线规划开始,然后按选线、平面线形设计、纵面线形设计和平、纵线形组合设计的过程进行,最终以平、纵组合的立体线形展现在驾驶员眼前。平、纵组合的立体线形效果如图 3-2-1 所示。

a)平曲线与凸形竖曲线组合

b)平曲线下坡

c)平曲线上坡

d)平曲线与凹形竖曲线组合

图 3-2-1　平、纵组合的立体线形效果图

行驶过程中驾驶员所选择的实际行驶速度,是由他对立体线形的判断做出的,由此立体线形组合的优劣最后集中反映在汽车的速度上。如果依照平面、纵断面标准分别设计,而不将二者综合起来考虑,最终不一定得到好的设计,如图 3-2-2 所示。

a)凸形竖曲线与小半径平曲线组合,无法诱导驾驶员视线

b)纵坡连续起伏,前方视线间断突显纵断面的竖曲线半径过小

图 3-2-2　不好的公路立体线形设计实例

1. 平、纵线形组合原则

(1)线形组合设计中,各技术指标除应分别符合平面、纵断面规定值外,还应考虑横断面对线形组合与行驶安全的影响。应避免平面、纵断面、横断面的最不利值相互组合的设计。

（2）在确定平面、纵断面的各相对独立技术指标时，各自除应相对均衡、连续外，还应考虑与之相邻路段的各技术指标值的均衡、连续。

（3）线形组合设计除应保持各要素间内部的相对均衡与变化节奏的协调外，还应注意同公路外部沿线自然景观的适应和地质条件等的配合，如图3-2-3所示。

（4）路线线形应能自然地诱导驾驶员的视线，并保持视线的连续性。

2. 平、纵线形组合方式

平面线形由直线段与平曲线组成，纵断面设计线由直坡段与竖曲线组成，因此平、纵线形组合方式有以下几种，如表3-2-1所示。

图3-2-3　平、纵线形合理组合与自然景观的深度融合

平、纵线形组合类型　　　　　　　表3-2-1

平面要素	纵面要素	立体线形要素
直线	直线	纵坡不变的直线
直线	曲线	凹形直线
直线	曲线	凸形直线
曲线	直线	纵坡不变的曲线
曲线	曲线	凹形曲线
曲线	曲线	凸形曲线

1）平面直线与纵断面组合

平面上的长直线与纵断面上的直坡段组合，对超车有利，但线形单调乏味，驾驶员易疲劳。

直线上一次变坡是较好的组合，即包含一次凸形竖曲线为好，凹形竖曲线次之；在平面的长直线上应避免反复变坡，否则会形成锯齿、驼峰，使线形不连贯，驾驶员只能看见脚下与前方，看不见中间凹陷部分，会产生视线中断的感觉，如图3-2-4所示。因此，只要公路的纵坡有两次以上的较大起伏,就应避免采用长直线,最好使平面线形随纵坡的变化略加转折,同时注意平、纵线形的合理组合。

图 3-2-4　反复变坡使视线中断

平面与纵坡组合时,在平面的长直线上不宜设置陡坡,并应避免在长陡坡下端设置小半径平曲线。

2) 平曲线与竖曲线组合

(1) 平曲线与竖曲线相互重合,且平曲线应稍长于竖曲线。

这种组合使平曲线与竖曲线重合,将竖曲线的起、终点分别放在平曲线的两条缓和曲线的中间,即形成"平包竖",这是平、纵面的良好组合,如图 3-2-5 所示。平曲线的终点与竖曲线的顶点(底部)位置错开不超过平曲线长度的 1/4 时,一般可获得较为满意的外观,否则会出现视觉效果较差的线形。

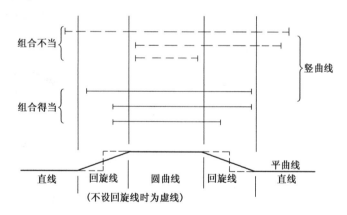

图 3-2-5　平、竖曲线的组合关系

如果平曲线与竖曲线不能较好地组合,且两者的半径均较小时(一般指平曲线半径小于最小半径一般值),宁可把平、竖曲线错开相当距离,使竖曲线位于平面的直线上,平曲线位于直坡段上;但如果平曲线与竖曲线半径都很大,则平、竖曲线的位置可不受上述限制。

(2) 平曲线与竖曲线的大小应保持均衡。

平曲线与竖曲线其中一方大而平缓时,另一方也要与之相适应,不能变化过多。一个平曲线内含有两个以上的竖曲线或与此相反的情况,线形看上去就会非常别扭,如图 3-2-6 所示。

平曲线与竖曲线重合时,如果平曲线半径小于 1000m, 当竖曲线半径为平曲线半径的 10~20 倍时,便可在视觉上获得满意的效果。

(3)暗弯、明弯与凸形、凹形竖曲线。

暗弯与凸形竖曲线、明弯与凹形竖曲线的组合是合理的、悦目的。对于暗弯与凹形竖曲线、明弯与凸形竖曲线的组合,坡度差较大时会给人留下舍坦坡、近路不走,而故意爬坡、绕弯的感觉,坡度差不大时,矛盾不是很突出。

(4)平曲线与竖曲线应避免的组合。

①对于设计速度 $V \geqslant 40 \mathrm{km/h}$ 的公路,凸形

图 3-2-6　平、纵曲线组合不当的视觉效果

竖曲线的顶部和凹形竖曲线的底部,应避免插入小半径平曲线。

如果在凸形竖曲线的顶部设有小半径平曲线,驾驶员须驶近坡顶才能发现平曲线,会导致急转转向盘而发生行车危险;如果在凹形竖曲线的底部设有小半径平曲线,会因汽车高速下坡时急转弯而发生行车危险。

②凸形竖曲线的顶部或凹形竖曲线的底部不得与反向平曲线的拐点重合。

两者外观都存在不同程度的扭曲,前者易使驾驶员操作失误,引发交通事故;后者会使汽车加速而急转弯,且易使路面排水困难,如图 3-2-7 所示。

图 3-2-7　凸形竖曲线或凹形竖曲线与反向平曲线拐点重合产生的不良的视觉效果

③小半径竖曲线不宜与缓和曲线相互重叠。

对凸形竖曲线,诱导性差,事故率高;对凹形竖曲线,路面排水不良。

3)平曲线与直坡段组合

平曲线与直坡段组合应选择适宜的合成纵坡,尽量避免急转弯与陡坡组合。

4)平、纵线形组合与景观的协调配合

道路的修建会对自然景观产生影响,而道路两侧的自然景观反过来又会影响道路上汽车的行驶,特别是对驾驶员的视觉、心理及驾驶操作等都会产生较大的影响。对驾驶员来说,只有看上去具有顺畅的线形和优美的景观,才能称为舒适和安全的道路,如图 3-2-8 所示。

图 3-2-8　公路与自然的"情景交融"

景观工程包括内部协调与外部协调两部分,内部协调是指平面与纵断面的线形、视觉的连续性和立体协调性;外部协调是指两侧坡面、路肩、中央分隔带的设置是否与路线位置相协调。

四、纵断面设计

公路纵坡是通过定线和室内设计两个阶段来实现的。在定线阶段,选线人员在现场或纸上定线时结合平面线形、地形等,对公路纵坡作了全面的考虑,所以纵断面设计是选线人员在室内根据选线时的记录,综合考虑工程技术、经济以及桥涵、地质等方面对路线的要求等因素,确定出路线的纵坡。

1. 各种地形条件下的设计高程控制

纵断面设计首先应进行的是纵断面线形布置,它包括不同地形条件下的设计高程控制、各坡段的纵坡设计及变坡点位置确定等。其中,设计高程控制是指在纵坡设计时将路线安排在最为合适的高度。设计高程控制应充分依据地形条件、地质条件、水文气候条件、公路两侧建筑物情况以及道路修建情况等综合考虑,一般情况下可从以下几方面考虑:

(1)平原区:平原区地形平坦,河沟纵横交错,地面水源多,地下水位较高。因此,设计高程主要由保证路基稳定的最小填土高度来控制。

(2)丘陵地区:丘陵地区地面有一定的高差,除局部地段外路线在纵断面上克服高差不是很困难。因此,设计高程主要由土石方填挖平衡和降低工程造价来控制。

(3)山岭地区:山岭地区地形变化频繁,地面自然纵坡大,布线有一定的难度。因此,设计高程主要由纵坡和坡长控制,但也要考虑土石方填挖平衡、路基防护工程经济性等方面,力求降低工程造价。

(4)沿溪(河)路段:为保证路基安全稳定,路基一般应高出规定洪水频率的计算水位加壅水高、波浪侵袭高和 0.5m 安全高度。

此外,纵断面设计高程控制还应考虑公路的起(终)点、交叉口、垭口、隧道、桥梁、涵洞以及地质不良地段等方面的要求。这些地物和构造物对设计高程控制往往起着决定性的作用。

2. 纵断面设计方法与步骤

(1) 准备工作：在纵断面图上点绘地面线，填写里程、地面高程、直线与平曲线，收集和研究地形、地质、水文、筑路材料的各项记录、图表等野外资料，熟悉、领会设计意图和各项具体要求。

(2) 标注控制点：控制点是指影响纵坡设计的高程控制点。如路线的起(终)点、垭口、桥涵、地质不良路段、最小填土高度、最大挖方深度、洪水位、隧道进出口、交叉点、城镇规划控制高程、经济点(横断面上填挖大致平衡的高程点)等，都应作为控制纵坡的依据。

(3) 试坡：根据定线意图，结合地面起伏情况，在控制点与经济点之间穿线，试定出纵坡。试定纵坡时，每定一个变坡点，都要全面考虑前后几个变坡点的情况，必要时试定的纵坡还应给调坡留有余地。一般来说，如果试定的纵坡既能符合技术标准，又能满足控制点要求，而且土石方工程量又较省，这样的设计纵坡就是最理想的。

(4) 调整纵坡：检查纵坡、坡长、合成纵坡等是否符合相关规范规定，平、纵线形组合是否合理，若不符合规定则应进行调整。调整纵坡的方法一般有抬高、降低、延长、缩短纵坡线，加大或减小纵坡等。调整的原则是少脱离控制点，尽量减少填挖量，并与自然条件相协调。

(5) 核对：根据已调整的纵坡线，选择有控制意义的重点横断面，如高填深挖、挡土墙、重要桥涵等横断面，在纵断面上直接估读出填挖高度，对照相应的横断面图进行认真核对和检查。若出现填挖过大、坡脚落空或过远、桥梁过高、涵洞过长、挡土墙工程量过大等情况，应再次调整纵坡线，直到满足要求为止。

(6) 定坡：经调整核对无误后，即可从起点开始，逐段确定纵坡、坡长及变坡点。公路的起、终点设计高程是根据接线的需要事先确定的。变坡点设计高程由纵坡和坡长计算确定。

3. 纵坡设计应注意的问题

(1) 在回头曲线地段设计纵坡时，应先确定回头曲线上的纵坡，然后从两端接坡，以满足回头曲线处的纵坡要求。在回头曲线地段不宜设竖曲线。

(2) 大、中桥上不宜设竖曲线。桥头两端竖曲线的起、终点应设在桥头 10m 以外。

(3) 小桥涵允许纵坡设在斜坡地段和竖曲线上。但对等级较高的公路，为使公路纵坡具有一定的平顺性，应尽量避免小桥涵处出现"驼峰式"纵坡。

(4) 注意平面交叉纵坡及两端接线要求。平面交叉一般宜设在水平坡段处，其长度应不小于最小坡长规定。两端接线纵坡应不大于3%，山区工程艰巨地段不大于5%。

五、设计高程计算

根据公路等级、沿线自然条件、纵坡与坡长规定、平纵组合、填挖经济以及高程要求等，确定出纵断面设计线，即各坡段的纵坡和坡长、变坡点处的竖曲线半径。为了计算各桩号的施工高度，需计算各桩号的设计高程。各桩号的设计高程包括直坡段上各桩号设计高程和竖曲线上各桩号设计高程，如图 3-2-9 所示。

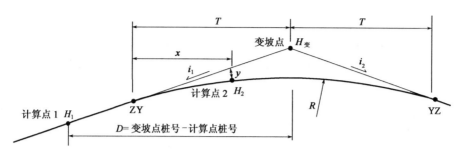

图 3-2-9 直坡段上设计高程计算图式

1. 直坡段上设计高程计算

$$H_1 = H_变 \pm D i_1 \qquad (3\text{-}2\text{-}1)$$

式中：±——上坡取"+"，下坡取"-"；

$H_变$——变坡点高程(m)；

D——计算点到变坡点之距(m)；

i_1——纵坡(%)。

2. 竖曲线上设计高程计算

$$H_2 = H_变 \pm (T - x) i_1 \pm y \qquad (3\text{-}2\text{-}2)$$

式中：y——竖曲线竖距(m)，可按式(3-2-3)计算：

$$y = \frac{x^2}{2R} \qquad (3\text{-}2\text{-}3)$$

x——竖曲线上计算点至竖曲线起点(或终点)之距(m)；

R——竖曲线半径(m)；

其余符号意义同前。

任务实施

一、任务实施流程

本工作任务可按以下脉络开展实践与交流：

(1)任务布置(纵断面设计线的设计，提出完成任务的内容与要求)；

(2)实践任务(公路纵断面设计相关指标的应用，变坡点位置选择，平、纵线形的组合设计)分解与分工；

(3)课后思考与总结；

(4)完成"学习任务实施"部分的相关任务；

(5)实践任务(纵断面设计和设计高程计算)分解与分工；

(6)课后思考与总结；

(7)完成"学习任务实施"部分的相关任务；

(8)上交成果：《××公路路线纵断面图》；

(9)学生自测与自评；

（10）组长对组员进行考核。

二、学习任务实施

（1）任务名称：公路路线纵断面设计。

（2）基本资料：本模块工作任务一完成的路线纵断面图及相关要素（公路等级、设计速度等）。

（3）任务：

①根据公路等级、纵坡与坡长规定、高程要求、平纵组合要求、填挖经济等，确定路线纵断面图中变坡点位置。

②根据路线纵断面图读取各变坡点的桩号和高程，计算各直坡段的纵坡与坡长，并判断分析其是否合理且符合相关规范。

③根据变坡点处的地形、地质、平面线形等确定竖曲线半径，计算竖曲线要素，并完成纵坡及竖曲线表。

④根据确定的纵坡、竖曲线半径、变坡点的桩号和高程计算各桩号的设计高程，并上交2个设计高程计算书。

⑤根据以上成果，完成路线纵断面图中设计线。

（4）要求：

①根据班级人数分成若干组，一般5~6人/组。

②以组为单位，各组员完成上述任务①~⑤，组长负责检查各组员的计算或分析结果，组内互相讨论，组长做好记录。

③按任务目标的要求上交《××公路路线纵断面图》。

三、案例分析

[**案例1**] 图3-2-10是平曲线与竖曲线组合较好的线形，在视觉上能自然诱导视线，线形既顺适又美观。

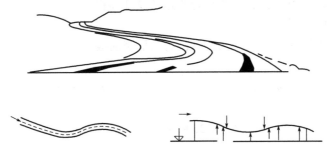

图3-2-10 平曲线与竖曲线组合较好的线形

[**案例2**] 图3-2-11为平曲线与竖曲线相互重合的透视形状，图3-2-11a)满足"平包竖"，其立体线形既能自然诱导视线，又能取得平顺而流畅的效果；图3-2-11b)中竖曲线半径过小，平曲线与竖曲线半径不均衡，且不满足"平包竖"，其组合而成的立体线形产生扭曲。

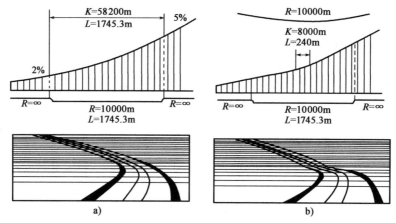

图 3-2-11 平曲线与竖曲线相互重合的透视形状

[**案例3**] 图 3-2-12 为平、纵组合设计不合理的线形。图 3-2-12a)中平曲线半径较大,但该平曲线内包含了 4 个凹凸相间的竖曲线,而且竖曲线半径较小,平、纵指标不均衡;图 3-2-12b)中竖曲线半径较大,但与其重合的平曲线不仅多而且半径较小,平、纵指标也不均衡。这两种组合均使线形看上去既不美观又不顺畅。

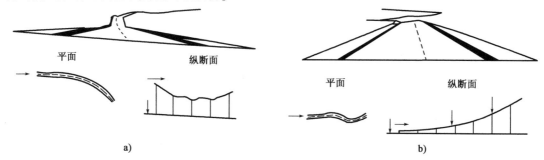

图 3-2-12 平、纵组合设计不合理的线形

[**案例4**] 某山岭区二级公路,变坡点桩号为 K6+140,其高程为 428.90m,两相邻坡段的坡度 $i_1 = +4.0\%$, $i_2 = -5.0\%$, 选用竖曲线半径 $R=2000\mathrm{m}$。试计算竖曲线要素及桩号 K6+040、K6+080、K6+160 和 K6+240 处的路基设计高程。

解:①计算竖曲线要素。

$i_1 = +4\% > 0$,上坡;$i_2 = -5\% < 0$,下坡,为凸形竖曲线。

坡度差:
$$\omega = i_1 - i_2 = 0.04 - (-0.05) = 0.09$$

曲线长:
$$L = R\omega = 2000 \times 0.09 = 180(\mathrm{m})$$

切线长:
$$T = \frac{L}{2} = \frac{180}{2} = 90(\mathrm{m})$$

外距:
$$E = \frac{T^2}{2R} = \frac{90^2}{2 \times 2000} = 2.03(\mathrm{m})$$

②计算起、终点桩号。

$$竖曲线起点桩号 = (K6+140) - 90 = K6+050$$
$$竖曲线终点桩号 = (K6+140) + 90 = K6+230$$

③计算路基设计高程。

桩号 K6+040：

平距：
$$x = (K6+140) - (K6+040) = 100\text{m}$$
$$设计高程 = 428.9 - 100 \times 0.04 = 424.9(\text{m})$$

桩号 K6+080：

平距：
$$x = (K6+080) - (K6+050) = 30\text{m}$$

竖距：
$$h = \frac{x^2}{2R} = \frac{30^2}{2 \times 2000} = 0.23(\text{m})$$
$$切线高程 = 428.9 - (90-30) \times 0.04 = 426.50(\text{m})$$
$$设计高程 = 426.50 - 0.23 = 426.27(\text{m})$$

桩号 K6+160：

平距：
$$x = (K6+230) - (K6+160) = 70\text{m}$$

竖距：
$$h = \frac{x^2}{2R} = \frac{70^2}{2 \times 2000} = 1.23(\text{m})$$
$$切线高程 = 428.9 - (90-70) \times 0.05 = 427.90(\text{m})$$
$$设计高程 = 427.90 - 1.23 = 426.67(\text{m})$$

桩号 K6+240：

平距：
$$x = K6+240 - (K6+140) = 100\text{m}$$
$$设计高程 = 428.9 - 100 \times 0.05 = 423.90(\text{m})$$

工作任务三　路线纵断面成果编制

学习目标

1. 通过学习，熟练掌握公路纵断面成果的主要技术指标及其应用；
2. 掌握路线纵断面图的绘制方法和路基设计表的填写方法；
3. 能结合本模块工作任务二中已完成的路线纵断面图，进一步分析所存在的问题，并独立完成一条公路的路基设计表的编制。

一、路线纵断面图

路线纵断面图是公路设计的重要文件之一,它反映了路线所经地区的地面起伏情况、路线起伏以及各个桩号的填挖高度。纵断面线形与平面线形组合起来,就能反映出公路线形在空间的位置。

路线纵断面图采用直角坐标,以横坐标表示里程桩号,纵坐标表示高程,为了清楚地反映道路中线上地面起伏情况,通常横坐标方向的比例采用1:2000,纵坐标方向的比例采用1:200。

1. 路线纵断面图的内容

路线纵断面图由上、下两部分内容组成,如图3-3-1所示。图的上半部主要包括:地面线和纵坡设计线,同时根据需要标注竖曲线位置及其要素;沿线桥涵及人工构造物的位置、结构类型、孔径与孔数;与公路、铁路交叉的桩号及路名;沿线跨越河流名称、桩号、现有水位及最高洪水位;水准点位置、编号和高程;断链桩位置、桩号及长短链关系等。图的下半部主要用来填写有关数据,分别填写:超高、里程桩号、直线及平曲线、坡度坡长、地面高程、设计高程、填挖高度、地质概况或超高过渡方式等,填写次序及内容视设计的不同要求而异。

2. 路线纵断面图的绘制步骤

(1)在坐标纸上,横坐标方向按1:2000标出百米桩,纵坐标方向按1:200标出整10m高程。

(2)在图的下半部分分别填写:超高、里程桩号、直线及平曲线、坡度坡长、地面高程、设计高程、填挖高度、地质概况。

(3)在"里程桩号"一栏填写各桩号,在"地面高程"一栏填写各桩号的地面高程,并在图的上半部分绘出地面线。

(4)在图的上半部分标注高程控制点。

(5)确定纵断面设计线,计算纵坡、坡长、竖曲线要素,并将纵坡与坡长填写在图的下半部分。

(6)计算各桩号设计高程和填挖高度并填写。

(7)在图的上半部分标注竖曲线位置及其要素;沿线桥涵及人工构造物的位置、结构类型、孔径与孔数;与公路、铁路交叉的桩号及路名;沿线跨越河流名称、桩号、现有水位及最高洪水位;水准点位置、编号和高程;断链桩位置、桩号及长短链关系等。

绘制的路线纵断面图,应按规定采用标准图纸和统一格式,以便装订成册。

二、路基设计表

路基设计表是公路设计文件的组成内容之一,它同时反映了平、纵、横三方面的设计指标。表中填写路线平、纵断面等主要测设与设计资料,里程桩号,填、挖宽度(包括加宽),超高值等有关内容,为公路横断面设计提供基本数据,同时也是路基施工的依据之一。一般公路的路基设计表见表3-3-1。

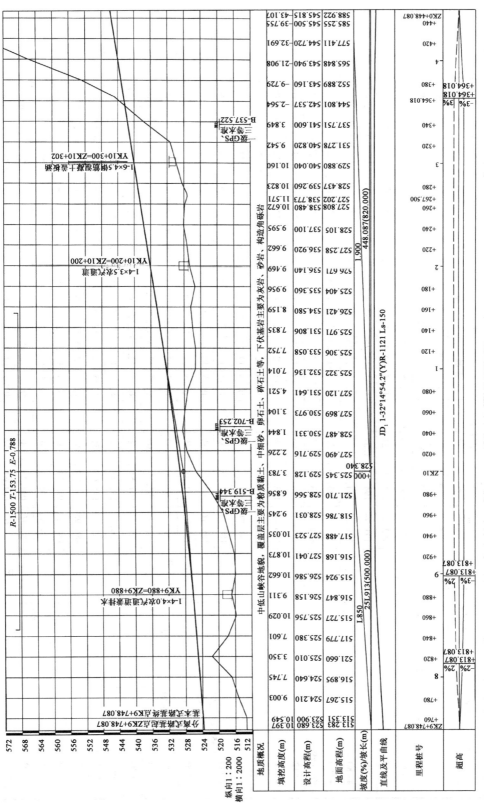

图3-3-1 路线纵断面图

路 基 设 计 表

表 3-3-1
（项目名称）   第 10 页 共 17 页

桩号	平曲线 左	平曲线 右	纵坡及竖曲线 凹	纵坡及竖曲线 凸	地面高程 (m)	设计高程 (m)	填挖高度 (m) 填	填挖高度 (m) 挖	路基宽度 (m) 左侧 W_1	路基宽度 (m) 左侧 W_2	路基宽度 (m) 右侧 V_2	路基宽度 (m) 右侧 V_1	以下各点与设计高程之高差 (m) 左侧 B_1	以下各点与设计高程之高差 (m) 左侧 B_2	中桩 C	右侧 A_2	右侧 A_1	施工时中桩 (m) 填	施工时中桩 (m) 挖	备注
1	2	3	4	5	6	7	8	9	10	11	12	13	14	15	16	17	18	19	20	
+420	JD$_2$ α = 35°20′58.9″ R = 3900 I_h = 202.33 L_Y = 2305.01		−3.75%	700	192.30	196.18	2.88		0.75	12.25	12.25	0.75	−0.24	−0.22	0.00	0.22	0.19	2.88		
+440					192.58	194.79	2.21		0.75	12.25	12.25	0.75	−0.24	−0.22	0.00	0.22	0.19	2.21		
+460					191.74	194.41	2.67		0.75	12.25	12.25	0.75	−0.24	−0.22	0.00	0.22	0.19	2.67		
+480					191.28	194.05	2.77		0.75	12.25	12.25	0.75	−0.24	−0.22	0.00	0.22	0.19	2.77		
+500					191.38	193.70	2.32		0.75	12.25	12.25	0.75	−0.24	−0.22	0.00	0.22	0.19	2.32		
+503.859					191.41	193.63	2.22		0.75	12.25	12.25	0.75	−0.24	−0.22	0.00	0.22	0.19	2.22		
+512			QD / +606.95	R = 7897.3 T = 73.05 E = 0.34	191.46	193.50	2.03		0.75	12.25	12.25	0.75	−0.24	−0.22	0.00	0.22	0.19	2.03		
+514					190.40	193.46	3.06		0.75	12.25	12.25	0.75	−0.24	−0.22	0.00	0.22	0.19	3.06		
+520					190.35	193.36	3.01		0.75	12.25	12.25	0.75	−0.24	−0.22	0.00	0.22	0.19	3.01		
+540					189.78	193.04	3.26		0.75	12.25	12.25	0.75	−0.24	−0.22	0.00	0.22	0.19	3.26		
+560					189.11	192.73	3.62		0.75	12.25	12.25	0.75	−0.24	−0.22	0.00	0.22	0.19	3.62		
+575					188.16	192.51	4.35		0.75	12.25	12.25	0.75	−0.24	−0.22	0.00	0.22	0.19	4.35		
+580					188.09	192.44	4.35		0.75	12.25	12.25	0.75	−0.24	−0.22	0.00	0.22	0.19	4.35		
+600					187.72	192.16	4.44		0.75	12.25	12.25	0.75	−0.24	−0.22	0.00	0.22	0.19	4.44		
+620					186.78	191.87	5.09		0.75	12.25	12.25	0.75	−0.24	−0.22	0.00	0.22	0.19	5.09		
+640					185.58	191.55	5.96		0.75	12.25	12.25	0.75	−0.24	−0.22	0.00	0.22	0.19	5.96		
+660					184.95	191.17	6.22		0.75	12.25	12.25	0.75	−0.24	−0.22	0.00	0.22	0.19	6.22		
+664			191.07 / K12+680 3.2%	580	185.72	191.08	5.36		0.75	12.25	12.25	0.75	−0.24	−0.22	0.00	0.22	0.19	5.36		
+676					184.95	190.83	5.88		0.75	12.25	12.25	0.75	−0.24	−0.22	0.00	0.22	0.19	5.88		
+680					184.82	190.74	5.92		0.75	12.25	12.25	0.75	−0.24	−0.22	0.00	0.22	0.19	5.92		
+686					184.59	190.60	6.01		0.75	12.25	12.25	0.75	−0.24	−0.22	0.00	0.22	0.19	6.01		
+700					184.16	190.26	6.10		0.75	12.25	12.25	0.75	−0.24	−0.22	0.00	0.22	0.19	6.10		
+723					184.07	189.64	5.57		0.75	12.25	12.25	0.75	−0.24	−0.22	0.00	0.22	0.19	5.57		
+724					183.22	189.61	6.39		0.75	12.25	12.25	0.75	−0.24	−0.22	0.00	0.22	0.19	6.39		

路基设计表(表3-3-1)的填写方法如下:

(1)第1栏桩号,第4、5栏纵坡及竖曲线,第6栏地面高程,第7栏设计高程,第8、9栏填挖高度,都从路线纵断面图中抄录;

(2)第2、3栏都从直线、曲线及转角表中抄录;

(3)第10、11、12、13栏为路基宽度,当$R \leq 250m$时,应考虑平曲线内侧加宽;

(4)第14、15、16、17、18栏为路基两边缘和行车道两边缘与设计高程之高差,当R不大于不设超高圆曲线最小半径时,应考虑平曲线超高;

(5)第19栏为第8栏与第16栏之和,第20栏为第9栏与第16栏之差。

一、任务实施流程

本工作任务按以下脉络开展实践与交流:
(1)任务解读(路线纵断面图分析和路基设计表填写,提出完成任务的内容与要求);
(2)课堂教学(路线纵断面图的绘制、公路路基设计表制作);
(3)课后思考与总结;
(4)完成"学习任务实施"部分的相关任务;
(5)上交成果:《××公路路线纵断面图分析》《路基设计表》;
(6)学生自测与自评;
(7)组长对组员进行考核。

二、学习任务实施

(1)任务名称:公路路线纵断面设计成果编制方法。
(2)基本资料:本模块工作任务二完成的路线纵断面图及相关要素(公路等级、设计速度等)。
(3)任务:
①检查、分析路线纵断面图填写的资料是否正确与完整。
②根据相关成果,填写路基设计表。
(4)要求:
①根据班级人数分成若干组,一般5~6人/组。
②以组为单位,各组员完成上述任务①和②,组长负责检查各组员的计算或分析结果,组内互相讨论,组长做好记录。
③按任务目标的要求上交《××公路路线纵断面图分析》《路基设计表》。

三、案例分析

[案例] 如表3-3-1所示,试分析路基设计表编制步骤。
(1)桩号:为纵断面所对应路段的桩号序列,应与路线纵断面图一致;
(2)平曲线:该路段所对应的平曲线设计要素,包括平曲线起、终点桩号,交点里程桩号,

交点偏角,平曲线半径,缓和曲线长度,平曲线要素等;

(3)竖曲线:该路段设置转坡点时,为竖曲线设计与计算要素,分为凸形竖曲线与凹形竖曲线两类,根据实际情况分别填入相应的列中,包括竖曲线起、终点桩号,转坡点桩号及高程,竖曲线半径 R,切线长 T 及外距 E;

(4)地面高程:该路段所对应各桩号的地面高程值;

(5)设计高程:该路段所对应各桩号的设计高程值;

(6)填挖高度:设计高程-地面高程,当计算所得数据大于或等于0时为填,小于0时为挖;

(7)路基宽度:分别为图3-3-2中左侧(右侧)土路肩宽度、硬路肩宽度、行车道+左侧路缘带宽度和中央分隔带宽度,当断面所处位置在平曲线内,且平曲线半径≤250m时,应考虑加宽值;

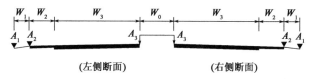

(左侧断面)　　　　　(右侧断面)

图3-3-2　横断面尺寸标注样图

(8)以下各点与设计高程之高差:分别为图3-3-2中左侧(右侧)路基外侧边缘、路面外侧边缘和中央分隔带边缘(当无中央分隔带时为路基中心)与该断面的设计高程的差值,当断面所处位置在平曲线内,且平曲线半径不大于不设超高最小半径时,应考虑超高值。

(1)公路路线纵断面由哪几部分组成?

(2)公路路基设计高程有哪些规定?

(3)为什么要规定最大纵坡、最小纵坡?

(4)为什么要进行坡长限制?

(5)某二级公路,变坡点桩号 K8+620,其高程为 396.67m,$i_1 = +6\%$,$i_2 = -3\%$,竖曲线半径受外距控制 $E=1.5$m,试计算竖曲线半径、曲线要素及竖曲线起、终点桩号。

(6)变坡点确定时需考虑哪些因素?

(7)路线纵断面设计的主要内容是什么?

(8)公路路线纵断面设计有哪些步骤?

(9)什么是平、纵线形组合设计?平、纵线形组合设计有哪些类型?这些类型各具什么特点?

(10)某二级公路,变坡点桩号 K8+620,其高程为 396.67m,$i_1 = -3\%$,$i_2 = +4\%$,竖曲线半径 $R=2000$m,试计算竖曲线要素及桩号 K8+540、K8+600、K8+660、K8+700 的设计高程。

(11)试述路线纵断面图的主要组成。

(12)路基设计表有哪些主要内容?

(13)路基设计表中"以下各点与设计高程之高差"一栏如何填写?

(14)路线纵断面图中"填挖高度"一栏如何计算?

(15)路基设计表的用途是什么?

模块四 MODULE FOUR
路基横断面设计

工作任务一　路基横断面组成分析

 学习目标

1. 通过学习,熟练掌握路基标准横断面和路基典型横断面的基本组成及相关规范要求;
2. 熟悉公路用地范围与建筑限界内涵;
3. 能分析与合理确定在不同地质条件下路堤、路堑的边坡坡率。

 相关知识

公路中线上任意一点的法线方向剖面图构成公路的横断面图,它是由横断面设计线与横断面地面线所围成的图形。横断面上包括行车道、中间带、路肩、碎落台、填方边坡、挖方边坡、边沟、排水沟、护坡道以及防护工程(如护坡、挡土墙)、安全设施与公路绿化等设施,高速公路和一级公路上还有加(减)速车道、爬坡车道等。各部分的位置、名称如图 4-1-1 所示。

横断面设计需结合公路等级、交通量、通行能力以及公路沿线的地形、地质情况,公路平面设计和纵断面各个因素等经综合考虑后确定,设计时力争使构成横断面的各要素之间相互协调,做到组成合理、用地节省、工程经济和利于环境保护。

横断面设计的主要内容包括确定横断面的车道数与路基宽度、断面构成与形式;结合公路沿线地形特点提出相应的典型横断面形式,各组成部分的形状、位置和尺寸;根据各桩号的横断面地面线情况绘制横断面设计线,计算各断面的填挖面积、路基土石方数量和调配。

一、路基横断面的组成

路基横断面设计要根据设计交通量、交通组成、设计车速、通行能力和满足交通安全的要求,按公路等级、断面的类型、路线所处地形规定的路基横断面各组成部分横向尺寸的技术标准确定。各级公路的路基标准横断面如图 4-1-2 所示。

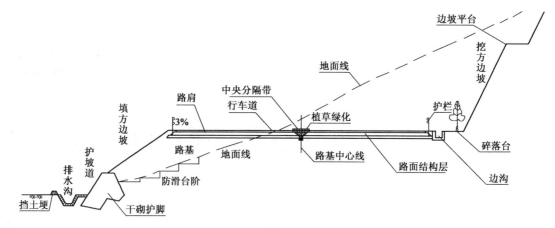

图 4-1-1 路基横断面组成

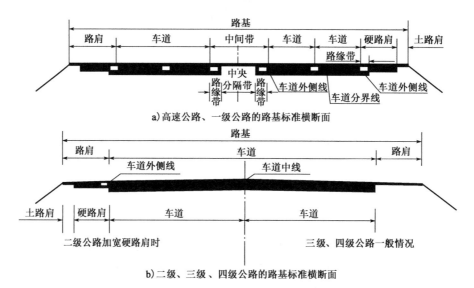

图 4-1-2 公路路基标准横断面的组成

1. 公路路基横断面的一般组成

(1)行车道:公路上供各种车辆行驶部分的总称,包括快车行车道和慢车行车道。

(2)路肩:位于行车道外缘至路基边缘,具有一定宽度的带状结构部分。路肩分土路肩和硬路肩两类。

(3)中间带:高速公路、一级公路用于分隔对向车辆的路幅组成部分,通常设于行车道中间。

2. 公路路基横断面的特殊组成

(1)爬坡车道:设置在高速公路、一级公路、二级公路的上坡路段,供载重汽车慢速爬坡之用。

(2)加(减)速车道:供车辆驶入(离)高速车流之前(后)加(减)速用车道。

(3)错车道:在单车道公路上,可通视的一定距离内,供车辆交错避让用的一段加宽车道。

(4)紧急停车带:在高速公路、一级公路上,供车辆临时发生故障或其他原因紧急停车用的临时停车地带。

(5)避险车道:在长陡下坡路段行车道外侧增设的供速度失控车辆驶离正线安全减速的专用车道。

公路路基横断面的特殊组成仅在公路特殊路段才设置。

3.各级公路路基横断面的宽度组成

高速公路、一级公路的路基横断面分为整体式和分离式两类。整体式断面包括行车道、中间带(中央分隔带及左侧路缘带)、路肩(硬路肩及土路肩)以及紧急停车带、爬坡车道、加(减)速车道等组成部分;分离式断面包括行车道、路肩(硬路肩及土路肩)以及紧急停车带、爬坡车道、加(减)速车道等组成部分。分离式断面是一种将上、下行车道放在不同平面上,中间带随地形变宽的断面形式。

二级公路的路基横断面包括行车道、路肩等组成部分。二级公路位于中、小城市城乡接合部,混合交通量大的连接路段,实行快、慢车道分开行驶时,可根据当地经验设置右侧硬路肩。三级、四级公路的路基横断面包括行车道、路肩以及错车道等组成部分,如图4-1-2所示。

1)公路路基宽度的组成

公路路基横断面中各组成部分宽度应根据公路技术等级、交通量与交通组成、横断面各组成部分的功能综合确定,并应符合下列规定。

(1)公路路基宽度为车道宽度与路肩宽度之和。当设有中间带、加(减)速车道、爬坡车道、紧急停车带、错车道、超车道、侧分隔带、非机动车道(或慢车道)和人行道等时,应包括上述部分的宽度。

(2)非机动车、行人密集公路和城市出入口的公路,可根据需要设置侧分隔带、非机动车道和人行道。

(3)一级公路在慢行车辆较多时,可利用右侧硬路肩(宽度不足时应加宽)设置慢车道,并应在快车道与慢车道之间设置隔离设施。

(4)二级公路在慢行车辆较多时,可根据需要采用加宽硬路肩的方式设置慢车道,并应增加必要的交通安全设施,加强交通组织管理。

2)车道数及车道宽度

在公路上提供一定宽度供纵列车辆安全行驶的路面,称为一个车道。一条公路的车道数量主要根据该路的设计交通量和一个车道的设计通行能力来确定,行车道的基本数目应在一个较大路线长度内保持不变。《标准》根据公路等级和设计速度将车道数分为单车道、双车道、四车道、六车道和八车道,见表4-1-1。

各级公路车道数　　　　表4-1-1

公路等级	高速公路、一级公路	二级公路	三级公路	四级公路
车道数	≥4	2	2	2(1)

注:四级公路应采用双车道,交通量小或困难路段可采用单车道。

一条车道的宽度必须能满足设计车辆在有一定横向偏移的情况下运行,并能为相邻车道上的车流提供余宽,所以汽车所需车道的宽度受车速、交通量、驾驶员的驾驶能力、会车等影响。《标准》规定的各级公路的车道宽度见表4-1-2。

各级公路车道宽度 表4-1-2

设计速度(km/h)	120	100	80	60	40	30	20
车道宽度(m)	3.75	3.75	3.75	3.50	3.50	3.25	3.00

注:设计速度为20km/h且为单车道时,车道宽度应采用3.50m;高速公路为八车道时,内侧车道宽度可采用3.50m。

4. 中间带宽度

中间带由两条左侧路缘带和中央分隔带组成,是分隔公路上对向行车道的地带。高速公路、一级公路整体式路基必须设置中间带。中间带的功能是分离不同方向的交通流,减少车辆的对向干扰,以防止无序的交叉运行和转弯运行,同时为设置公路标牌、提供绿化带、遮挡对向车灯的眩光和埋设管线等提供场地。

路缘带既可以是硬路肩的一部分,又可以是中间带的一部分,这主要取决于它的位置,如图4-1-2所示。在中间带范围内的路缘带是中间带的组成部分;在路肩范围内的路缘带属路肩的组成部分,它的主要功能是诱导驾驶员视线和提供部分侧向余宽,当汽车越出行车道时,能提高行车的安全性。

中央分隔带表面可分为凹形和凸形两种形状,凸形宽度较小,是公路上的常见形式;凹形宽度大于4.5m。分隔带表面一般采用植草、栽灌木或铺面封闭。中央分隔带的缘石有齐平式、斜式和栏式三种,当宽度大于4.5m时可以采用齐平式,否则一般采用斜式和栏式。中间带可不等宽,也不一定等高,但应与地形、景观等配合。不等宽的中间带应逐步过渡,避免突变。一般情况下,中央分隔带每隔2km设开口(断口),供高速公路维修时交通调剂使用。如表4-1-3所示,在正常情况下左侧路缘带宽度采用一般值,当遇特殊情况时可以采用最小值。

左侧路缘带宽度 表4-1-3

设计速度(km/h)		120	100	80	60
左侧路缘带宽度(m)	一般值	0.75	0.75	0.50	0.50
	最小值	0.50	0.50	0.50	0.50

5. 路肩的组成、作用及宽度

1)路肩的组成及作用

路肩通常由右侧路缘带(高速公路、一级公路)、硬路肩和土路肩三部分组成,如图4-1-3所示。

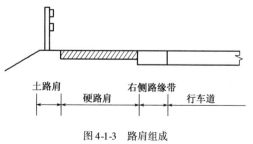

图4-1-3 路肩组成

路肩的作用包括:

(1)增加路幅的富余宽度,供临时停车、错车或堆放养路材料之用。同时对提高行车道通行能力也有辅助作用。

(2)为填方路段通车后的路基提供宽度补偿。据调查,填方路堤段通车后由于自然力的破坏,一般路基边缘形成约0.2m的圆角,使路基实际宽度减小,路肩宽度可使这部分宽度损失得以补偿。同时,路肩也可保护路面,作为路面横向支撑。

(3)有利于诱导驾驶员的视线,开阔视野,增加行车的舒适感和安全感。

(4)为公路的其他设施(如护墙、护栏、绿化、电杆、地下管线等)提供设置的场地。

(5)为公路养护操作及避车提供空间。

2)路肩宽度

(1)路肩宽度应根据在满足路肩功能要求的条件下,尽量采用较小宽度的原则确定。高速公路、一级公路的路肩宽度应考虑发生故障车辆随时都可在路肩上停置所需的宽度。《标准》规定的路肩宽度如表4-1-4所示。

路肩宽度   表4-1-4

公路等级(功能)		高速公路			一级公路(干线功能)	
设计速度(km/h)		120	100	80	100	80
右侧硬路肩宽度(m)	一般值	3.00 (2.50)	3.00 (2.50)	3.00 (2.50)	3.00 (2.50)	3.00 (2.50)
	最小值	1.50	1.50	1.50	1.50	1.50
土路肩宽度(m)	一般值	0.75	0.75	0.75	0.75	0.75
	最小值	0.75	0.75	0.75	0.75	0.75
公路等级(功能)		一级公路(集散功能)和二级公路		三级公路、四级公路		
设计速度(km/h)		80	60	40	30	20
右侧硬路肩宽度(m)	一般值	1.50	0.75	—	—	—
	最小值	0.75	0.25	—	—	—
土路肩宽度(m)	一般值	0.75	0.75	0.75	0.50	0.25(双车道) 0.50(单车道)
	最小值	0.50	0.50			

注:1.正常情况下,应采用"一般值";在设爬坡车道、变速车道及超车道路段,受地形、地物等条件限制路段及多车道公路特大桥,可经论证采用"最小值"。

2.高速公路和作为干线的一级公路以通行小客车为主时,右侧硬路肩宽度可采用括号内数值。

(2)高速公路和一级公路采用分离式断面时,应设置左侧硬路肩,其宽度不应小于表4-1-5的规定值。八车道及八车道以上高速公路宜设置左侧硬路肩,其宽度应不小于2.5m。左侧硬路肩宽度包含左侧路缘带宽度。

分离式断面高速公路和一级公路左侧路肩宽度   表4-1-5

设计速度(km/h)	120	100	80	60
左侧硬路肩宽度(m)	1.25	1.00	0.75	0.75
左侧土路肩宽度(m)	0.75	0.75	0.75	0.50

6.加(减)速车道

车辆由低等级公路进入高速公路或一级公路时,其行驶速度会发生变化,出现高速公路入口处的加速合流与高速公路出口处的减速分流,从而对行车不利。为保证其他车辆的正常行驶,在高速公路、一级公路的互通式立体交叉、服务区、停车区、公共汽车停靠站、管理与养护设施等与主线相衔接处,应设置加速车道和减速车道。加(减)速车道宽度应为3.50m。加(减)速车道的长度与速度变化范围、车辆特性等因素有关,可经计算确定,设计时可依据《规范》的有关要求实施。

7. 错车道

当四级公路路基宽度采用4.5m时,应在相距不大于300m范围内设置错车道。其为解决双向行车的错车而设置。错车道应设在有利地点,使驾驶员能够看清相邻两错车道间的车辆,错车路段的路基宽度不小于6.5m,有效长度不小于20m。

8. 紧急停车带

紧急停车带是车辆发生故障时紧急停车的区域。当硬路肩的宽度足以停车时则无须设置紧急停车带。高速公路和作为干线的一级公路的右侧路肩宽度小于2.50m时,应设紧急停车带。紧急停车带宽度应不小于3.0m,有效长度不应小于40m,间距不宜大于500m,并应在其前后设置不短于70m的过渡段。对于高速公路、一级公路的特大桥、特长隧道,根据需要可设置紧急停车带,其间距不宜大于750m。二级公路根据需要可设置紧急停车带,其间距宜按实际情况确定。

9. 路拱及路肩横坡度

为了利于路面横向排水,将路面做成由中央向两侧倾斜的拱形,称为路拱。常用的路拱形式有抛物线形、直线形和折线形三种。在设计公路横断面时,路拱及路肩横坡度应根据行车道宽度、路面结构类型、排水、当地的自然条件等因素来确定。路拱及路肩横坡度取值如表4-1-6所示。

路拱及路肩横坡度 表4-1-6

路 面 类 型	路拱横坡度(%)	路 面 类 型	路拱横坡度(%)
沥青混凝土、水泥混凝土	1~2	碎、砾石等粒料路面	2.5~3.5
其他沥青路面	1.5~2.5	低级路面	3~4
半整齐块石	2~3		

注:路肩横坡度一般比路拱横坡度大1%~2%。

高速公路、一级公路整体式路基的路拱宜采用双向路拱坡度,由路中央向两侧倾斜。位于中等强度降雨地区时,路拱坡度宜为2%;位于降雨强度较大地区时,路拱坡度可适当增大。高速公路、一级公路分离式路基的路拱,宜采用单向横坡,并向路基外侧倾斜,也可采用双向路拱坡度。积雪冰冻地区,宜采用双向路拱坡度。二级公路、三级公路、四级公路的路拱应采用双向路拱坡度,由路中央向两侧倾斜。路拱坡度应根据路面类型和当地自然条件确定,但不应小于1.5%。

二、路基典型横断面

在公路几何线形设计中,将常采用的具有代表性的公路路基横断面称为典型横断面。在典型横断面中,将高于原地面的填方路基称为路堤[图 4-1-4a)];低于原地面的挖方路基称为路堑[图 4-1-4b)];在一个断面内,一部分为填、另一部分为挖的路基称为半填半挖路基[图 4-1-4c)]。此外,为了保证路基稳定和行车安全,根据实际需要设置取土坑、弃土堆、护坡道、碎落台、堆料坪等,这些都是路基主体工程不可缺少的部分。

1. 常用的典型横断面选用

(1)路堤。其是指填筑在地面线以上的路基形式,也称填方路基。路堤包括一般路堤、矮路堤、陡坡路堤、高路堤、浸水路堤(沿河路堤)、护脚路堤、挖沟填筑路堤、吹(填)砂(粉煤灰)路堤等。

填土高度小于18m(土质)或20m(石质)的路堤为一般路堤,如图4-1-4a)所示。

填土高度小于1.0m的路堤称为矮路堤,当填土高度小于0.5m时,为保证路基最小填土高度及能顺利地排除路面、路肩和边坡表面水,应设置边沟。

平原区公路为满足填土需要,将路基两侧或一侧的边沟断面扩大成取土坑的路基称为挖沟填筑路堤,如图 4-1-4d)所示。但此时为保证边坡的稳定,应在坡脚与取土坑之间设宽度不小于1m的护坡道。

填土高度大于18m(土质)或20m(石质)的路堤称为高路堤,为保证边坡稳定,采用折线形边坡。

在山区横坡较陡的路段上填筑的路基称为陡坡路堤。当填方坡脚过远,为避免多占耕地或减少拆迁时,可采用图 4-1-4e)所示的护脚路堤。

沿河路堤:其是指桥头引道和河滩路堤,如图 4-1-4f)所示。路堤浸水部分边坡,除采用较缓和坡度外,还应视水流情况采取加固防护措施。

吹(填)砂(粉煤灰)路堤:为了保护边坡的稳定和植物的生长,边坡表层1~2m应用黏质土填筑,路床顶面可采用0.3~0.5m粗粒土封闭,如图4-1-4g)所示。

(2)路堑。其是指全部在原地面开挖而成的路基,也称挖方路基,如图 4-1-4b)所示。路堑路段均应设置边沟;为拦截和排除上侧地面水以保证边坡稳定,应在坡顶5m外设截水沟。

挖路堑所废弃的土石方,应弃置于下侧坡顶外至少3m处,并做成形状规则的弃土堆;当挖方高度较大或土质变化处,边坡应随之做成折线形或台阶式以保证稳定。

路堑还包括台口式路堑和半山洞。其中台口式路堑是指山体的自然坡面为路堑的下边坡,如图 4-1-4h)所示,适用于地质状况良好的地段。图 4-1-4i)所示为半山洞,适用于整体坚硬的岩石层,这是为节省工程量而采用的一种形式,应用时注意公路的安全和建筑限界的要求。

(3)半填半挖路基。当原地面横坡大,且路基较宽,需一侧开挖、另一侧填筑时,采用挖填结合路基,也称半填半挖路基。在丘陵或山区公路中,挖填结合是路基横断面的主要形式。如图4-1-4c)所示,当地面横坡大于1:5时(包括一般路堤在内),为保证填土的稳定,应将原地面挖成台阶，台阶的高度应视填料性质和施工方法而定，挖方部分与一般路堑相同。

在横坡较陡路段，其路基的填土高度虽不大，但坡脚过远且不易填筑时，可采用图 4-1-4j)所示的护肩路基；填土高度较大难以填筑，或地面横坡过陡以致坡脚落空不能填筑时，可采用图 4-1-4k)所示的砌石路基或图 4-1-4l)所示的挡土墙路基，前者是干砌或浆砌片石，能支持填土的稳定，片石与路基为一个整体，而挡土墙是不依靠路基也能独立稳定的支挡结构物；当挖方边坡土质松软易碎落时，可采用图 4-1-4m)所示的矮墙路基；当挖方地质不良可能产生滑坍时，可采用图 4-1-4l)所示的挡土墙路基。

各种路基典型横断面要结合实际地形选用，且应以路基稳定、行车安全、工程量小和经济适用为前提。

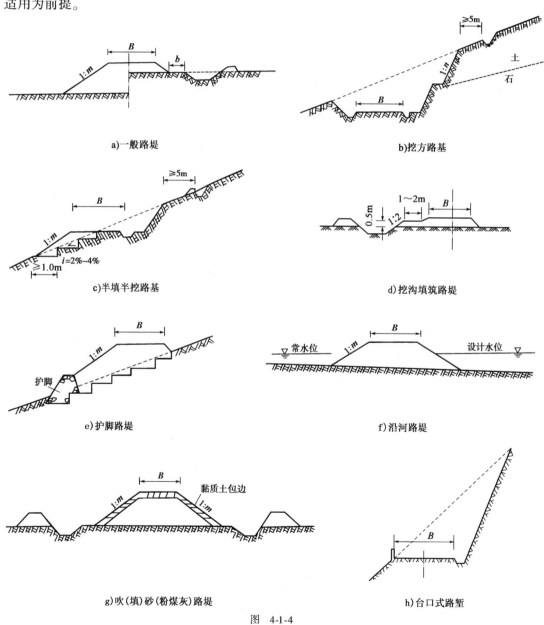

图 4-1-4

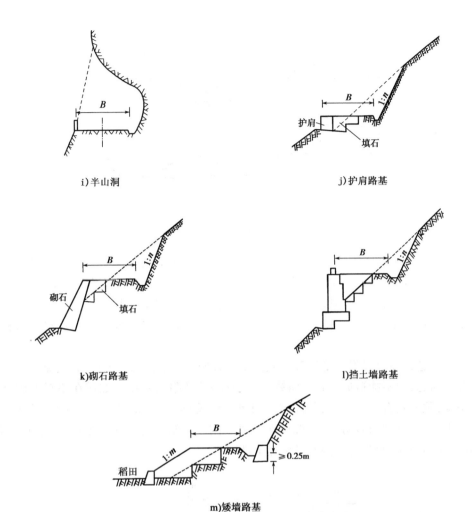

图 4-1-4 路基典型横断面

注：B 为路基宽度。

2. 取土坑与弃土堆

将公路沿线挖取土方填筑路基或作为养护材料所留下的整齐土坑，称为取土坑；将按一定的规则形状堆放于公路沿线一定距离内的开挖路基所废弃的土称为弃土堆。无论借土或取土，首先要选择合理的地点。一般先从土质、数量、占地及运输等方面考虑选点；其次，要结合农田水利、改地造田、少占或不占良田、维护自然生态平衡合理选点，从而做到"借之有利，弃之无害"。

取土坑分为路侧取土和路外集中取土两种。地面坡度不大于 1:10 的平坦地区，可在路基两侧设置取土坑。取土坑一般设置在地势较高的一侧，其深度和宽度应视取土数量、施工方法及用地许可条件而定。平原区一般深度为 1.0m。为防止坑内积水，当堤顶与坑底高差超过 2m 时路基坡脚与坑之间需设宽度为 1.0m 的护坡道，坑底设纵横排水坡及相应设施，如图 4-1-5 所示。

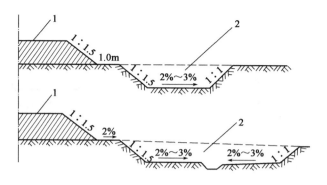

图 4-1-5　取土坑布置
1-路堤；2-取土坑

河流淹没地段的桥头引道两侧一般不设取土坑。河滩上的取土坑,应与调治构造物的位置相适应,一般距河流水位界 10m 以外,并不得长期积水危害路基或构造物的稳定。

开挖路基的废方,应妥善处理,充分利用,如用于公路、农田水利、基建等,做到变废为宝,弃而不乱,对无法加以利用的弃土,应防止乱弃而造成水土流失,危害路基及农田水利,淤塞河道。

废方一般选择在沿线附近低洼荒地或路堑下方处理。沿河路基的废石方,条件允许时,可以占用部分河道,但不能造成河道上游壅水,危及路基及附近农田。如需在路堑上侧弃土,要求堆弃平整,顶面具有适当横坡,并设置三角形土台及排水沟,如图 4-1-6 所示。积砂或积雪地段的弃土堆,为有利防砂防雪,一般设在迎风一侧。路堑深度大于 1.5m 时,弃土堆距坡顶至少 20m。浅而开阔的路堑两旁不得设弃土堆。

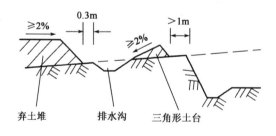

图 4-1-6　弃土堆布置

3. 护坡道与碎落台

(1)护坡道。

护坡道的作用是减小路堤边坡的平均坡度,是保证路堤稳定的技术措施之一。当路堤填土高度(指路基边缘与取土坑内侧底面的高差)小于或等于 3m 时,可不设护坡道,取土坑内侧坡顶可与路堤坡脚径相衔接,并采用路堤边坡坡度；当高差大于 3m 时,应设置宽度为 1m 的护坡道；当高差大于 6m 时,应设置宽度为 2m 的护坡道。为利于排水,护坡道表面应做成向外侧倾斜 2% 的横坡。

在地质和排水条件良好的路段,或通过经济作物、高产田的路段,若采取一定措施可以保证路堤稳定时,护坡道可另行设计。

(2)碎落台。

碎落台通常设置在路堑边坡坡脚与边沟外侧边缘之间,有时也设在边坡中部,如图 4-1-7 所示。其作用是防止零星土石碎落物落入边台,其宽度一般为 1.0~1.5m。

4. 堆料坪

为避免在路肩上堆放路面养护用料,在用地条件许可时,可在路肩外缘或边沟外缘设置堆料坪,一般每隔 50~100m 设置一个,其长度为 5~8m,宽度为 2m 左右,如图 4-1-8 所示。

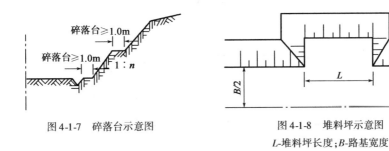

图 4-1-7　碎落台示意图　　图 4-1-8　堆料坪示意图
　　　　　　　　　　　　　　L-堆料坪长度;B-路基宽度

三、公路用地范围

公路用地是指为修建、养护公路及设置沿线设施,依照国家规定所征用的地幅。公路用地应根据公路建设的需要,在满足公路正常建设用地的基础上,遵循保护、开发土地资源,合理利用土地,切实保护耕地,促进社会经济可持续发展的原则,合理拟定公路建设规模、技术指标、设计施工方案,确定公路用地范围。

(1)公路用地范围为公路路堤两侧排水沟外边缘(无排水沟时为路堤或护坡道坡脚)以外,或路堑坡顶截水沟外边缘(无截水沟时为坡顶)以外不小于 1m 范围内的土地;在有条件的地段,高速公路和一级公路不小于 3m、二级公路不小于 2m 范围内的土地为公路用地范围。

(2)在风沙、雪害、滑坡、泥石流等不良地质地带设置防护、整治设施时,以及在膨胀土、盐渍土等特殊土地带采取处治措施时,应根据实际需要确定用地范围。

(3)桥梁、隧道、互通式立体交叉、分离式立体交叉、平面交叉、安全设施、服务设施、管理设施、绿化以及其他线外工程等用地,应根据实际需要确定用地范围。

(4)有条件或环境保护要求需种植多行林带的路段,应根据实际情况确定用地范围。

(5)改扩建公路可参照新建公路用地范围的规定执行。

四、公路建筑限界

公路建筑限界是为保证车辆和行人正常通行,规定公路的一定宽度和高度范围内不允许有任何设施及障碍物侵入的空间范围。在公路路基横断面设计中,公路标志、护栏、照明灯柱、电杆、管线、绿化、行道树以及跨线桥的梁底、桥台、桥墩等的任何部分不得侵入公路建筑限界。各级公路的建筑限界应符合图 4-1-9 的规定。

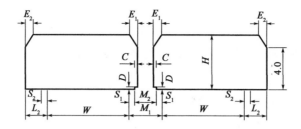

a) 高速公路、一级公路(整体式)

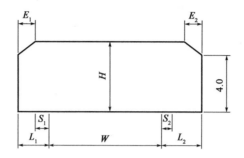

b) 高速公路、一级公路(分离式)

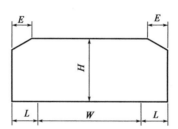

c) 二、三、四级公路

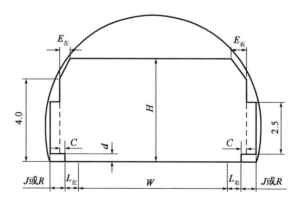

d) 公路隧道

图 4-1-9　各级公路的建筑限界(尺寸单位:m)

图中:W——行车道宽度。

L_1——左侧硬路肩宽度。

L_2——右侧硬路肩宽度。

S_1——左侧路缘带宽度。

S_2——右侧路缘带宽度。

L——侧向宽度。二级公路的侧向宽度为硬路肩宽度。三、四级公路的侧向宽度为路肩宽度减去 0.25m。设置护栏时,应根据护栏需要的宽度加宽路基。

$L_{左}$——隧道内左侧侧向宽度。

$L_{右}$——隧道内右侧侧向宽度。

C——当设计速度大于 100km/h 时为 0.5m,小于或等于 100km/h 时为 0.25m。

D——路缘石高度,小于或等于 0.25m。一般情况下,高速公路可不设路缘石。

M_1——中间带宽度。

M_2——中央分隔带宽度。

J——检修道宽度。

R——人行道宽度。

d——检修道或人行道高度。

E——建筑限界顶角宽度,当 $L \leqslant 1m$ 时,$E = L$;当 $L > 1m$ 时,$E = 1m$。

E_1——建筑限界顶角宽度,当 $L_1 < 1m$,$E_1 = L_1$,或 $S_1 + C < 1m$,$E_1 = S_1 + C$;当 $L_1 \geqslant 1m$ 或 $S_1 + C \geqslant 1m$ 时,$E_1 = 1m$。

E_2——建筑限界顶角宽度,$E_2 = 1m$。

$E_{左}$——建筑限界左顶角宽度,当 $L_{左} \leqslant 1m$ 时,$E_{左} = L_{左}$;当 $L_{左} > 1m$ 时,$E_{左} = 1m$。

$E_{右}$——建筑限界右顶角宽度,当 $L_{右} \leqslant 1m$ 时,$E_{右} = L_{右}$;当 $L_{右} > 1m$ 时,$E_{右} = 1m$。

H——净空高度。

公路建筑限界的宽度范围,还包括以下两种情况:

(1)设置加(减)速车道、紧急停车带、爬坡车道、错车道、慢车道、车道隔离设施等路段,行车道应包括该部分的宽度。

(2)八车道及以上的高速公路(整体式),设置左侧硬路肩时,建筑限界应包括左侧硬路肩宽度。

任务实施

一、任务实施流程

本工作任务可按以下脉络开展实践与交流:

(1)任务解读:某一级公路,设计速度 100km/h,双向四车道,路基宽度 25.5m,如图 4-1-10 所示,根据该公路提供的标准横断面,叙述路基横断面组成;

(2)实践任务(公路路基横断面组成分析)分解与分工;

(3)学生讨论;

(4)资料收集;

(5)课程实训:公路路基横断面组成分析实训,完成"学习任务实施"部分的相关任务;
(6)上交成果:《××公路路基横断面组成分析报告》;
(7)学生自测与自评;
(8)组长对组员进行考核。

二、学习任务实施

(1)任务名称:公路路基横断面组成分析。
(2)基本资料:
①××一级公路,设计速度 $V=100$ km/h,拟采用 24m 路基宽度,双向四车道。
②沿线地质情况:全线地质条件良好,其中表土属粉质亚黏土(厚度1m),下为次坚石。
③全线最大填土高度为12m,最大挖方深度28m,根据要求,挖方边坡拟采用多级台阶,台阶高度不超过10m。矩形边沟(50cm×50cm),沟边设1m碎落台。
④填方处设置路堤挡土墙,挡土墙上方留 3.5m 土质边坡,其填方边坡坡度为1:1.5。
(3)任务:
①认真学习《规范》,结合当地实际情况初拟路基标准横断面组成。
②合理确定路基典型横断面各部分尺寸,绘制路基一般设计图(典型横断面图)。
③编制路基横断面设计说明。
(4)要求:
①独立思考,初步完成上述各任务。
②小组讨论,组长负责成果的记录与整理,按任务目标的要求上交《××公路路基横断面组成分析报告》。

三、案例分析

[案例1] 某四车道高速公路,设计速度为120km/h,路基宽度为28m,各部分宽度均取《规范》规定的一般值,试分析其路基横断面组成。

解:(1)由表 4-1-2 可知,高速公路车道宽度为 3.75m。
(2)由表 4-1-3 可知,左侧路缘带宽度为 0.75m。
(3)由表 4-1-4 可知,右侧硬路肩宽度可取 3.0m,土路肩宽度为 0.75m。
(4)由(1)(2)(3)可知,该高速公路的中央分隔带宽度为:
中央分隔带宽度 = 28 - 4×3.75(车道) - 2×0.75(左侧路缘带) - 2×0.75(土路肩) - 2×3.0(硬路肩) = 4.0(m)

[案例2] 浙江省湖州市德清城关至莫干山一级公路某段,设计速度 $V=80$ km/h,拟采用 25.5m 路基宽度,双向四车道,路基横断面设计时,按照《规范》的有关要求并结合公路的使用任务和功能,经综合考虑、反复比较后定出该公路的路基标准横断面,如图 4-1-10 所示。

根据该公路提供的标准横断面图,结合沿线工程地质,并参照《规范》的有关规定,拟定路基边坡。路基填方采用土石混合料等材料填筑,边坡坡度为1:1.5。路基挖方根据路堑工程地质特性进行边坡稳定分析和验算,拟定不同的边坡坡度。如图 4-1-11 所示为该公路路基典型横断面图。

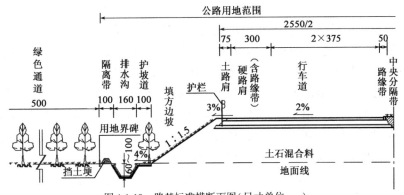

图 4-1-10 路基标准横断面图(尺寸单位:cm)
注:本图仅示出半幅路基。

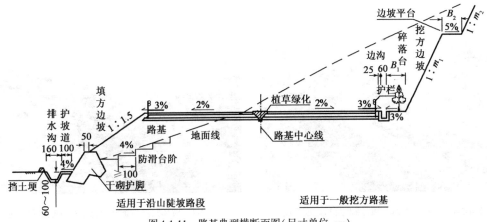

图 4-1-11 路基典型横断面图(尺寸单位:cm)

工作任务二 学习路基横断面设计

 学习目标

1. 通过学习,熟练掌握路基横断面设计的基本要求;
2. 正确理解公路路基标准横断面、典型横断面设计的基本思路;
3. 熟悉路基横断面设计的方法与步骤。

 相关知识

一、横断面设计的基本要求

路基是支承路面、形成连续行车道的带状土、石结构物,它既要承受路面传来的车辆荷载,又要承受自然因素的作用。因此,路基横断面设计必须满足以下基本要求。

(1)路基的结构应根据使用要求和当地自然条件(包括地形、地质、水文和材料情况),并结合施工条件进行综合设计,要具备足够的强度和稳定性,经济合理。

山岭、重丘区的路基设计,应根据当地自然条件,特别是地形及工程地质条件,选择适当的路基横断面形式和边坡坡度(图 4-2-1)。在地形陡峻和不良地质地段,不宜破坏天然植被和山体平衡(图 4-2-2);在狭窄的河谷地段不宜侵占河床,可视具体情况设置其他结构物和防护工程(图 4-2-3);陡坡上的半填半挖路基,可根据地形、地质条件,采用护肩、砌石或挡土墙;当山坡高陡或稳定性差,不宜多挖时,可采用旱桥、悬出路台等构造物,防止"削坡式路基";在悬崖陡壁地段,如山体岩石整体性好,可采用半山洞。

在平原微丘区应注意最小填土高度,并设置必要的排水设施。沿河路堤应根据冲刷情况,设置必要的防护设施(图 4-2-4)。路线经过高产田路段,为收缩坡脚、减少占地、防止地表水渗入路基,可采用护脚路基或矮路肩墙。

图 4-2-1 合理的路基分离,降低路基边坡高度

图 4-2-2 破坏天然植被和山体平衡导致工程隐患

图 4-2-3 结合地形修筑挡土墙,保证边坡稳定

图 4-2-4 沿河一侧设置浆砌挡土墙,防止洪水冲刷

(2)路基的断面形式和尺寸应根据公路等级、设计标准和设计任务书的规定以及公路的使用要求,结合具体条件确定。一般路基可参照典型横断面设计;特殊路基则应进行单独设计。

(3)路基设计应兼顾当地农田基本建设的需要,在取土、弃土、取土坑设置及排水设计等方面与农田改土、农田水利、灌溉沟渠等配合,尽量减少废土占地,防止水土流失和淤塞河道。

二、横断面设计的方法与步骤

横断面设计方法俗称"戴帽子",即根据横断面测量所得各桩号的地面线资料,一般按1:200比例点绘横断面地面线,按纵断面设计确定填挖高度和按平面设计确定路基宽度、超高、加宽值,结合当地的地形、地质等自然条件,根据路基典型横断面图式,逐桩绘出路基横断面图。对采用挡土墙、护坡等结构物的路段,所采用结构物应绘于图上,并注明其起讫桩号、圬工种类及断面尺寸;对桥涵处的横断面,应予注明。

横断面设计必须结合地形、地质、水文等条件,本着节约用地的原则选用合理的断面形式,以满足行车顺适、工程经济、路基稳定且便于施工和养护的要求。

横断面设计的方法与步骤如下:

(1)逐桩绘制横断面地面线(一般在现场与外业同时进行),各断面按桩号在图纸上以从左到右、从下到上的顺序排列。

(2)逐桩标注相应中桩的填(T)或挖(W)高度、路基宽度(B),若该断面需超高与加宽时,应标注左宽、左高,右宽、右高。

(3)根据现场调查所得的土壤、地质、水文等资料,按照典型横断面图,标出各断面土石分界线,确定边坡坡度和边沟形状、尺寸。

(4)利用三角板或"帽子板"(图4-2-5)逐桩绘出其路基横断面设计图。其中:直线段如是路堤,在中线地面桩点上按填土高度做水平线,按路基宽度之半截得左右两侧路基边缘点,再按所需边坡坡度绘出边坡线,与地面线的相交点即为坡脚点,按需要绘出所需的边沟断面;如是路堑,用与路堤相同的方法按挖方深度绘得路基边缘点后,按需要绘出边沟断面,再以边沟沟底外缘做边坡线,与地面线相交点即为坡顶;如是半填半挖路基,则分别按路堤、路堑绘得填、挖部分即得。

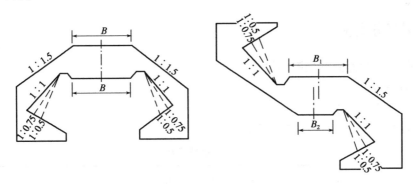

图4-2-5 路基横断面模板

平曲线内如无超高、加宽时,横断面图的绘制与直线段相同;有加宽无超高时,在需加宽的一侧,按加宽值求得该侧路基边缘点,其余与直线段的绘制相同;有超高无加宽时,在超高旋转轴位置,按超高横坡绘得路基顶面线,再按路基宽度求得两侧路基边缘点,此后的步骤与前述相同;同时有超高和加宽时,先按超高绘得路基顶面线,再按加宽要求绘得路基边缘点,其后步骤与前述相同。

(5)根据综合排水设计,绘制护坡道、边沟、取土坑、截水沟、挡土墙等横断面设计内容。

(6)分别计算各桩号断面的填方面积(A_T)和挖方面积(A_W)并标注于图上,填方与挖方面积的计算方法见本模块工作任务四。

进行以上横断面设计时,尽管在横断面图上按比例绘出了边沟、截水沟、护脚、挡土墙等设施,但一般不标注详细尺寸,仅注明其起讫桩号。

此外,近年来计算机辅助设计(CAD)在工程技术领域中的应用十分广泛。利用CAD进行路线设计,不仅可以提高手工绘制的工作效率,准确绘制横断面图,而且能自动计算横断面面积。在设计完成时可以利用绘图机输出各设计阶段所需的设计图纸,是路基横断面设计的理想手段。

一、任务实施流程

本工作任务可按以下脉络开展实践与交流:
(1)任务解读(根据所给横断面图设计各参数得到最佳的横断面设计);
(2)实践任务(公路路基横断面设计)分解与分工;
(3)学生讨论;
(4)课后思考与总结;
(5)课程实训:公路路基横断面设计分析实训;
(6)上交成果:《××公路路基横断面设计分析报告》;
(7)学生自测与自评;
(8)组长对组员进行考核。

二、学习任务实施

(1)任务名称:公路路基横断面设计。
(2)基本资料:
①同本模块工作任务一;
②横断面地面线资料如表4-2-1所示;

横断面地面线资料　　　　表4-2-1

桩号	填挖值	位置	距离(m)	高差(m)	距离(m)	高差(m)	距离(m)	高差(m)	距离(m)	高差(m)	距离(m)	高差(m)	距离(m)	高差(m)
K1+250	+1.26	左侧	4.0	1.7	4.0	1.6	4.0	2.7	4.0	2.9	8.0	3.0		
		右侧	4.0	-1.6	4.0	-1.6	4.0	-1.7	4.0	-0.6	4.0	-0.2		
+300	+1.17	左侧	4.0	0.8	4.0	1.7	4.0	1.2	4.0	1.2	4.0	1.1		
		右侧	4.0	-0.4	4.0	-0.4	4.0	-0.4	4.0	-0.4	4.0	-0.5		

续上表

桩号	填挖值	位置	距离(m)	高差(m)	距离(m)	高差(m)	距离(m)	高差(m)	距离(m)	高差(m)	距离(m)	高差(m)	距离(m)	高差(m)
+320	+0.20	左侧	4.0	1.8	4.0	2.0	4.0	1.0	4.0	1.1	4.0	1.9		
		右侧	4.0	-0.1	4.0	-0.1	4.0	-0.1	4.0	-0.1	4.0	-0.1		
+350	-1.27	左侧	4.0	0.1	4.0	0.4	4.0	1.4	4.0	2.0	4.0	2.2		
		右侧	4.0	-0.7	4.0	-0.6	4.0	0.0	4.0	0.0	4.0	0.0		
+400	-0.20	左侧	4.0	1.7	4.0	1.6	4.0	2.7	4.0	2.9	8.0	3.0		
		右侧	4.0	1.7	4.0	1.6	4.0	1.7	4.0	1.6	4.0	1.6		
+450	+2.03	左侧	4.0	-1.7	4.0	-0.3	4.0	-0.3	4.0	0.2				
		右侧	4.0	0.8	4.0	1.4	4.0	1.5	4.0	1.5	4.0	1.4		
(ZH)+452.87	-1.62	左侧	4.0	0.1	4.0	0.4	4.0	1.4	4.0	2.0	4.0	2.2		
		右侧	4.0	-1.3	4.0	-1.1	4.0	0.0	4.0	0.0	4.0	0.0		
+500	+1.13	左侧	4.0	-1.7	4.0	-0.3	4.0	-0.3	4.0	0.2				
		右侧	4.0	0.8	4.0	1.4	4.0	1.5	4.0	1.5	4.0	1.4		
(HY)+552.87	+1.68	左侧	4.0	0.1	4.0	0.4	4.0	1.4	4.0	2.0	4.0	2.2		
		右侧	4.0	-0.6	4.0	-0.6	4.0	-0.4	4.0	0.0	4.0	0.0		

③部分桩号位于平曲线内,其平曲线半径 $R=520\text{m}$,缓和曲线长 100m。

(3)任务:
①在计算图纸上点绘横断面地面线;
②按本模块工作任务一的设计成果,在现有的各桩横断面地面线上绘制设计线。

(4)要求:
①以组为单位,由组长分配任务,各组员独立完成上述任务;
②全组共同讨论,组长负责成果的记录与整理,按任务目标的要求上交《××公路路基横断面设计分析报告》。

三、案例分析

[**案例**] 已知××公路 K2+250 桩号的横断面地面线如图 4-2-6 所示,该桩号的填挖高度 $T=1.62\text{m}$,该桩号处于平曲线的缓和曲线上(左偏),加宽值 $b_{jx}=1.3\text{m}$,路基宽度 $B=12\text{m}$,路基左、中、右超高值分别为 0.02m、0.19m、0.32m,路基一般设计图如图 4-2-7 所示,完成该桩号的横断面设计。

解:(1)在原地面线上绘制路基设计线,绘制时需考虑该桩号的超高与加宽,如图 4-2-8 所示。

(2)根据设计线与地面线所包围的封闭部分,用积距法即可计算出各自的面积,如图 4-2-9 所示。

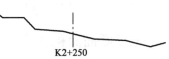

图 4-2-6 某桩号横断面地面线

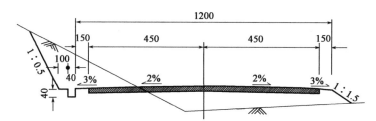

图 4-2-7 ××公路路基一般设计图(尺寸单位:cm)

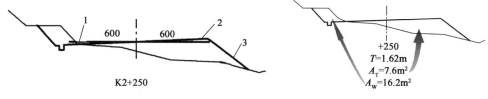

图 4-2-8 横断面设计线绘制流程
1-水平线;2-考虑超高与加宽的倾斜线;3-根据一般横断面设计图绘制的路基边坡线

图 4-2-9 横断面面积计算

工作任务三　路基土石方数量计算及调配

学习目标

1. 通过学习,熟练掌握路基土石方数量的计算与调配方法,能独立完成路基土石方数量表;
2. 熟悉利用积距法、坐标法、几何图形法、混合法等计算路基横断面面积的基本原理与方法;
3. 熟悉路基土石方调配的基本原则。

相关知识

在公路工程项目中,路基土石方数量很大,它是公路工程项目的一项主要指标,直接影响公路建设的造价、工期、用地等。

土石方数量计算与调配的主要任务是计算每公里路段的土石方数量和全线总土石方工程数量,合理调配挖方的利用和填方的来源及运距,为编制工程预(概)算、确定合理的施工方案以及计量支付提供依据。

因自然地面起伏多变,填挖体积一般不是简单的几何体,若按地面的起伏变化来进行土石方数量的计算,不仅繁杂,而且实用意义不大。因此,在公路的测设过程中,土石方的计算通常采用近似方法,计算精度视工程的要求而定。横断面面积以 m^2 为单位,可取小数点后一位;土石方体积以 m^3 为单位,可取至整数。

一、横断面面积计算

路基填挖的横断面面积是指横断面图中地面线与路基设计线所围成的面积,包括填方区域面积与挖方区域面积,计算横断面面积时,填方区域面积与挖方区域面积应分别计算。常用的横断面面积计算方法有积距法、坐标法、几何图形法和混合法。

1. 积距法

积距法的原理是将横断面面积垂直分割成宽度相等的若干条块,因每一条块的宽度相等,所以在计算面积时,只需量取每一条块的平均高度,然后乘宽度,即可得出每一条块的面积,如图4-3-1所示。其计算公式如下:

$$A = \sum_{i=1}^{n} A_i = b \cdot h_1 + b \cdot h_2 + b \cdot h_3 + \cdots + b \cdot h_n = b \sum_{i=1}^{n} h_i \qquad (4\text{-}3\text{-}1)$$

式中:A——横断面面积(m^2);

　　b——横断面所分成的三角形或梯形条块的宽度(m),通常为1m或2m;

　　h_i——横断面所分成的三角形或梯形条块的平均高度(m)。

积距法求面积是在实际操作中转化为量取h_i的累加值,这种操作可使用分规按顺序由左到右连续量取每一条块的平均高度h_i,分规最后的累计高度即为$\sum h_i$,将条块宽度乘累计高度$\sum h_i$即为填或挖的面积,当条块宽度$b=1m$时,$A=\sum h_i$。积距法也可以用厘米格纸折成窄条作为量尺,每量一次h_i就在窄条上做一个标记,从开始到最后标记的累计距离就是$\sum h_i$,然后乘条块宽度b即为所求面积。

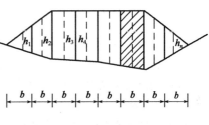

图4-3-1　积距法计算示意图

2. 坐标法

如图4-3-2所示建立坐标系,给定多边形各顶点的坐标,由解析几何可得多边形面积的计算公式如下:

$$A = \frac{1}{2} \sum (x_i y_i - x_{i+1} y_{i+1}) \qquad (4\text{-}3\text{-}2)$$

式中:x_i, y_i——设计线和地面线所围成面积的各折点坐标(m)。

坐标法精度较高,方法较烦琐,适合于使用计算机计算。

3. 几何图形法

当横断面的地面线较规则且横断面面积较大时,可将路基横断面分为几个规则的几何图形,分别计算各图形面积后相加即得到总面积。

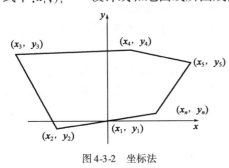

图4-3-2　坐标法

4. 混合法

混合法是积距法与几何图形法的综合,目的是方便求解一个较大的横断面面积,加快计算速度。

二、填挖方体积计算

路基土石方数量的计算,是计算两相邻桩号之间的填方与挖方体积,计算时还须考虑土方与石方。为简化计算,通常把两断面间的实体近似看成棱柱体,如图 4-3-3 所示,其计算的方法可采用平均断面法和棱台法两种。采用平均断面法的计算公式为

$$V = \frac{1}{2}(A_1 + A_2)L \quad (4\text{-}3\text{-}3)$$

式中:V——填挖方体积(m^3);
A_1,A_2——两相邻桩号断面的面积(m^2);
L——两相邻桩号之间的距离(m)。

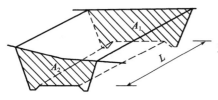

图 4-3-3 填挖方体积计算示意图

采用平均断面法计算简单,是目前常用方法之一,但该法计算结果误差较大,若 A_1 和 A_2 相差较大,可采用棱台法计算。其计算公式为

$$V = \frac{1}{3}(A_1 + A_2)L\left(1 + \frac{\sqrt{m}}{1+m}\right) \quad (4\text{-}3\text{-}4)$$

式中:$m = \dfrac{A_1}{A_2}$,其中 $A_1 > A_2$;

其余符号意义同前。

棱台法的计算精度较高,应尽量采用,特别是采用计算机计算时。

进行路基土石方体积计算时应注意以下几个问题:

(1)填方和挖方的体积应分别计算。

(2)填方或挖方中的土石方也应分别计算,因为其工程造价不同。挖方断面的土石方比例,可根据相邻桩号横断面面积并结合公路外业勘测的相关资料进行估算;当无特殊要求时,填方断面可不作考虑,以简化计算,但当填土或填石相对明确时则应分别考虑,如某路基要求施工时有抛石挤淤,则该部分应为石方。

(3)有些情况下横断面上的某一部分体积可能既是挖方体积,又要算作填方体积,例如遇淤泥既要挖除,又要回填其他材料。

(4)用上述方法计算的土石方体积中,包含了路面体积。若所设计的纵断面有填有挖且基本平衡,则填方断面中多计的路面面积与挖方断面中少计的路面面积相互抵消,其总体积与实施体积相差不大。但若路基是以填方为主或以挖方为主,则在计算断面面积时将路面部分计入,也就是填方要扣除、挖方要增加路面所占的那一部分面积。特别是路面厚度较大时更不能忽略。

(5)计算路基土石方数量时,应扣除大、中桥及隧道所占路线长度的体积;桥头引道的土石方,可视需要全都或部分列入桥梁工程项目中,但应注意不要遗漏或重复;小桥涵所占的体积一般可不扣除。

三、路基土石方的调配

土石方调配的目的是确定填方用土的来源、挖方弃土的去向,以及计价土石方的数量和运量等。通过调配合理地解决各路段土石方平衡与利用问题,使从路堑挖出的土石方,在经济、合理的调运条件下移挖作填,达到填方有所"取"、挖方有所"用"的目的,避免不必要的路外借土和弃土,以减少占用耕地和降低公路造价。

1. 土石方调配原则

(1) 在半填半挖断面中,应首先考虑在本路段内移挖作填进行横向平衡,再作纵向调配,以减少总的运输量。

(2) 土石方调配应考虑桥涵位置对施工运输的影响,一般大沟不作跨越调运,同时尚应注意施工的可能与方便,尽可能避免和减少上坡运土。

(3) 为使调配合理,必须根据地形情况和施工条件,选用适当的运输方式,确定合理的经济运距,用以分析工程用土是调运还是外借。

(4) 土方调配时移挖作填固然要考虑经济运距问题,但这不是唯一的指标,还要综合考虑弃方或借方占地、赔偿青苗损失及对农业生产的影响等。有时移挖作填虽然运距超出一些,运输费用可能稍高一些,但如能少占地、少影响农业生产,整体来说也未必是不经济的。

(5) 不同的土方和石方应根据工程需要分别调配,以保证路基稳定和人工构造物的材料供应。

(6) 位于山坡上的回头曲线路段,要优先考虑上下线的土方竖向调运。

(7) 对于借土和弃土,土方调配应事先同当地有关部门协商,妥善处理。借土应结合地形、农田规划等选择借土地点,并综合考虑借土还田、整地造田等措施。弃土应不占或少占耕地,在可能条件下宜将弃土平整为可耕地,防止乱弃乱堆,以免堵塞河流,损坏农田。

2. 土石方调配方法

土石方调配方法有多种,如累积曲线法、调配图法、土石方计算表调配法等,目前生产上多采用土石方计算表调配法,该法无须绘制累积曲线图与调配图,可直接在土石方计算表上进行调配。其优点是简捷,调配清晰,精度符合要求。土石方计算表也可由计算机自动完成。具体调配步骤如下:

(1) 土石方调配是在土石方数量计算与复核完毕的基础上进行的,调配前应将可能影响运输调配的桥涵位置、陡坡、大沟等标注在表旁,供调配时参考。

(2) 弄清各桩号间路基填挖方情况并作横向平衡,明确利用、填缺与挖余数量。

(3) 在作纵向调配前,应根据施工方法及可能采取的运输方式确定合理的经济运距,供土石方调配时参考。

(4) 根据填缺挖余分布情况,结合路线纵坡和自然条件,本着经济合理和支农的原则,具体拟定调配方案。方法是逐桩逐段地将毗邻路段的挖余调运到填缺内加以利用,并把具体调运方向和数量用箭头在纵向利用调配栏中标明。

(5) 经过纵向调配后,应按下列公式复核检查:

$$横向调运 + 纵向调运 + 借方 = 填方$$
$$横向调运 + 纵向调运 + 弃方 = 挖方$$
$$挖方 + 借方 = 填方 + 弃方$$

以上检查是逐页进行复核的,如有跨页调配,需将其数量考虑在内,通过复核可以发现调配与计算过程有无错误。经核正无误后,即可分别计价土石方数量、运量和运距等,为编制施工预算提供土石方工程数量。

3. 土石方计算与调配的几个问题

1) 免费运距、平均运距和经济运距

土方作业包括挖、装、运、卸四道工序,在某一特定距离内,只按挖方数量计价而不另计运费,这一特定距离称为免费运距。显然,施工方法不同,其免费运距也不同。例如,人工作业时,人工运输的免费运距为20m,轻轨运输的免费运距为50m;机械作业时,推土机的免费运距为20m,铲运机的免费运距为100m等。各种作业的免费运距,可由《公路工程预算定额》(JTG/T 3832—2018)和《公路工程概算定额》(JTG/T 3831—2018)(以下分别简称《预算定额》和《概算定额》)查得。

土石方调配时,从挖方体积重心到填方体积重心的距离称为平均运距。为简化设计计算,通常平均运距以挖方路段中心至填方路段中心的距离计。当平均运距小于或等于免费运距时,可不另计运费;当平均运距大于免费运距时,超出的运距称为超运运距,超运运距按运输方式不同有不同的计算单位,如人工运输以每超运10m为单位,铲运机以每超运50m为单位等,各种运输方式的超运运距单位,可从《预算定额》和《概算定额》中查得。

填方用土的来源,一种是从路堑挖方纵向调运,另一种是就近路外借土。一般情况下,利用挖方纵向调运来填筑较近的路堤是比较经济的;但如果调运的距离较长,以至运费(上述超运运距的另加运费)超过了在路堤就近借土所需的费用时,这种移挖作填就不如在附近借土经济。因此,采用"调"或"借"在经济上有个运距限度问题,这个限度距离称为经济运距,可用下式求得

$$L_{经} = \frac{B}{T} + L_{免} \qquad (4\text{-}3\text{-}5)$$

式中:$L_{经}$——经济运距(m);

B——借方单价(元/m³);

T——超运运费单价[元/(m³·m)];

$L_{免}$——免费运距(m)。

当调运距离小于或等于经济运距时,采用"调"是经济的;若调运距离超过经济运距,则应考虑就近借土。

《预算定额》中规定土石方的运距计算为:以人工运输为例,第一个20m为免费运距,如不足20m亦按20m计算;此后每增加10m为一个超运运距单位,尾数不满5m者不计,满5m者按10m计。其他可依次类推。

2) 运量

土石方运量等于平均运距与所运土石方数量的乘积。土石方调配时,超运运距的运土方另加计运费,故运量应按平均超运运距计。

在工程定额中,人工运输的平均超运运距,按每10m为一超运运距单位,即10m为一级,20m为二级,其余依次类推。于是得

$$W = Qn \qquad (4\text{-}3\text{-}6)$$

式中:W——运量(m³·单位);

Q——调配土石方数量(m³);

n——平均超运运距"单位",可按式(4-3-7)计算:

$$n = \frac{L - L_{免}}{N} \tag{4-3-7}$$

式中:N——超运运距单位(m),如人工运输为10m,轻轨运输为50m等;

L——平均运距(m);

其余符号意义同前。

3)计价土石方数量

在土石方数量中,所有的挖方数量均应予以计价,但填方则按土方的来源决定是否计价,若是路外就近借土就应计价,若是移挖作填的纵向调配则不应计价,否则就形成了双重计价(路堑挖方已计,填方再计)。因而计价土石方数量为

$$V_{计} = V_{挖} + V_{借} \tag{4-3-8}$$

式中:$V_{计}$——计价土石方数量(m^3);

$V_{挖}$——挖方数量(m^3);

$V_{借}$——借方数量(m^3)。

 任务实施

一、任务实施流程

本工作任务可按以下脉络开展实践与交流:

(1)任务解读(以小组为单位,共同解读教师所布置的实践任务,根据所给任务,进行路基填方与挖方数量计算);

(2)实践任务(公路路基土石方数量计算与调配)分解与分工;

(3)学生讨论;

(4)课后思考与总结;

(5)课程实训:公路路基土石方数量计算分析实训,完成"学习任务实施"部分的相关任务;

(6)上交成果:《××公路路基土石方数量计算报告》;

(7)学生自测与自评;

(8)组长对组员进行考核。

二、学习任务实施

(1)任务名称:公路路基土石方数量计算分析。

(2)基本资料:同本模块工作任务二中对应的基本资料及相应的计算成果。

(3)任务:完成路基土石方数量计算与调配。

(4)要求:

①根据班级人数分成若干组,一般5~6人/组;

②以组为单位,组长分配任务,各组员独立完成上述任务;

③全组共同完成上述任务,组长负责成果的检查与整理,按任务目标的要求上交《××公路路基土石方数量计算报告》。

三、案例分析

[**案例**] 如表 4-3-1 所示,已知路基各横断面所提供的挖方与填方面积,完成此表的路基土石方填、挖方数量。

路基填、挖方数量表　　　　　　　　　　　　　　表 4-3-1

桩 号	横断面面积(m²)		距离(m)	挖方数量(m³)	填方数量(m³)
	挖方	填方			
1	2	3	4	5	6
K0+000	5	3.2	—	—	—
K0+020	7.3	0			
K0+040	13.5	0			
K0+060	13.3	0			
K0+064	6.2	0			
K0+080	5.4	0.1			
K0+100	7.3	2			
K0+120	7	3.6			

解:根据以下计算公式进行计算,所得结果如表 4-3-2 所示。

①距离:第 1 列中相邻两桩号之差。

②挖方数量:

$$挖方数量 = 相邻两桩号挖方横断面面积的平均值 \times 第 4 列$$

③填方数量:

$$填方数量 = 相邻两桩号填方横断面面积的平均值 \times 第 4 列$$

路基填、挖方数量计算结果　　　　　　　　　　表 4-3-2

桩 号	横断面面积(m²)		距离(m)	挖方数量(m³)	填方数量(m³)
	挖方	填方			
1	2	3	4	5	6
K0+000	5	3.2	—	—	—
K0+020	7.3	0	20	123	32
K0+040	13.5	0	20	208	0
K0+060	13.3	0	20	268	0
K0+064	6.2	0	4	39	0
K0+080	5.4	0.1	16	92.8	0.8
K0+100	7.3	2	20	127	21
K0+120	7	3.6	20	143	56

工作任务四 路基横断面成果编制

 学习目标

1. 通过学习,熟悉并掌握路基横断面设计成果的编制程序;
2. 熟悉公路路基横断面设计图的主要内容构成;
3. 能独立编制公路路基土石方数量计算表。

 相关知识

路基横断面设计成果包括路基横断面设计图和路基土石方数量计算表。

一、路基横断面设计图

进行路基横断面设计时,其横断面图由路基标准横断面图(图 4-1-10)、路基典型横断面图(也称路基一般设计图,如图 4-1-11 所示)、路基横断面设计图组成,图 4-2-9 所示的形式为路基横断面图,图上所需的各桩号横断面地面线可以在外业实测后直接绘制在图纸上,也可按实测记录到室内绘制在图纸上。在图纸上绘制横断面地面线时,必须从图纸的左下方开始,按顺序逐个桩号向图纸上方排列,换列时仍然由下向上排列,直至图纸的右上方为本页图纸的最后一个桩号的横断面地面线。

路基横断面设计图比例尺一般采用 1:200,每页图纸的右上角应标明横断面图的总页数和本页图纸的编码数,在横断面图上要标注桩号、填(挖)高度、填(挖)面积、边坡坡度,在有超高、加宽的断面还要标明其相应数值。

二、路基土石方数量计算表

路基土石方数量和运量是统计路基工程量的主要内容,工程数量计算的正确性会影响整个工程造价,故应正确计算和周密调配。因此,在填表和计算时要注意每栏之间的关系,做到填表、计算、复核三个环节相统一,以保证数据的准确性。

路基土石方数量计算表目前在各省份虽有图例规定,但仍未统一,其原理基本相同,如表 4-4-1 所示。另外,由于目前大多采用招标承包工程,土石方调配时应尽量科学合理地处理各标段交接点的调配。

 任务实施

一、任务实施流程

本工作任务可按以下脉络开展实践与交流:

表 4-4-1

路基土石方数量计算表

桩号	横断面面积(m^2) 挖方	横断面面积(m^2) 填方	距离(m)	总数量	挖方分类及数量(m^3) 土 I %	挖方分类及数量(m^3) 土 I 数量	挖方分类及数量(m^3) 土 II %	挖方分类及数量(m^3) 土 II 数量	挖方分类及数量(m^3) 土 III %	挖方分类及数量(m^3) 土 III 数量	挖方分类及数量(m^3) 石 IV %	挖方分类及数量(m^3) 石 IV 数量	挖方分类及数量(m^3) 石 V %	挖方分类及数量(m^3) 石 V 数量	挖方分类及数量(m^3) 石 VI %	挖方分类及数量(m^3) 石 VI 数量	填方数量(m^3) 总数量	填方数量(m^3) 土	填方数量(m^3) 石	本桩利用 土	本桩利用 石	利用方数量及调配(m^3) 填缺 土	利用方数量及调配(m^3) 填缺 石	利用方数量及调配(m^3) 挖余 土	利用方数量及调配(m^3) 挖余 石	远运利用及纵向调配示意(m^3)	备注
1	2	3	4	5	6	7	8	9	10	11	12	13	14	15	16	17	18	19	20	21	22	23	24	25	26	27	28
K0+000	2.24	24.08																									
K0+011.608	0.00	33.13	11.61	13.0					100	13.0							332.1	332.1		13.0		372.2					
K0+020	0.37	37.24	8.39	1.5					100	1.5							295.3	295.3		1.5		341.0					
K0+040	0.72	37.73	20.00	10.9					100	10.9							749.7	749.7		10.9		858.8					
K0+060	0.00	44.98	20.00	7.2					100	7.2							827.2	827.1		7.2		952.3					
K0+080	0.00	53.97	20.00						100								989.6	989.6				1147.9					
K0+100	0.00	65.11	20.00						100								1190.8	1190.8				1381.4					
K0+120	0.00	76.94	20.00						100								1420.4	1420.4				1647.7					
K0+131.608	0.00	80.58	11.61						100								914.2	914.2				1060.5					
K0+140	0.00	81.74	8.39						100								681.1	681.1				790.1					
K0+160	0.00	106.45	20.00						100								1881.8	1881.8				2182.3					
K0+180	0.00	120.92	20.00						100								2273.7	2273.7				2637.5					
K0+200	0.00	137.39	20.00						100								2583.1	2583.1				2996.4					
K0+209.576	0.00	145.18	9.58					100									1352.9	1352.9				1569.4					
K0+220	0.00	150.66	10.42					100									1541.9	1541.9				1788.7					
K0+235	0.00	162.85	15.00					100									2351.3	2351.3				2727.5					
K0+240	0.00	207.70	5.00					100									926.4	926.4				1074.6					
K0+260	0.00	175.02	20.00					100									3827.2	3827.2				4439.5					
K0+280	0.00	184.75	20.00					100									3597.7	3597.7				4173.3					
K0+287.543	0.00	180.55	7.54					100									1377.7	1377.7				1598.2					
K0+300	0.00	179.17	12.46					100									2240.5	2240.5				2599.0					
K0+320	0.00	177.37	20.00					100									3565.4	3565.4				4135.9					
K0+340	0.00	172.10	20.00					100									3494.7	2116.9	1377.8			2455.6	1267.6				
K0+360	0.00	162.60	20.00					100									3347.0	2597.2	749.7			3012.8	689.8				
K0+380	0.00	146.20	20.00					100									3088.1	3088.1				3582.1					
K0+400	4.88	102.33	20.00	48.8			100	48.8									2485.4	2485.4		48.8		2834.2					
K0+407.543	10.96	94.93	7.54	59.8			100	59.8									744.0	744.0		59.8		803.2					
小计				141.2				108.6		32.6							48079.1	45951	2127.5	141.2		53163	1957.3				

借方（从取土坑 K1+940）±37740.1(1941m)

远运利用：
±11733.4(309m)
在 1957.3(441m)

±2424.5(766m)（从 K0+440 接顺入）
±358.2(1186m)（从 K1+000 接顺入）
±484（从 K1+484 接顺入）
±2405.3(1257m)（从 K1+553 接顺入）

编制：　　　　　　　　　　　　　　　复核：

(1)任务解读(以小组为单位,共同解读教师所布置的实践任务,包括任务的目的、内容与要求,根据所给任务,对全路段的填、挖方数量,利用方数量,借、弃方数量与调配情况等进行分析);

(2)实践任务(公路路基横断面成果编制)分解与分工;

(3)学生讨论;

(4)课后思考与总结;

(5)课程实训:公路路基横断面成果编制实训,完成"学习任务实施"部分的相关任务;

(6)上交成果:《××公路路基横断面成果编制报告》;

(7)学生自测与自评;

(8)组长对组员进行考核。

二、学习任务实施

(1)任务名称:公路路基横断面成果编制。

(2)基本资料:本模块前三项工作任务中布置的相关资料。

(3)任务:

①汇总本模块前三项工作任务的成果,包括路基标准横断面图、路基一般设计图、路基横断面设计图、路基土石方数量计算表,并检查成果的准确性与合理性;

②编制横断面设计说明书。

(4)要求:

①根据班级人数分成若干组,一般 5~6 人/组;

②以组为单位,组长分配任务,各组员独立完成上述任务;

③全组共同完成上述任务,组长负责成果的记录与整理,按任务目标的要求上交《××公路路基横断面成果编制报告》。

三、案例分析

[案例] 已知某公路横断面以桩号 K0+000~K0+407.543 制成路基土石方数量计算表(表4-4-1),分析计算表列 4~28。

解:以 K0+000~K0+011.608 为例。

①列 4 距离为两桩号差,即 11.61m(保留小数后两位);

②列 5 为挖方总数量:$(2.24+0) \times 11.61 \div 2 = 13.0 (m^3)$;

③列 6~17 为挖土方(Ⅰ、Ⅱ、Ⅲ类)或挖石方(Ⅳ、Ⅴ、Ⅵ类)的数量组成比例分配,本例为Ⅲ类挖土方 100% 的比例(即 $13.0m^3$);

④列 18 为填方总数量:$(24.08+33.13) \times 11.61 \div 2 = 332.1(m^3)$;

⑤列 19~20 为填土方、填石方要求,本例均为填土方(即 $332.1m^3$);

⑥列 21~22 为本桩利用土方、石方,因列 10~11 反映出本桩为Ⅲ类挖土方 100% 的比例,故填入列 21(即 $13.0m^3$);

⑦列 23~24 为填缺方,本例为土方利用了 $13.0m^3$,经本桩利用后,填缺方为需填土方扣

去利用土方,因列 18 需填入压实数量土方,要将列 18 的值乘松土系数(本例根据填土情况取 1.16),得到天然填筑土方[332.1×1.16-13.0=372.2(m^3)];

⑧列 25~26 为挖余方,本例中挖方全部利用,无挖余方,同时也无弃方产生;

⑨列 27 为远运利用及纵向调配,因附近桩号处无挖余方,故需借方(公路路基附近设取土坑处取土),如附近桩号有挖余方可作纵向调配,调配原则见本模块工作任务三的相关知识;

⑩列 28 为备注,填写与桩号相关的其他补充内容,本例无补充内容,无须填写。

(1)什么是路基标准横断面?什么是路基典型横断面?

(2)简述路基标准横断面的组成。

(3)简述公路用地范围与建筑限界。

(4)简述横断面设计的基本要求。

(5)简述横断面设计的主要内容。

(6)简述绘制横断面图的步骤。

(7)简述路基横断面设计的成果。

(8)路基土石方计算和调配时,怎样进行核算?

(9)简述路基土石方数量计算表的计算方法。

(10)某二级公路,设计速度为 80km/h,路基宽度为 12m,行车道为 2×4.5m,路拱坡度为 2%,路肩坡度为 3%,中心线高程为 28.234m,试求该公路路面边缘的高程与路肩边缘的高程。

(11)某路段中心桩号分别为 K1+253 和 K1+300,计算出横断面面积分别为 $A_{T1}=38.2m^2$,$A_{W1}=12.1m^2$ 和 $A_{T2}=3.2m^2$,$A_{W2}=47.5m^2$。求此路段的土石方数量。

模块五 MODULE FIVE

公路交叉口设计

工作任务一 公路与公路平面交叉认知

 学习目标

1. 通过学习,熟练掌握公路平面交叉的勘测要点及相关要求;
2. 熟悉公路平面交叉设计的要求与内容;
3. 能独立进行平面交叉的交通分析,熟悉平面交叉设计的一般原则;
4. 熟悉平面交叉的形式及选择方式、平面交叉立面设计模式及设计方法。

 相关知识

公路路线交叉是公路的重要组成部分,是公路交通的"咽喉"。交叉按相交路线的高度不同,可分为平面交叉和立体交叉。当两条公路(或公路与铁路等道路)在同一平面上相交时,称为平面交叉,如图 5-1-1a)所示;当两条公路在不同高度相交时,称为立体交叉,如图 5-1-1b)所示。

a)平面交叉　　　　　　　　　　　　　　b)立体交叉

图 5-1-1　公路交叉

一、平面交叉设计的内容与要求

公路与公路交叉时,交叉范围内的各种车辆和行人都要在交叉处汇集、通过或转换方向。它们之间的相互干扰,会使行车速度降低,阻滞交通,延误通行时间,同时平面交叉是交通事故高发地段,据不完全统计,平面交叉交通事故占总交通事故的 58.9%(图 5-1-2)。因此,如何设计平面交叉,合理组织交通,提高平面交叉的通行能力,对于避免交通阻塞及减少交通事故,具有十分重要的意义。

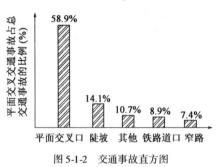

图 5-1-2　交通事故直方图

平面交叉设计的主要内容:
(1)合理选择平面交叉形式与平面布置,并确定各组成部分的几何尺寸。
(2)进行平面交叉交通组织,合理布置各种交通设施。
(3)保证平面交叉视距,满足安全通行条件。
(4)进行平面交叉立面设计,合理布置各种排水设施。

平面交叉设计应满足两个基本要求:一是保证车辆和行人能以最短的时间安全通过交叉口,使平面交叉的通行能力能适应各条公路的行车要求;二是正确设计平面交叉的立面,即通过合理设计,保证转弯车辆的行车稳定,同时符合排水要求。

二、平面交叉的交通分析

在公路平面交叉范围内,来自不同方向的车辆驶入平面交叉,通过各自不同的方式或直行、或左转、或右转驶出交叉,从而形成了多路不同方向的交通流。通过分析,各交通流之间存在不同的交叉方式。

同一方向行驶的车辆往不同方向分开行驶的地点称为分岔点;来自不同方向的车辆以较小的角度向同一方向汇合的地点称为交织点;来自不同方向的车辆以较大的角度相互交叉的地点称为冲突点。此三类点的存在可能会导致车辆相互尾撞、挤撞或碰撞,是影响平面交叉行车安全、行车速度和通行能力的主要原因,统称危险点。冲突点对行车干扰与交通安全影响最大,其次是交织点,再次是分岔点。所以在平面交叉设计中,交通组织的关键是如何减少或消除冲突点。

平面交叉危险点的数量与平面交叉的岔道数有关。当无交通管制(交通指挥或信号灯)时,平面交叉各类危险点数量见表 5-1-1,平面交叉危险点分布情况如图 5-1-3 所示。

平面交叉各类危险点数量表　　　　　表 5-1-1

平面交叉类型	危险点数量(个)			
	冲突点	交织点	分岔点	合计
三路交叉	3	3	3	9
四路交叉	16	8	8	32
五路交叉	50	15	15	80

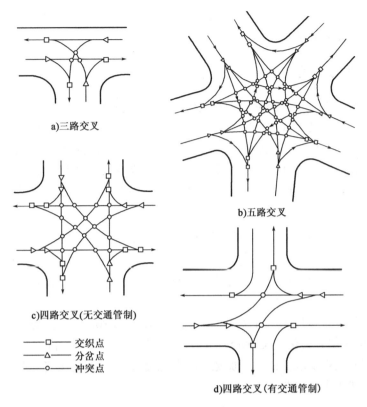

图 5-1-3 平面交叉危险点

从表 5-1-1 可以看出：

(1) 当平面交叉无交通管制时，其危险点数量随岔道条数的增加而急剧增大，特别是冲突点，其数量随岔道条数的增加呈级数增大。

因此，在平面交叉设计中，尽可能减少交叉道路的条数，其数量以不超过 5 条为宜。

(2) 产生冲突点最多的是左转弯车辆。在四路交叉中，若无左转弯车辆，则冲突点的个数由原来的 16 个减少至 4 个。若为五路交叉，冲突点则可以从 50 个减少至 5 个。因此，在平面交叉设计中如何正确处理和组织左转弯车辆，是保证平面交叉交通通畅和行车安全的关键。

减少或消除冲突点可以采取以下措施：

(1) 建立交通管制：在平面交叉处设置信号灯或由交警指挥，使直行车辆和左转弯车辆在通行时间上错开。如图 5-1-3c)、d)所示，四路交叉在有交通管制后，冲突点个数可由 16 个减少至 2 个。

(2) 采用渠化交通：如图 5-1-4 所示，在平面交叉合理布置交通岛、交通标志和标线，或增设车道等，引导各方向车流沿一定方向行进，减少车辆之间的相互干扰，使车流像水流一样被渠化分流。

图 5-1-4 渠化交通

(3)采用立体交叉:如图 5-1-1b)所示,将相互冲突的车流从空间上分开,使其互不干扰。这是解决平面交叉交通问题最彻底、最有效的方法。

三、平面交叉的形式

平面交叉的形式取决于公路网规划和周围的地形、地物情况,以及交通量、交通性质和交通组织。常用的平面交叉形式有十字形、T形,及其演变而来的X形、Y形、错位、多路交叉等。这些交叉在平面上的几何图形,取决于规划公路网和临街建筑的形状。在具体设计时,常因交通量、交通性质以及交通组织的不同,把平面交叉设计成各具交通特点的形式,一般可分为加铺转角式[图 5-1-5a)、d)]、加宽路口式[图 5-1-5b)、c)、e)]、分道转弯式(图 5-1-6)和环形交叉(图 5-1-7)。

1. 非渠化交叉(包括非加宽式非渠化交叉与加宽式非渠化交叉)

如图 5-1-5 所示,在平面交叉转弯处,以圆曲线构成加宽来连接交叉公路的路基和路面或仅在平面交叉处增设转弯车道的形式称为非渠化交叉。此类交叉形式简单,占地少,造价低,设计方便;但行车速度低,通行能力小。

当主要公路的设计速度不大于 60km/h,或设计速度为 80km/h,但交通量较小,次要公路为县乡公路时,可采用非渠化交叉(图 5-1-5)。对于非渠化交叉,设计时主要满足合适的转角曲线半径和足够的视距要求。而对于加宽式非渠化交叉,设计时主要考虑拓宽的车道数,同时也要满足视距和转弯半径的要求。

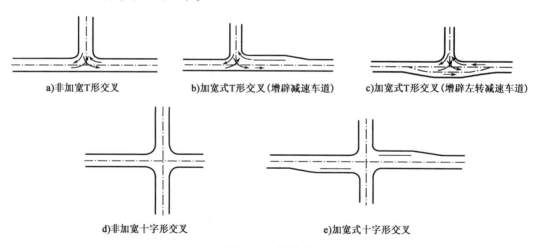

图 5-1-5 非渠化交叉

2. 渠化交叉

通过在路面上设置导流岛,划分车道,设分隔岛、分隔带或交通岛等措施来限制车流的行车路线,使不同车型、速度和行驶方向的车辆,沿着指定方向通过平面交叉的形式称为渠化交叉,如图 5-1-6 所示。渠化交叉适用于交通量大、车速较高、转弯车辆较多的二级、三级、四级公路,以及四车道及以上公路交叉。设计时主要解决分道转弯半径的问题,同时保证足够的视距和满足导流岛端部半径的要求。

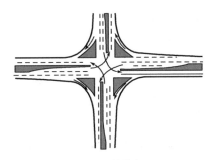

图 5-1-6 渠化交叉

3. 环形交叉

在平面交叉中央设置中心岛,用环道组织渠化交通,使所有车辆进入环道后均按逆时针方向绕岛单向行驶,直至所要去的路口离岛驶出的平面交叉称为环形交叉,如图 5-1-7 所示。环形交叉的优点是各种车辆可以连续不断地单向运行,没有停滞,减少了车辆在平面交叉的延误时间,环道上的行车只有交织或分流,消除了冲突点,提高了行车安全性;交通组织简便,不需信号管制;对多路交叉和畸形交叉,用环形交叉更为有效。

 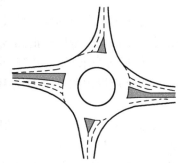

图 5-1-7 "入口让路"环形交叉

环形交叉的缺点是占地面积大,增加了车辆的绕行距离,特别是左转弯车辆,其工程造价相对高于其他形式的平面交叉。

因此,环形交叉适用于交通量适中,经过验算后出、入口的距离能满足交织长度的要求,或按"入口让路"规则(非交织原理)设计能满足交通量需要的 3~5 岔的交叉。"入口让路"环形交叉适用于一条四车道公路和一条双车道公路相交的交叉,以及两条高峰小时交通量不明显的四车道公路相交的交叉。

四、公路与公路平面交叉的一般规定

由前面分析可知,交叉口的设置将直接影响公路的通行能力与行车安全,在设置时应根据相交公路的功能、技术等级、区域路网的现状和规划,以及交叉口处的地形条件等因素综合考虑。

《规范》要求,一级公路、二级公路、三级公路、四级公路之间相互交叉时,平面交叉设置应符合表 5-1-2 的规定。

平面交叉的设置要求　　　　　　　　　表 5-1-2

被交叉公路	公路主线				
	一级公路（干线）	一级公路（集散）	二级公路（干线）	二级公路（集散）	三级、四级公路
一级公路（干线）	严格限制	—	—	—	—
一级公路（集散）	严格限制	限制	—	—	—
二级公路（干线）	严格限制	限制	限制	—	—
二级公路（集散）	严格限制	限制	限制	允许	—
三级、四级公路	严格限制	限制	限制	允许	允许

1. 平面交叉设计应遵循的原则

（1）平面交叉位置的选择应综合考虑公路网现状和规划，地形、地物和地质条件，经济与环境等因素，宜选择在地形平坦、视野开阔处。

（2）平面交叉选型应综合考虑相交公路功能、技术等级、交通量、交通管理方式、用地条件和工程造价等因素，选用主要公路或主要交通流畅通、冲突点少、冲突区小的形式。

（3）平面交叉几何设计应结合交通管理方式并考虑相关设施的布置。

（4）平面交叉范围内相交公路线形的技术指标应能满足视距的要求。

（5）相交公路在平面交叉范围内的路段宜采用直线；当采用曲线时，其半径宜大于不设超高的圆曲线半径。纵面应力求平缓，并符合视觉所需的最小竖曲线半径值要求。

（6）平面交叉设计应以预测交通量为基本依据。设计所采用的交通量应为设计小时交通量。

（7）平面交叉处行人穿越岔路口处应根据行人流量、公路技术等级和交通管理方式等设置人行横道、人行天桥或人行通道。

（8）平面交叉的几何设计应与标志、标线和信号设施一并考虑，统筹布设。视距不良的小型平面交叉，可根据具体情况设置反光镜。

（9）平面交叉改建时，除应收集交通量以外，还应调查交通延误以及交通事故的数量、程度、原因等现有交叉的使用状况。

（10）平面交叉设计应满足相交公路对应设计车辆的通行要求。有特殊通行需求时，应根据实际通行车型，对平面交叉口的通行条件进行检验。

2. 平面交叉的设计速度

（1）平面交叉范围内主要公路的设计速度，宜与路段设计速度相同。

（2）两相交公路的功能、技术等级相同或交通量相近时，平面交叉范围内直行车道的设计速度可适当降低，但不应低于路段的 70%。

（3）次要公路因交角等原因改线，或因条件受限采用较低的线形指标时，可适当降低设计速度。

（4）转弯车道的设计速度应根据路段设计速度、交通量、交叉类型、交通管理方式和用地情况等因素综合确定。

3. 平面交叉的间距

(1) 平面交叉的间距应根据公路功能、技术等级,及其对行车安全、通行能力和交通延误的影响确定。

(2) 一级公路、二级公路作为干线公路时,应优先保证干线公路的畅通,采取排除纵、横向干扰的措施,平面交叉应保持足够大的间距,必要时可设置立体交叉。

(3) 一级公路、二级公路作为集散公路时,应合理设置平面交叉,通过支路合并等措施,减少平面交叉的数量。

(4) 一级公路、二级公路的平面交叉最小间距应符合表 5-1-3 的规定。

平面交叉最小间距 表 5-1-3

公路技术等级	一级公路			二级公路	
公路功能	干线公路		集散公路	干线公路	集散公路
	一般值	最小值			
间距(m)	2000	1000	500	500	300

4. 平面交叉的交角与岔数

(1) 平面交叉的交角宜为直角。斜交时,其锐角应不小于 70°;受地形条件或其他特殊情况限制时,应大于 45°。

(2) 平面交叉的岔数不应多于四条;岔数多于四条时应采用环形交叉。

(3) 环形交叉的岔数不宜多于五条,有条件实行"入口让路"规则管理时,应采用"入口让路"环形交叉。

(4) 新建公路不应直接与已建的四岔或四岔以上的平面交叉相连接。

5. 渠化设计

二级及二级以上公路的平面交叉必须进行渠化设计;三级公路的平面交叉应进行渠化设计;四级公路的平面交叉宜进行渠化设计。渠化设计应根据交叉形式、交通管理方式以及转向交通量、设计速度等因素,采用加铺转角、加宽路口、分道转弯和交通岛等方式。

五、平面交叉的勘测设计要点

1. 勘测要点

(1) 搜集原有公路等级、交通量、交通性质、交通组成、交通流向等资料和远景规划方案。

(2) 根据地形和其他自然条件以及掌握的其他资料,按照有关规定,拟定平面交叉形式。

(3) 选定交叉位置和确定交叉点,使各相交路线在平、纵、横三方面都有良好的衔接,通常平面交叉设在原有公路的中心线上或中心线的延长线上。

(4) 观测交叉角,进行中线、纵断面和横断面测量。

(5) 若地形复杂,为合理选择平面交叉的位置和形式,应详测平面交叉处的地形图。测图比例可采用 1:200 ~ 1:500,当范围较大时,也可采用 1:1000。

2. 设计要点

(1) 平面交叉范围内两相交公路应正交或接近正交,平面线形宜为直线或大半径圆曲线,不宜采用需设超高的圆曲线。新建公路与等级较低的既有公路交角小于70°时,应对次要公路在交叉前后一定范围实施局部改线。

(2)平面交叉范围内,两相交公路的纵面应尽量平缓。纵面线形应满足停车视距的要求。主要公路在交叉范围内的纵坡应在0.15%~3%范围内;次要公路紧接交叉的引道部分应以0.5%~2.0%的上坡通往交叉,而且此坡段距主要公路的路缘至少25m,如图5-1-8所示。

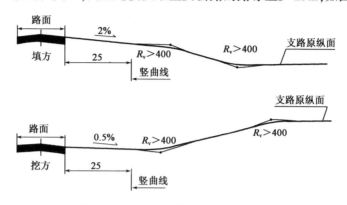

图5-1-8　次要公路引道纵坡(尺寸单位:m)

(3)主要公路在交叉范围内的圆曲线设置超高时,次要公路的纵坡应服从主要公路的横坡。若次要公路在交叉前后相当长的范围内纵坡的趋势与主要公路的横坡相反,则次要公路在引道的一定范围内应设置S形竖曲线,如图5-1-9所示。

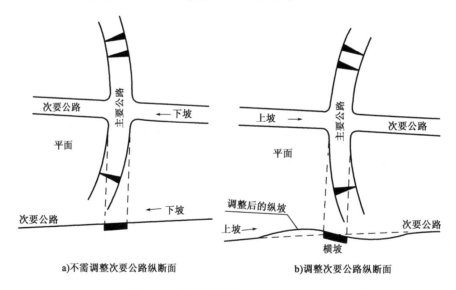

图5-1-9　次要公路在交叉前后的纵坡调整

(4)每条岔路和转弯车道上都应提供与行驶速度相适应的引道视距。引道视距在数值上等于停车视距,但量取标准为:视点高1.2m,物高0m。各种设计速度所对应的引道视距及凸形竖曲线的最小半径应符合表5-1-4的规定。

(5)两相交公路间,由各自停车视距所组成的三角区内不得存在任何有碍通视的物体,如

图 5-1-10 所示。条件受限制不能保证由停车视距所构成的通视三角区时,应保证由主要公路的安全交叉停车视距和次要公路至主要公路边车道中心线 5~7m 所组成的通视三角区,如图 5-1-11 所示。安全交叉停车视距值应符合表 5-1-5 的要求。

引道视距及相应的凸形竖曲线最小半径   表 5-1-4

设计速度(km/h)	100	80	60	40	30	20
引道视距(m)	160	110	75	40	30	20
引道凸形竖曲线最小半径(m)	10700	5100	2400	700	400	200

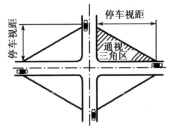

图 5-1-10 通视三角区

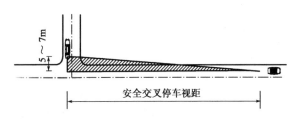

图 5-1-11 安全交叉停车视距通视三角区

安全交叉停车视距   表 5-1-5

设计速度(km/h)	100	80	60	40	30	20
停车视距(m)	160	110	75	40	30	20
安全交叉停车视距(m)	250	175	115	70	55	35

(6)平面交叉转弯曲线的线形及路幅宽度应根据设计车辆的转弯行迹确定。

(7)转弯曲线所采用的设计车辆及设计速度应符合下列规定:

①各级公路应根据对应设计车辆的行迹进行转弯设计,必要时应对弯道的路面加宽、转向净空等进行检验。

②左转弯曲线应采用载重汽车的行迹控制设计,转弯设计速度宜采用 5~15km/h。大型车比例很少或条件受限的公路,可采用 5km/h 速度时载重汽车的行迹控制设计,但左转弯内缘曲线的最小半径不应小于 12.5m。

③设置分隔的右转弯车道时,其转弯设计速度不宜大于 40km/h;当主要公路设计速度小于或等于 60km/h 时,其右转弯设计速度不宜低于设计速度的 50%。公路技术等级低、交通量不大时,可不设右转弯专用行车道。

(8)载重汽车在各种转弯速度情况下,路面内缘的最小圆曲线半径应根据转弯速度按表 5-1-6 取用。

路面内缘的最小半径   表 5-1-6

转弯速度(km/h)	≤15	20	25	30	40	50	60	70
最小半径(m)	15	20(15)	25(20)	30	45	60	75	90
最小超高(%)	2	2	2	2	3	4	5	6
最大超高(%)				一般值:6,极限值:8				

注:条件受限制时可采用括号内的值。

(9)转弯路面边缘线形应符合车辆转弯时的行迹。简单的非渠化平面交叉中,在半挂车比例很小(≤10%)的情况下,可在相交路面边缘设置半径为15m的圆曲线或在圆弧两端设缓和曲线。当以铰接列车设计时,相交路面的边缘应采用图5-1-12所示的复曲线。渠化平面交叉的右转弯车道,其内侧路面边缘应采用三心圆复曲线;左转弯内侧路面边缘以一单圆曲线来控制分隔岛端的边缘线。

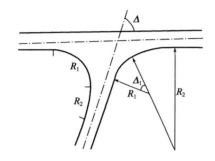

Δ	R_1(m)	R_2(m)	$Δ_1$
70°~74°	18	80	53°30′~58°50′
75°~84°	17	80	58°55′~68°00′
85°~91°	16	80	69°00′~75°00′
92°~99°	15	80	76°00′~83°00′
100°~110°	14	90	84°00′~95°00′

图 5-1-12 路面边缘的复曲线

注:路面边缘的缘石半径 R_1、R_2 取值可参照图中右表进行。

(10)平面交叉中转弯车道的加宽值可采用单车道加宽值,转弯车道或加铺转角部分可采用较小的超高横坡度。形式简单或规模较小的平面交叉在特殊困难情况下若能保证排水良好,可不超高。加宽与超高过渡方式应与公路平曲线加宽与超高过渡方式一致。

(11)平面交叉处的排水设计是一项重要内容。设计时应绘制排水系统图,并注明流向和坡度等。在公路用地范围内所降的雨水等由路基和路面排除;公路用地范围外的地面水不允许流入交叉处的路面范围。当平面交叉位于设计速度≥60km/h 的公路上或平面交叉的立面设计比较复杂时,宜绘制等高距为 0.05~0.10m 的路面等高线图,以检查路面排水效果。

(12)公路平面交叉设计时要充分考虑附加车道的设计,平面交叉的附加车道主要包括右转弯附加车道、左转弯附加车道和变速车道三种。

右转弯附加车道(图5-1-13)设计应符合下列规定:

①主要公路设计速度大于或等于60km/h时,应在主要公路上增设减速分流车道和加速汇流车道。

②两条一级公路相交或一级公路与交通量大的二级公路相交时,其右转弯运行应设置经渠化分隔的右转弯车道。

③一级公路、二级公路的平面交叉中,符合下列情况之一时应设置右转弯车道:

a.斜交角接近于70°的锐角象限;

b.交通量较大,右转弯交通会引起不合理的交通延误;

c.右转弯车流中大型车比例较大;

d.右转弯车行驶速度大于30km/h;

e.互通式立体交叉连接线中的平面交叉右转弯交通量较大。

图 5-1-13　渠化分隔的右转弯附加车道设置

左转弯车道设计应符合下列规定：

①四车道公路除左转交通量很小且对直行交通不造成阻碍或延误者外，均应在平面交叉范围内设置左转弯车道。

②二级公路符合下列情况之一时，应设置左转弯车道：

a. 与高速公路或一级公路互通式立体交叉连接线相交的平面交叉；

b. 非机动车较多且未设置慢车道的平面交叉；

c. 左转弯交通会引起交通拥堵或交通事故。

③左转弯车道应由渐变段、减速段和等候段组成。左转弯等候段长度应不小于30m。当左转弯交通量很小时，可不考虑等候长度。

变速车道设计需要考虑公路类别、设计速度、变速车道长度、变速车道渐变段长度等相关要求。设计时可参考表 5-1-7 合理确定。

平面交叉的变速车道与渐变段长度一览表　　表 5-1-7

公路类别	设计速度(km/h)	减速车道长度(m)			加速车道长度(m)			渐变段长度(m)
		末速(km/h)			始速(km/h)			
		0	20	40	0	20	40	
主要公路	100	100	95	70	250	230	190	60
	80	60	50	35	140	120	80	50
	60	40	30	20	100	80	40	40
	40	20	10	—	40	20		30
次要公路	80	45	40	25	90	80	50	50
	60	30	20	10	65	55	25	40
	40	15	10	—	25	15		30
	30	10	—	—	10	—	—	

另外，当变速车道为非等宽渐变式时，其长度应不小于按减速时 1.0m/s 或加速时 0.6m/s 的侧移率变换车道的设计值。

(13)平面交叉处的交通量较大时,应作渠化设计,即采用交通岛、路面标线等设施疏导车流。渠化的行驶路线应简单明了,并应避免交通流的分流、合流集中于一点。导流的宽度应适当,过宽时会引起车辆并行而导致交通事故。驾驶员驶近导流设施前应能快速清楚地觉察到导流设施的存在。交通岛的端部应视情况设置标志、标线、照明等设施。

六、平面交叉立面设计

1. 平面交叉立面设计的一般要求

公路平面交叉的立面设计,是确立相交公路之间相互协调的共同立面,以保证汽车安全行驶、路面正常排水以及满足线形美观上的要求。立面设计主要取决于相交公路的等级、交通量、横断面形状、纵坡的大小和方向以及当地的地形条件。立面处理时,首先满足主要公路的行车线形要求,在不影响主要公路安全行车的条件下,有时也可适当改变主要公路的纵、横坡度,以照顾次要公路的行车线形。平面交叉立面设计的一般要求如下:

(1)平面交叉的立面设计应根据两相交公路的相对功能地位、平纵线形以及交通管理方式等因素而定。

①采用"主线优先"交通管理方式的交叉,应使主要公路的横断面贯穿交叉,而调整次要公路的纵断面以适应主要公路的横断面,当调整纵断面有困难时,应同时调整两公路的横断面。

②主要公路设置超高曲线时,应根据次要公路纵断面的不同情况处理。

③两相交公路的相对功能地位相同或相仿,或者采用信号交叉时,两公路均应作适当调整。

④相交公路一时无法确定相对主次地位时,应对未来设置信号的可能性进行研究,从而确定立面处理的方式。

⑤主要公路超高路段与次要公路坡顶相交时,次要公路的纵坡应服从主要公路的横坡而将竖曲线置于主要公路的横坡之外,且坡度代数差不宜大于4%,条件受限时也不应大于6%。

(2)分隔的右转弯车道或右转弯附加路面上,各处的高程和横坡应满足相交公路共有部分及其相邻局部段落岔路的立面、转弯曲线所需的超高,整个交叉范围内的路面排水和路容的需要。

(3)平面交叉范围内的路面排水应流畅,并以此作为立面设计的主要考虑因素之一。包括隐形岛在内的任何部分路面上不得有积水。

(4)只改变交叉口处其中一条公路的横坡度。一般改变纵坡较小的公路横断面形状。

(5)为保证排水,设计时尽可能有一条公路的纵坡方向背离平面交叉。

2. 平面交叉立面设计的基本类型

平面交叉立面设计的形式,主要取决于相交公路的纵坡和横坡度、地形以及平面交叉交通量和排水要求。公路平面交叉的立面,根据其纵坡方向不同,可分为以下6种类型。

(1)处于凸形地形上,相交公路的纵坡方向均背离平面交叉。设计时使平面交叉的纵坡与相交公路的纵坡一致,适当调整平面交叉附近的路拱横坡,使雨水向4个转角方向排除。

(2)处于凹形地形上,相交公路的纵坡都指向平面交叉。这种形式对排水不利,应尽量避免。

（3）处于分水线地形上，有3条公路纵坡方向背离平面交叉。设计时，应将纵坡指向平面交叉的路脊线，并在平面交叉处分为3个方向，相交公路的横断面不变，并在指向平面交叉公路处设置雨水口，以防止雨水进入平面交叉内。

（4）处于山谷线地形上，有3条公路的纵坡指向平面交叉而另一条公路的纵坡方向背离平面交叉。设计时，应尽量考虑在纵坡处设置转坡点并使纵坡方向背离平面交叉，而且使其转坡点的位置离平面交叉远一些。

（5）处于斜坡地形上，相邻两条公路的纵坡指向平面交叉，而另两条公路的纵坡方向则背离平面交叉。设计时，保证相交公路的纵坡不变，而使两条公路的横坡在进入平面交叉之前逐渐向相交公路的纵坡方向变化，从而使平面交叉处形成一个简单的倾斜面。

（6）处于马鞍形地形上，相对两条公路的纵坡指向平面交叉，而另两条公路的纵坡方向则背离平面交叉。设计时，相交公路纵、横坡都可按自然地形的平面交叉适当调整。

总之，平面交叉的立面设计类型不同，会有不同的使用效果，这主要与相交公路的纵坡大小及不同方向的组合有关。所以，如要获得理想的平面交叉立面设计效果，在进行公路纵断面设计时就应为立面设计创造有利条件。

3. 平面交叉立面设计的方法

平面交叉立面设计的方法有方格网法、设计等高线法、方格网设计等高线法3种。其中方格网法是将平面交叉范围内以相交公路的中心线为坐标基线打上方格网，方格网一般为5m×5m或10m×10m且平行于路中心线，斜交公路平面交叉应选在便于施工放线的方向，测出方格网点上的地面高程并按一定要求计算出方格网点的设计高程，从而计算出施工高度，以便计算其平面交叉的工程数量。设计等高线法是在平面交叉范围内选定路脊线和划分高程计算网，算出路脊线及高程计算线上的设计高程，然后在平面交叉范围内勾出等高线，并计算出施工高度。与方格网法相比，设计等高线法的主要优点是能更全面、更清晰地反映出平面交叉的设计地形。其缺点是在施工放样时等高线上各点高程位置不易确定，所以有时也联合使用上面两种方法，即方格网设计等高线法。方格网设计等高线法的一般步骤如下：

（1）绘制平面交叉平面图。包括公路中心线、车行道线、分隔带、缘石半径、路边线及交通岛等相关设计线，以相交公路中心线为坐标基线打上方格网，尺寸一般采用5m×5m或10m×10m，并确定网格点高程。

（2）确定平面交叉的设计范围。设计范围一般为缘石半径的切点以外5~10m并满足相交公路的双向横坡逐渐过渡到单向横坡所需的距离要求，还应与相交公路的路面高程完全衔接。

（3）立面设计形式的确定。根据相交公路的等级、纵坡方向和地形，确定采用的立面设计等高线形式，并选定合适的等高距（一般为0.02~0.10m，取偶数便于计算）。

（4）绘制平面交叉的设计等高线。平面交叉立面设计借助等高计算（辅助）线网作为计算各点高程的辅助线，根据相交公路纵、横坡及平面交叉的控制高程，便可计算出辅助线上各相应点的设计高程，然后将各高程相同的点连接，便得到平面交叉的设计等高线。

①在平面交叉范围内选定合适的路脊线和控制高程。

平面交叉路脊线是指路拱顶点（分水点）的连线。路脊线位置的选定，将直接影响平面交叉处排水、行车和立面美观。一般情况下,路中线即为路脊线。路脊线交点即为其控制高程。在斜交的 T 形平面交叉上,相交的公路虽然必交于一点,但当斜交的偏角过大时,其路中线不宜作为路脊线,应加以调整,如图 5-1-14 所示。

②确定高程计算线网,并计算高程线上各点的设计高程。若只有路脊线上的设计高程,不能全面反映平面交叉范围内的立面设计,还必须计算出路脊线以外各点的设计高程。

高程计算线网是立面设计必不可少的辅助线。它有多种设计方法,如方格网法、圆心法(图 5-1-15)、等分法(图 5-1-16)、平行线法(图 5-1-17)等,可结合平面交叉形式、交通情况、施工难度等合理取用。以下主要介绍方格网法。

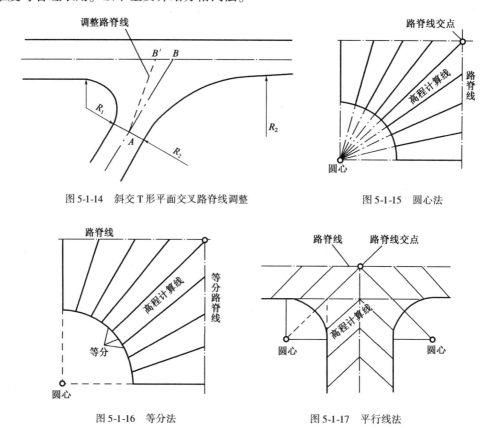

图 5-1-14 斜交 T 形平面交叉路脊线调整　　图 5-1-15 圆心法

图 5-1-16 等分法　　图 5-1-17 平行线法

在平面交叉平面图上,平行于公路中心线画出 5m×5m 或 10m×10m 的方格网线,遇特殊情况,方格网的大小也可酌情增减,如公路斜交,方格网线应选在便于施工测量放线的方向。

如图 5-1-18 所示,根据路脊线交点 P 的控制点高程 H_P 求出 A、C 点高程。其计算公式如下:

$$H_C = H_P - \overline{CP} \cdot i_1 \tag{5-1-1}$$

$$H_A = H_C - \overline{AC} \cdot i_2 \tag{5-1-2}$$

同理,可求得 B、E 点高程。

由 $\overline{PF}$ 延长线与缘石的相交点 G 的高程可得出 F 点高程,按三点同坡的方法求得,其中 F 点高程可按下式计算:

$$H_F = \frac{(H_B + \overline{BF} \cdot i_3) + (H_A + \overline{AF} \cdot i_4)}{2} \quad (5\text{-}1\text{-}3)$$

其他缘石上各点高程可按 A、B、G 三点高程用补插法求得。同理可求得其他三个角处的高程。

4. 平面交叉设计成果

（1）平面布置图：一般采用 1:500～1:1000 比例尺，图中标明路中心线、路面边缘线、缘石边线，图上标明交叉点，各交叉的起、终点，交叉加桩，控制断面的位置和桩号，并列出各交叉道的曲线要素表，且视需要列出各交叉公路段的纵坡值表。

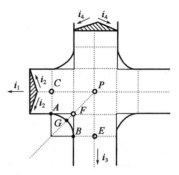

图 5-1-18 方格网法

图中还应标出各控制断面的宽度、横坡度和两侧路面边缘高程。在平面交叉的平面布置图上须注明各坡段的纵坡。

（2）纵、横断面图：除横断面图可用 1:100～1:200 比例尺外，其余要求与一般路线的路线设计相同。

（3）平面交叉地形图和立面设计图：包括平面交叉设计资料一览表、平面交叉工程数量计算表等资料。

图 5-1-19 为公路平面交叉立面设计图。

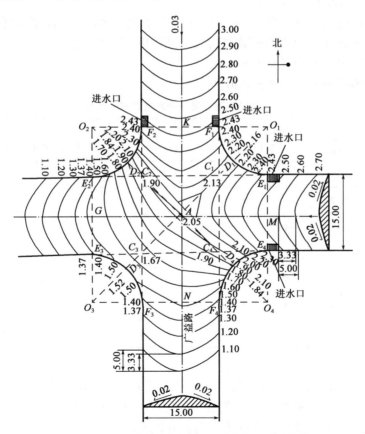

图 5-1-19 公路平面交叉立面设计图（尺寸单位：m；高程单位：m）

一、任务实施流程

本工作任务可按以下脉络开展实践与交流：

（1）任务解读（公路平面交叉外业调查资料、路基横断面图、纵断面及高程等相关设计要素，提出完成任务的内容与要求）；

（2）实践任务（公路与公路平面交叉认知）分解与分工；

（3）课后思考与总结；

（4）完成"学习任务实施"部分的相关任务；

（5）上交成果：《××公路平面交叉设计》；

（6）学生自测与自评；

（7）组长对组员进行考核。

二、学习任务实施

（1）任务名称：公路平面交叉设计。

（2）基本资料：某平原区二级公路，双车道，设计速度为80km/h，路基宽度12m，路面宽度9m，沥青混凝土路面（同一级公路路面结构层），其他相关资料如下。

①平面交叉设计基础资料见表5-1-8；

②各级公路横断面布置如图5-1-20所示。

××公路平面交叉设计基础资料一览表　　　　　　表5-1-8

序号	中心桩号	交叉点高程（m）	公路纵坡（%）		被交公路等级及纵坡（%）			交叉方式	交角（°）	路基宽度（m）	路面宽度（m）
			前坡	后坡	等级	前坡	后坡				
1	K0+002	25.23	+2	+2	二级	+2		T形	65	12.0	9.0
2	K0+682	28.36	+1	-1	二级	0	0	十字形	90	12.0	9.0
3	K1+718	20.65	-2	+2	三级	-2	+2	十字形	90	8.5	7.0
4	K6+838	12.58	-3	-3	二级	+2	+2	十字形	90	12.0	9.0
5	K7+822	15.62	+2	+2	二级	0		T形	100	12.0	9.0
6	K17+118	22.78	+2	-2	一级	+1		T形	90	24.5	15.0

（3）任务：

①按一定比例绘制表5-1-8中各桩号所对应平面交叉的平面图；

②合理拟定各交叉的布置形式，根据表5-1-8，合理拟定各交叉口的布置形式；

③进行平面交叉平面设计，并把各尺寸标注在图上；

④利用方格网法进行各平面交叉立面设计。

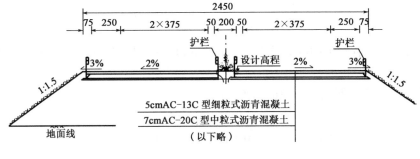

a) 一级公路横断面

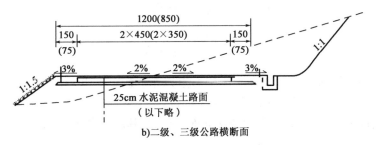

b) 二级、三级公路横断面

图 5-1-20　各级公路横断面及路面面层结构（尺寸单位：mm）

注：括号内数据指三级公路横断面尺寸。

(4) 要求：

①根据班级人数分成若干组，一般 6~8 人/组；

②以组为单位，各组员分别完成上述任务①和④；

③全组共同完成上述任务②和③，组长负责成果的记录与整理，按任务目标的要求上交《××公路平面交叉设计》。

三、案例分析

[案例]　图 5-1-20 所示某平面交叉，其交叉中心高程为 10.06m，东西向公路纵坡为 1.5%，由西向东倾斜，南北向公路纵坡为 0.3%，由平面交叉中心向南、向北倾斜，公路横坡为 1.5%，宽度见图，请用设计等高线法设计该平面交叉的立面图。（取等高距 $h=0.1$m）

解：如图 5-1-20 所示，东西向公路的水平间距：

$$l = \frac{h}{i_{纵}} = \frac{0.1}{0.015} = 6.7(\text{m})$$

$$l_1 = \frac{B}{2}i_{横} \cdot \frac{1}{i_{纵}} = \frac{27 \times 0.015}{2 \times 0.015} = 13.5(\text{m})$$

南北向水平间距：

$$l_{南北} = \frac{h}{i_{纵}} = \frac{0.1}{0.003} = 33.33(\text{m})$$

$$l_1 = \frac{B}{2}i_{横} \cdot \frac{1}{i_{纵}} = \frac{14 \times 0.015}{2 \times 0.003} = 35(\text{m})$$

平面交叉中心高程为10.06m,其上无等高线,故应计算与相邻设计等高线的间距,以便绘出等高线。

设 l_3 为交叉中心至西侧等高线的水平距离：

$$l_3 = \frac{高差}{纵坡值} = \frac{10.10 - 10.06}{0.015} = \frac{0.04}{0.015} = 2.67(\text{m})$$

按比例绘出交叉中心向西2.67m处的10.10m等高线通过点并绘出该等高线。

同理,设 l_4 为交叉中心至东侧等高线的水平距离：

$$l_4 = \frac{10.06 - 10}{0.015} = \frac{0.06}{0.015} = 4(\text{m})$$

按比例换算后以4m距离绘制在交叉中心点以东、高程为10.00m的等高线,以后按 $l = 6$m东西间距求得每根等高线在东西向公路上的位置,南北向公路上以 $l = 33.33$m的间距绘制各等高线,适当调整横坡,绘制出平面交叉立面设计图,其成果见图5-1-21。

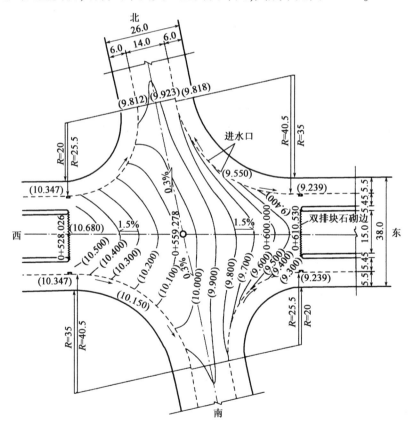

图5-1-21　平面交叉立面设计图(尺寸单位:m;高程单位:m)

工作任务二 公路立体交叉认知

学习目标

1. 通过学习,熟练掌握公路立体交叉的类型及适用条件;
2. 熟悉公路匝道的平面、纵断面、横断面设计的基本要求;
3. 熟悉立体交叉的匝道布置方式。

相关知识

相交公路之间交叉的交通量很大,当平面交叉无法满足车辆正常运行要求时,或平面交叉处要求有较高的行车速度及较大的通行能力时,在地形条件许可的情况下,经技术经济比较,可采用立体交叉。

一、公路立体交叉的基本组成

公路立体交叉按其为车辆服务的功能不同,可以分为主体部分和附属部分,如图 5-2-1 所示。

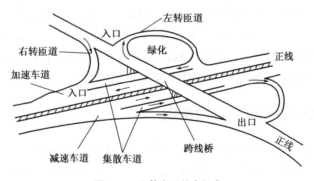

图 5-2-1 立体交叉基本组成

1. 主体部分

立体交叉的主体是指直接供车辆直行、转向行驶的组成部分,包括跨越设施、主线、匝道三部分。

(1)跨越设施。跨越设施是立体交叉实现交通流分离的主体构造物。跨越设施是立体交叉的重要组成部分,其工程量可占全立交的 50%~70%。

(2)主线。主线又称正线,指相交公路的直行车道。两条相交主线在空间分离时有上线和下线之分。上跨的正线从立交桥到两端主线起坡点的路段叫引道,下穿的正线从立交桥下到两端主线的起坡点的路段叫坡道。引道与坡道使相交的路线与跨越设施连接而实现空间分离。主线由于有引道、坡道,纵面起伏变化较大,再加上转弯匝道的进、出口均接于主线,并通过加(减)速车道与主线连接,因而主线设计与一般路线相比要求不同。

(3)匝道。匝道是连接立体交叉的上线与下线的通道。匝道的线形和结构,直接影响转弯车辆行驶的技术条件和立体交叉本身的经济环境效益,因而匝道的布置和设计是立体交叉设计的重要内容。

2. 附属部分

如图 5-2-2 所示,除上述三大主体部分外,立体交叉的其他组成部分称附属部分。主要包括出口、入口、辅助车道、三角区、收费站等。

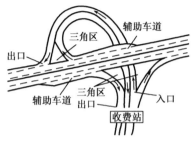

图 5-2-2 立体交叉的附属部分

(1)出口与入口。出、入口是主线与匝道的接合部位。由主线驶入匝道的路口称为出口;由匝道驶入主线的路口称为入口。

出口由匝道出口端部、减速车道和分流鼻组成,入口由匝道入口端部、加速车道和汇流鼻组成。

(2)辅助车道。辅助车道是指在交叉口分、合流处,用作停车、减速、转弯、交织、载货汽车爬坡以及其他辅助直行交通运行的所有车道的总称。

在入口、出口处,由于车辆的进出,匝道和主线交通量分布发生变化,为使车流分布合理,主线与匝道的分、合流处应保持车道数的平衡,设计时在主线一侧应增设一条辅助车道。

(3)三角区及立体交叉范围。

在立体交叉范围内,匝道与主线间或匝道与匝道间的旷地统称立体交叉三角区。三角区是立体交叉绿化和美化布置、照明设施布置等的用地。三角区的布置是立交设计的内容之一。

立体交叉范围是指交叉口的交点至各方向相交公路路口出、入口处变速车道斜带的顶点间包围的主线和匝道以及三角区的全部区域范围。立体交叉范围线是划分路段与立体交叉、立体交叉与周围其他用地的界限,也是立体交叉征地的依据。

二、公路与公路立体交叉的一般规定

(1)立体交叉的位置应根据公路网规划、相交公路状况、地形和地质条件、社会与环境因素等确定。互通式立体交叉的形式应根据相交公路的功能、等级、交通量及其组成、收费制式等,并综合考虑用地条件、经济与环境等确定。

(2)高速公路与各级公路相交必须采用立体交叉。一级公路同交通量大的其他公路交叉应采用立体交叉。二级、三级公路间的交叉,直行交通量大时或有条件的地点宜采用立体交叉。交叉类型,除在控制出入的地点设置互通式立体交叉外,均采用分离式立体交叉。

(3)互通式立体交叉的形式、设置的间距及加(减)速车道、匝道设计,应根据《规范》的有关要求及具体情况确定。

(4)高速公路间、高速公路与承担干线功能的一级公路间、承担干线功能的一级公路间的互通式立体交叉,应为枢纽互通式立体交叉。枢纽互通式立体交叉的匝道应具有良好自由流的线形,匝道上不设置收费站,匝道端部不出现穿越冲突。高速公路、一级公路间及其与其他公路相交的互通式立体交叉应为一般互通式立体交叉,其匝道上可设置收费站,且高速公路出入口以外允许设置平面交叉。

(5)设置互通式立体交叉应根据交通量、远景规划及其在公路网中的作用,并结合地形、用地条件、投资等因素确定。

(6)大城市、重要工业区附近的高速公路,其互通式立体交叉的平均间距宜为5~10km,其他地区为15~25km。最大间距不宜超过30km,否则应在适当位置设置U形转弯设施,以供误行车辆和公路维修、救援等车辆掉头之用。最小间距应满足车辆交织和变速、设置标志等方面的需要,其值不应小于4km。因路网结构或其他特殊情况限制,经论证相邻互通式立体交叉的间距需适当减小时,其上一互通式立体交叉加速车道渐变段终点至下一个互通式立体交叉的减速车道渐变段起点间的距离,不得小于1000m;当小于1000m且经论证必须设置U形转弯设施时,应将两者合并设置为复合式互通式立体交叉。互通式立体交叉与服务区、停车区、公共汽车停靠站、隧道进出口等的距离,应能满足设置出口预告标志的需要;条件受限制时,间距可适当减小,但上一个入口终点至下一个出口起点的距离不应小于1000m。

(7)互通式立体交叉位置的选定,应以现有公路网或已批准的规划为依据。一般应选择地势平坦开阔、地质良好、拆迁少以及相交两公路具有较高的平、纵线形指标的路段。

(8)互通式立体交叉设计时,应对该地区的交通条件、社会条件、自然条件等进行广泛、深入细致的调查和勘测,经过多方案技术经济比较,选择合理的形式及适当的规模,并合理确定各设计指标。

(9)互通式立体交叉范围内主线线形指标规定见表5-2-1。

互通式立体交叉范围内主线线形指标　　　　　表5-2-1

设计速度(km/h)		120	100	80	60
最小圆曲线半径(m)	一般值	2000	1500	1100	500
	极限值	1500	1000	700	350
最小竖曲线半径(m)	凸形 一般值	45000	25000	12000	6000
	凸形 极限值	23000	15000	6000	3000
	凹形 一般值	16000	12000	8000	4000
	凹形 极限值	12000	8000	4000	2000
最大纵坡(%)	一般值	2	2	3	4.5(4)
	极限值	2	3	4(3.5)	5.5(4.5)

注:当主要公路以较大的下坡进入互通式立体交叉,且所接的减速车道为下坡,同时,后随的匝道线形指标较低时,主要公路的纵坡不得大于括号内的值。

(10)互通式立体交叉应满足建筑限界要求。

三、立体交叉的类型及适用条件

1.立体交叉的类型

1)按结构形式分类

立体交叉按相交公路结构形式划分为上跨式和下穿式(隧道)两类。

(1)上跨式:用跨线桥从相交公路上方跨过的交叉方式。这种立体交叉施工方便、造价低、排水易处理,但占地大、引道较长,高架桥影响行车视线和路容,多用于市区以外或周围有高大建筑物处。

(2)下穿式:用地道(或隧道)从相交公路下方穿过的方式。这种立体交叉占地少,立面易处理,对视线及市容影响小,但施工复杂,造价高,排水困难,多用于市区。

2)按交通功能分类

立体交叉按交通功能可划分为分离式立体交叉和互通式立体交叉两类。

(1)分离式立体交叉。

分离式立体交叉是指相交公路之间设置跨线构造物(跨线桥或地道),使相交公路在空间上分离,上、下公路间无匝道连接的交叉方式,如图5-2-3所示。这种立体交叉结构简单,占地少,造价低,但相交公路的车辆不能转弯行驶,只能保证直行方向的车辆空间分离行驶。

分离式立体交叉主要适用于直行交通量大,转弯车辆少,可不设置转弯车道的交叉处及公路与铁路交叉处。高速公路与其他各级公路交叉时,除在控制出入的地点设置互通式立体交叉外,均采用分离式立体交叉,一般等级公路之间交叉时,因场地或地形条件受限制时,可采用分离式立体交叉,以减少工程数量,降低造价。

图5-2-3 分离式立体交叉

(2)互通式立体交叉。

互通式立体交叉是指不仅设置跨线构造物使相交公路空间分离,而且上、下道之间有匝道连接,以供转弯车辆行驶的交叉方式。设置这种形式立体交叉时,车辆可以转弯行驶,全部或部分消灭了冲突点,各方向行车相互干扰小,但立体交叉结构复杂,占地多,造价高。互通式立体交叉适用于高速公路与其他各级公路、大城市出入口道路,以及重要港口、机场或游览胜地的道路相交处。

互通式立体交叉的基本形式按交叉的岔路数目分为T形、Y形和十字形三种。

①T形立体交叉:包括喇叭形、直连式T形。

②Y形立体交叉:包括全部直连式匝道的Y形和有半直连式匝道的Y形。

③十字形立体交叉:包括喇叭形、独象限式、菱形、部分苜蓿叶形、苜蓿叶形、环形和直连式等。

2.立体交叉的适用条件

(1)喇叭形立体交叉:按主要公路的左转弯出口在跨线桥结构之后和之前分为A形和B形两种,如图5-2-4所示。一般情况下宜采用B形。因受地形、地物限制或左转进入主线的交通量远大于左转驶入主线的交通量时,宜采用A形,但双车道不宜布置为环形匝道。喇叭形立体交叉适用于T形立体交叉或收费公路的十字形立体交叉。双喇叭互通式立体交叉适用于干线公路(如高速公路、一级公路)相交的收费立体交叉(图5-2-5)。

(2)直连式T形立体交叉:也称直接式立体交叉,如图5-2-6所示。该交叉在匝道布置时因采用左出左进式,且进、出口都设在超车道上,对于低速行驶的车辆将造成严重交通安全问题,对高速行驶车辆不利,我国公路上基本不采用。

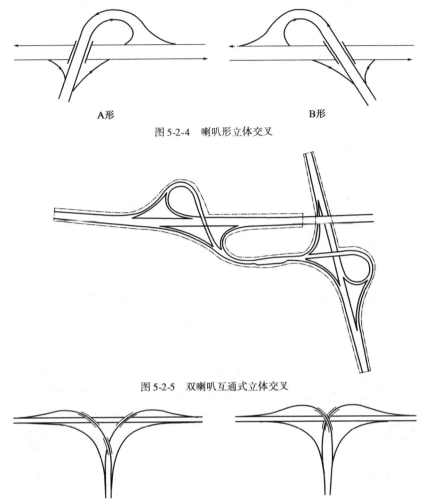

A形　　　　　　　　　　　　B形

图 5-2-4　喇叭形立体交叉

图 5-2-5　双喇叭互通式立体交叉

图 5-2-6　直连式 T 形立体交叉

(3) Y 形立体交叉:适用于转弯速度高,且交通量大的干线公路之间的交叉,如图 5-2-7 所示。

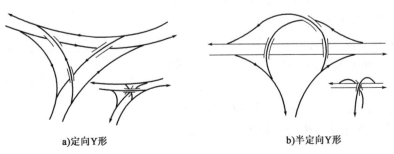

a)定向Y形　　　　　　　　　　　　b)半定向Y形

图 5-2-7　Y 形立体交叉

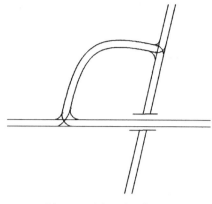

图 5-2-8　独象限式立体交叉

(4) 独象限式立体交叉：如图 5-2-8 所示，适用于交通量不大或条件受限制时的一般互通式立体交叉。

(5) 菱形立体交叉：如图 5-2-9 所示，适用于出入交通量小，匝道上无收费站的一般互通式立体交叉。

(6) 部分苜蓿叶形立体交叉：按匝道布置方式分为 A 型、B 型及 A-B 型三类（图 5-2-10），它们适用于出入交通量较小的一般互通式立体交叉。

(7) 苜蓿叶形立体交叉：如图 5-2-11 所示，适用于左转弯交通量小的一般互通式立体交叉。

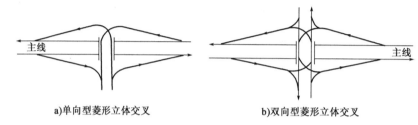

a) 单向型菱形立体交叉　　　b) 双向型菱形立体交叉

图 5-2-9　菱形立体交叉

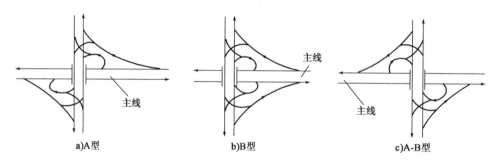

a) A型　　　b) B型　　　c) A-B型

图 5-2-10　部分苜蓿叶形立体交叉

(8) 环形立体交叉：分为两层式和三层式两种（图 5-2-12）。

(9) 直连式立体交叉：如图 5-2-13 所示，适用于各转弯交通量大的枢纽互通式立体交叉。

(10) 复合式立体交叉：如图 5-2-14 所示，当两处互通式立体交叉相距很近而不能保证应有的立交间距时，可将它们复合成一个立体交叉。对于出入交通量较大的复合式立体交叉，应采用匝道间的立体分离等措施来避免所有交织或高速公路间的主流匝道上的交织。

图 5-2-11　苜蓿叶形立体交叉

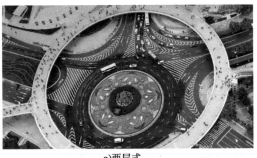
a)两层式

b)三层式

图 5-2-12　环形立体交叉

图 5-2-13　直连式立体交叉

图 5-2-14　复合式立体交叉

四、立体交叉的匝道

1. 匝道的基本形式

匝道的形式很多，按其功能及与相交公路的关系分为右转匝道和左转匝道两大类。

1）右转匝道

右转匝道即从公路右侧驶出后直接右转约 90°，至相交公路右侧进入，一般不需设置跨线构造物。其特点是形式简单，车辆行驶方便，行车安全。

2）左转匝道

车辆需转 90°～270°越过对向车道，至少要设置一座跨线构造物。按匝道与相交公路的关系，匝道可分为直接式匝道、半直接式匝道及环形匝道三种。

（1）直接式匝道：又称定向式匝道或左出左进式匝道。其优点是长度短，无须迂回运行；其缺点是跨线构造物较多，因相交公路的双向行车需有足够间距，对重型车行驶不利。

（2）半直接式匝道：又称半定向式匝道，其按车辆由相交公路进出方式分为右出右进式（图 5-2-15）、左出右进式（图 5-2-16）、右出左进式（图 5-2-16）三种。

（3）环形匝道：又称环圈式匝道，左转车辆先驶过正线跨线构造物，然后向右回转约 270°达到左转的目的，如图 5-2-17、图 5-2-18 所示。它的优点是右出右进，行车安全；不需设跨线构造物；造价低。其缺点是匝道线形指标低，占地较大，车速与通行能力低，左转绕行长。环形匝道为苜蓿叶形和喇叭形立体交叉的标准组成部分。

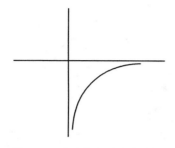
图 5-2-15 半直接式(右出右进式)

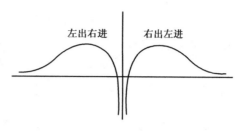
图 5-2-16 半直接式(左出右进式、右出左进式)

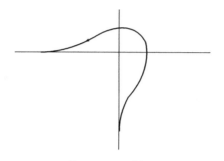
图 5-2-17 环形交叉

图 5-2-18 环形匝道

2. 匝道的平、纵线形指标

1) 匝道的设计速度

互通式立体交叉的匝道设计速度按匝道的布置形式及互通式立体交叉的交通功能应符合表 5-2-2 的规定。

互通式立体交叉匝道设计速度　　表 5-2-2

匝道形式		直接式	半直接式	环形匝道
匝道设计速度 (km/h)	枢纽互通式立体交叉	80、70、60、50	80、70、60、50、40	40
	一般互通式立体交叉	60、50、40	60、50、40	40、35、30

选用匝道设计速度时应遵循如下原则:

(1)右转弯匝道宜采用上限或中间值。

(2)直接式和半直接式左转弯匝道宜采用上限或中间值。

(3)匝道设计速度是指匝道中线紧迫路段所能保持的最大安全速度。其余路段上应以与匝道中必然存在的变速行驶相适应的速度作为设计的控制值。接近自由流出入口的匝道部分应有较高的设计速度;接近收费站或平面交叉的匝道端部,设计速度可酌情降低。

2) 匝道的平面

匝道的平面线形要素为直线、回旋线和圆曲线。设计时主要考虑匝道平曲线半径和回旋线参数的取用,与匝道设计速度、交叉类型、交通量、地形、用地条件、造价等因素有关,同时考虑匝道的行车安全性和舒适性。

(1)圆曲线半径:可按模块二有关公式计算。设计时主要考虑匝道的设计速度,同时考虑经济性、安全性和舒适性。表5-2-3为公路立体交叉匝道圆曲线最小半径,通常应选用大于最小半径的一般值,当受地形条件限制时,方可采用极限值。

匝道圆曲线最小半径 表5-2-3

匝道设计速度(km/h)		80	70	60	50	40	35	30
圆曲线最小半径(m)	一般值	280	210	150	100	60	40	30
	极限值	230	175	120	80	50	35	25

环形匝道的圆曲线半径除满足上述要求外,还应有足够的长度以保证曲率的平缓过渡及满足上下线的展线长度要求,可近似按下式计算:

$$R_{\min} \geqslant \frac{57.3H}{\alpha i} \tag{5-2-1}$$

式中:$R_{\min}$——匝道圆曲线最小半径(m);
　　　H——上下线要求的最小高差(m);
　　　α——匝道的转角(°);
　　　i——匝道的设计纵坡(%)。

(2)匝道回旋线参数A:按设计要求在匝道及其端部曲率变化较大处均应设置缓和曲线。缓和曲线应采用回旋线,其参数以满足$A \leqslant 1.5R$为宜,且不小于表5-2-4的要求。反向曲线两个回旋线的参数相等,当不相等时它们的比值应小于1.5。

匝道回旋线参数及长度 表5-2-4

匝道设计速度(km/h)	80	70	60	50	40	35	30
回旋线参数A(m)	140	100	70	50	35	30	20
回旋线长度(m)	70	60	50	40	35	30	25

3)匝道的纵断面

(1)匝道的最大纵坡:因匝道受上下线高程控制及用地条件限制,并考虑行驶车速较低,故匝道的纵坡相对于公路一般路段的纵坡值要大,具体可按表5-2-5取用。

匝道最大纵坡 表5-2-5

匝道设计速度(km/h)			80	70	60	50	40	35	30
最大纵坡(%)	出口匝道	上坡*	3		4		5		
		下坡	3		3		4		
	入口匝道	上坡	3		3		4		
		下坡	3		4		5		

注:因地形困难或用地紧张时可增大1%。
　*非冰冻积雪地区在特殊困难情况下可增加2%。

(2)匝道的竖曲线半径:各设计速度所对应的竖曲线最小半径及最小长度见表5-2-6。

4)匝道的横断面

匝道的横断面由车道、路缘带、硬路肩和土路肩组成,对向分隔双车道匝道还包括中央分隔带。匝道横断面应采用图5-2-19所示的四种基本类型。

匝道竖曲线的最小半径及最小长度　　　　　　　　表 5-2-6

匝道设计速度(km/h)			80	70	60	50	40	35	30
竖曲线最小半径 （m）	凸形	一般值	4500	3500	2000	1600	900	700	500
		极限值	3000	2000	1400	800	450	350	250
	凹形	一般值	3000	2000	1500	1300	900	700	400
		极限值	2000	1500	1000	700	450	350	300
竖曲线最小长度 （m）		一般值	100	90	70	60	40	35	30
		最小值	75	60	50	40	35	30	25

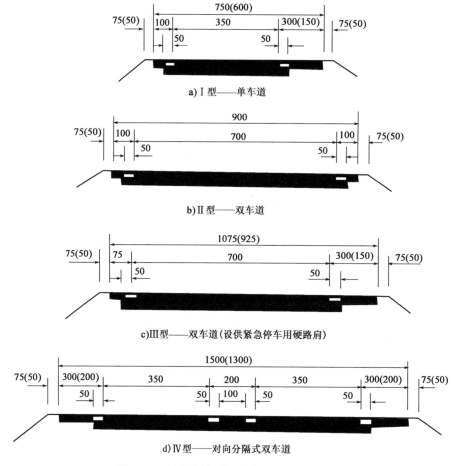

图 5-2-19　匝道横断面的基本类型（尺寸单位：cm）

3. 匝道出入口、变速车道

匝道两端分别与正线相连接的道口称为匝道的端部，包括入口、出口、变速车道及辅助车道等。设计时应保证匝道与公路组成一个共同面，以满足汽车的正常和安全行驶需要，匝道设计的一般原则应是出入顺适、安全，线形与正线一致，出入口的视距应尽可能得到保证。正线间能相互通视。

1）出口与入口

互通式立体交叉的匝道出入口一般应设置在主线行车道的右侧,即右出右进。在分流鼻两侧,应在行车道边缘设置偏置加宽,如图 5-2-20 所示。分流鼻偏置加宽值和分流鼻端圆弧半径规定见表 5-2-7。分流鼻处的加宽路面收敛到正常路面的过渡长度 Z_1 和 Z_2,应不小于依据表 5-2-8 渐变率计算的值。

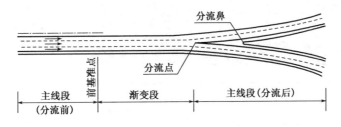

图 5-2-20　分流鼻处的铺面偏置加宽

分流鼻偏置值及鼻端半径　　　　　　　　　　　　　　　　　表 5-2-7

分流方式	主线偏置值 C_1(m)	匝道偏置值 C_2(m)	鼻端半径(m)
驶离主线	2.5~3.5	0.6~1.0	0.6~1.0
主线分岔	≥1.8	—	0.6~1.0

分流鼻端偏置加宽渐变率　　　　　　　　　　　　　　　　　表 5-2-8

设计速度(km/h)	渐变率(1/m)	设计速度(km/h)	渐变率(1/m)
120	1/12	60	1/8
100	1/11	≤40	1/7
80	1/10		

分流鼻位于桥梁等构造物上时,自分流鼻端之后应预留安装防撞垫等缓冲设施的位置,即分流鼻端后方(行驶的前进方向)6~10m 的区域应铺设桥面系统,并安装护栏。

2）变速车道设计

在匝道与正线连接的路段,为适应车辆变速行驶且不影响主要公路交通的需要,在匝道出入口前设置的附加车道称为变速车道。变速车道包括加速车道和减速车道。车辆由正线驶入匝道时需减速的称为减速车道,反之称为加速车道。

(1)变速车道的形式。

变速车道的形式一般有平行式和直接式两种,如图 5-2-21 所示。平行式是正线外侧平行增设的一条附加车道,其特点是车道划分明确,行车容易辨认,但车辆行驶轨迹呈反向曲线对行车不利。一般加速车道采用平行式。直接式为不平行路段,由正线斜向渐变加宽,形成一条与匝道连接的附加车道,其特点是线形与行车轨迹吻合,有利于行车,但起点不易识别。一般情况下,减速车道采用直接式。变速车道的横断面组成与单车道基本相同。

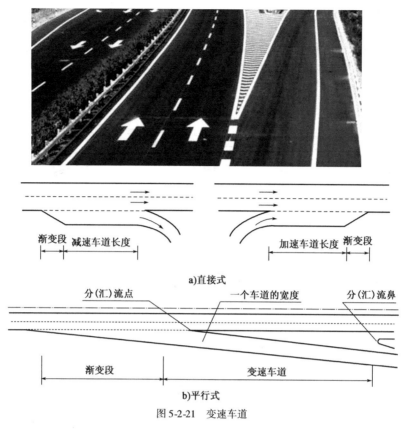

图 5-2-21　变速车道

(2) 变速车道的长度。

变速车道的长度 $L(m)$ 为加(减)速车道长度与渐变段长度之和,可按式(5-2-2)计算取用,并参照《规范》的有关规定执行。

$$L = \frac{V_1^2 - V_2^2}{26a} \tag{5-2-2}$$

式中：V_1——正线平均行驶速度(km/h)；

V_2——匝道平均行驶速度(km/h)；

a——汽车平均加(减)速度(m/s²),加速时 $a = 0.8 \sim 1.2 \text{m/s}^2$,减速时 $a = 2 \sim 3 \text{m/s}^2$。

五、立体交叉的测设要点

在立体交叉设计之前,应通过实地勘测、调查搜集一系列资料,包括自然资料,即地形图测绘,用地规划、水文、地质、土壤、气候和国家水准点及控制点等资料;交通资料,即交通量、交通组成、交通流向及人行和非机动车等资料;公路资料,即相交公路的等级、平纵面线形、横断面尺寸和形状、交叉角、路面类型及厚度等资料;其他资料,如排水资料、文书资料等。立体交叉勘测一般从以下几方面进行：

(1) 除平面交叉所需搜集的资料外,还应征求当地政府有关部门的意见。

(2) 实地初拟交叉位置,以相交公路的中线为基线布设控制网。

(3)地形测量,除分离式立体交叉外,均需测绘交叉范围内的地形图,测图比例为1∶500~1∶1000,测绘的范围视实际情况而定,一般应测至交叉范围外至少100m,测量要求与桥位地形测量相同。

(4)在地形图上定出不同方案的交叉位置和类型(包括匝道),并到实地核实,然后根据所搜集的各类资料进行综合评定,拟定采用方案。为便于方案比选,必要时可做模型或绘出透视图。

(5)按采用方案进行实地放样,并测得平、纵、横资料,以供内业设计。

(6)地质勘探,在跨线桥和其他构造物处,应进行地质钻探,其要求与桥梁相同。

六、公路立体交叉设计成果

按实际需要,公路立体交叉在综合评定和精心设计的基础上,一般提供以下几方面成果:

(1)远景交通量计算表及交通量分布图,如图5-2-22所示。

(2)立体交叉线位图,包括立体交叉主线及匝道分布,各线路的里程桩号及曲线要素,各匝道线位坐标表,直线、曲线及转角表(同平面设计)。

(3)立体交叉的纵、横断面图,比例尺和要求与平面交叉相同,格式同路线设计的纵、横断面图。

(4)跨线桥设计图,其要求与一般桥梁相同。

(5)匝道连接部设计图及匝道连接部高程数据图。

(6)如遇有挡土墙、窨井、排水管、排水泵站等其他构造物,均需附设计图。

图5-2-22 交通量分布图

(7)有比较方案时,应绘制比较方案、立体交叉设计图并提供经济技术比较表等资料。

(8)交叉口的工程量等资料。

(9)立体交叉透视图及景观设计图。(参见有关参考书)

一、任务实施流程

本工作任务可按以下脉络开展实践与交流:

(1)任务解读:根据公路立体交叉的有关设计成果,完成《公路互通式立体交叉认识报告》;

(2)实践任务分解与分工;

(3)资料收集;

(4)资料汇总、分组讨论并整理,形成成果;

(5)上交成果:《公路互通式立体交叉认识报告》;

(6)学生自测与自评;

(7)组长对组员进行考核。

二、学习任务实施

(1)任务名称:公路互通式立体交叉设计认识。

(2)基本资料:某公路互通式立交的4个设计方案,如图5-2-23所示。

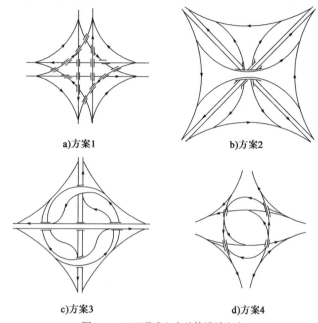

图5-2-23 互通式立交总体设计方案

(3)任务:

①仔细观察图5-2-23,分析4个方案分别采用的互通式立体交叉形式;

②分析4个方案中各匝道分别采用的布置形式。

(4)要求:

①根据班级人数分成若干组,一般6~8人/组;

②以组为单位,各组员独立完成以上各任务,然后分组讨论,组长负责成果的记录与整理,按任务目标的要求上交《公路互通式立体交叉认识报告》。

(1)什么是冲突点?如何消除冲突点?

(2)平面交叉设计的目的与主要任务是什么?

(3)平面交叉有哪些形式?其适用条件是什么?

(4)公路与公路平面交叉测量调查的主要内容是什么?

(5)公路与公路平面交叉的基本资料有哪些?

(6)平面交叉立面设计的基本类型有哪些?其立面设计的方法又有哪些?

(7)公路与公路立体交叉测量调查的主要内容有哪些?

(8)匝道的基本形式有哪些?确定匝道设计速度的原则是什么?

(9)互通式立体交叉的出口与入口一般包括哪些组成部分?

(10)立体交叉的主要设计成果有哪些?

模块六 MODULE SIX

公路选线

工作任务一　路线方案选定

学习目标

1. 通过学习,熟悉公路选线的一般原则、任务和步骤;
2. 了解并能独立分析公路路线走向的合理性;
3. 熟悉公路路线方案比选的内容与方法。

相关知识

选线是在公路规划的起点和终点之间选定一条技术上可行、经济上合理,又能符合使用要求的公路中线的工作。选线包括确定路线基本走向、路线走廊带、路线方案至选定线位的全过程。它面对的是一个十分复杂的自然环境和社会经济条件,需要综合考虑多方面因素。

为了保证选线和勘测设计质量,降低工程造价,选线时应由粗到细,由轮廓到具体,全面考虑,逐步深入,分阶段、分步骤地加以分析和比较,进行多方案比选,选出最优路线方案。

选线工作是一项艰苦细致的工作,要求选线人员深入现场,多跑、多看、多问、多比较,进行调查研究,不遗漏任何一个有比较价值的路线方案。

一、公路选线的一般原则

(1)选用最优的路线方案。不遗漏任何一个可行方案,运用各种先进手段,经过深入、细致的多方案比较和论证,选定最佳路线方案。

(2)结合所采用的设计速度,正确运用技术指标。路线设计应在保证行车安全、舒适、迅速的前提下,做到工程量小、造价低、营运费用省、效益好,并利于施工和养护。不要轻易采用

极限指标,也不应不顾工程量大小,片面追求高指标。

(3)注意与农田基本建设相配合。做到少占田地,并应尽量不占高产田、经济作物田或穿过经济林园(如橡胶林、茶林、果园)等。

(4)处理好路线与名胜古迹、风景区的关系,注意生态保护,其人工构造物应与周围环境、景观相协调。

(5)对不良地质地段,正确选择是绕避还是穿越。应对工程地质和水文地质进行深入勘测调查,弄清它们对公路工程的影响。对严重不良地质路段,如滑坡、崩坍、泥石流、岩溶、泥沼等地段和沙漠、多年冻土等特殊地区,应慎重对待,一般情况下应设法绕避。当必须穿越时,应选择合适位置,缩小穿越范围,并采取必要的工程措施。

(6)选线应重视环境保护,注意由于修建公路及汽车运行所产生的影响和污染等问题,选线时应注意以下几个方面:

①路线对自然景观与资源可能产生的影响。

②占地、拆迁房屋所带来的影响。

③路线对城镇布局、行政区划、农业耕作区、水利排灌体系等现有设施造成分割带来的影响。

④噪声对居民以及汽车尾气对大气、水源、农田所造成的污染及影响。

(7)对于高速公路、一级公路,由于路幅宽,选线时可根据所经地区的地形条件、自然环境等因素,利用其上下行车道分离的特点,本着因地制宜的原则,合理采用上下行车道分离的形式设线。

上述选线原则,可适用于各级公路。但对于不同等级的公路,其侧重点会有所不同。如高等级公路主要为起、终点及中间重要控制点间快速直达交通服务,该功能决定了它的基本方向不应偏离总方向过多,需要与沿线城镇连接时,宜用支线连接。对于等级相对较低的地方道路,主要是为地方交通服务,路线布局时应考虑加强城镇之间的联系。

二、自然条件对公路路线的影响

影响公路的自然因素主要有地形、气候、水文、地质、土壤及植被覆盖等。

(1)地形决定了选线条件,并在很大程度上影响公路的技术标准。按公路布线范围内地形形态、相对高差、倾斜度等对各类地形特征描述如下:

①平原微丘区。

a. 平原区地形平坦,无明显起伏,地面自然坡度一般在3°以内。

b. 微丘区地形,含有起伏不大的丘陵,其地面自然坡度在20°以下,相对高差在100m以下。选线一般不受地形限制。

c. 河湾顺适、地形开阔且有连续的宽缓台地的河谷地形,河床坡度大部分在5°以下,地面自然坡度在20°以下。沿河设线一般不受限制,路线纵坡平缓或略有起伏。

②山岭重丘区。

a. 山岭地形,指山脊、陡峻山坡、悬崖、峭壁、峡谷、深沟等。地形变化复杂,地面自然坡度大部分在20°以上。路线平面、纵断面、横断面大部分受地形限制。

b. 重丘地形,指连绵、起伏的山丘,具有深谷和较高的分水岭,地面自然坡度一般在20°以上。路线平面、纵断面大部分受地形限制。

c.高原地带的深侵蚀沟,以及有明显分水线的绵延较长的高地。地面自然坡度多在20°以上。路线平面、纵断面、横断面大部分受地形限制。

(2)气候情况直接或间接地影响着地面水的水量、地下水位高度、大气降水量及其强度和形态、路基水温状况、泥泞期、冬季积雪和冰冻延续期,并在一定程度上限制施工期限和条件。

(3)水文情况决定排水结构物的数量和大小,水文地质情况决定了含水层的厚度和位置、地基或路基岩层滑坍的可能性。

(4)地质构造决定地基及路基附近岩层的稳定性,有无滑坍、碎落和崩坍的可能;同时也决定土石方工程施工难易程度和筑路材料的质量。

三、路线走向及主要控制点的选定

(1)路线基本走向应包括路线起、终点,必须连接的城镇、重要园区、工矿企业、综合交通枢纽以及特定的特大桥梁、特长隧道等位置所连接路线的总体走向。

(2)特大桥梁、大桥、特长隧道、长隧道、互通式立体交叉、铁路交叉等的位置,应为路线走向控制点,原则上要服从路线基本走向。

(3)中、小桥涵,中、短隧道,以及一般构造物的位置应服从路线走向。

四、选线的任务和步骤

选线就是在众多的方案中选出一条符合设计要求、经济合理的最优方案。选线时应分阶段按整体到局部、由粗到细的原则,经综合考虑与反复比较后选出一条合理的路线,如图6-1-1所示。

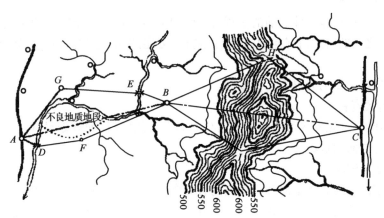

图6-1-1 路线方案图(高程单位:m)

选线一般按如下步骤进行:

(1)路线方案选择。路线方案选择主要是解决起、终点间路线基本走向的问题。

在小比例尺(一般为1:25000或1:100000)地形图上,找出各种可能的基本走向,经初选后确定几条比较有价值的路线方案,再现场勘查,比选出一条最佳方案,同时确定方案起、终点之间的一系列大的控制点,确定路线的基本走向。

(2)路线带选择。在确定路线基本走向的基础上,结合地形、地质、水文等自然条件在已确定的大控制点之间选定一些细部控制点,这些点的连线即为路线带,也称路线布局。

(3)具体定线。具体定线就是选择路线带时在选定的小控制点之间,根据技术标准和自然条件综合考虑平、纵、横三个方面因素,具体定出路线的中线位置。具体定线一般有纸上定线、实地定线、航测定线等。

五、路线方案选择

1. 影响路线方案选择的主要因素

(1)政治、经济、国防及使用任务、性质要求。公路修建以经济效益及促进地方经济的发展为主要目的,同时也应考虑政治与国防要求。

(2)路线在综合运输网中的地位及与沿线城镇、工矿、农田、水利的关系。

(3)沿线地形、地质、水文、地震等自然条件的影响。包括要求的路线技术等级与实际可能达到的技术标准及其对路线使用任务、性质的影响;路线长度、筑路材料来源、施工条件以及工程量、三材用量等情况及其对运营、施工、养护等方面的影响。

(4)公路主要技术标准和施工条件的影响。如公路纵坡在一定程度上影响着路线走向,采用较大的路线纵坡,可使路线更靠近短直方向。在公路等级一定的条件下,实际可能达到的标准对使用任务、性质影响很大,即对于不同的公路等级、功能及其使用任务、性质,应选用与之相适应的技术标准。施工期限、施工技术水平等,对困难山区的路线方向选择具有重大影响,有时甚至成为决定性因素。

(5)其他。如与沿线旅游景点、历史文物、风景名胜等的联系。

2. 路线方案选择的方法和步骤

路线方案选择在具体设计之前的工程可行性研究阶段进行。指定的两个据点(即选线时的主要控制点)之间的自然情况越复杂、距离越长,可能的比较方案就越多,需要淘汰的方案也就越多。

路线方案选择可归纳为以下几个步骤:

(1)收集有关资料。

在路线选择前,首先要尽可能多地收集与方案有关的资料,如规划设计、交通、地形图、地质、水文、气象等方面的资料。

(2)确定初步方案。

根据已确定的路线总体走向和收集到的有关资料,在1:10000或1:50000的地形图上,初步研究各种可能的路线走向和相应的路线方案,然后从技术上和经济上对这些方案进行综合评价,并标明正线和比较线,算出大致里程和衔接关系,研究并提出野外实地调查的重点。

(3)野外实地调查(也称踏勘或视察)。

根据上述室内确定的初步方案,到实地进行调查,调查中要坚持"跑到、看到、调查到",不遗漏任何一个可能方案。对调查中发现的新方案也要进行调查。

①各据点调查落实。若发现路网规划指定的控制点不合理时,要提出充分的变更理由,报上级审批。

②对路线、大桥、隧道的调查。对于大桥和隧道,一般情况下路线应服从桥位和隧道位置的要求,中小桥应服从路线的基本走向。

③落实采用的标准。根据地形情况,可以分段提出采用的技术标准和主要技术指标。

④线位调查。主要是确定路线的必经控制点,如越岭垭口、跨河桥位、与铁路或公路交叉点、不良地质处等,另外还须考虑旧路利用。

⑤估算各种工程数量。

⑥筑路材料调查。调查当地出产材料(如砂石材料、石灰等)及外购材料(如钢筋、水泥、木材等)的规格、价格、运距、运输方式、供应数量等情况。

⑦经济调查。主要供经济分析之用,内容较多,对于直接经过区域应重点调查,同时也应调查周边影响区域。

⑧其他调查。如征地、拆迁、风俗等。

(4)分项整理汇总调查成果,编写工程可行性研究报告,为上级编制或补充修改设计任务书提供依据。

3. 路线方案的拟定

路线方案拟定是指根据指定的路线总方向和设计公路的性质、任务及其在公路网中的作用,考虑社会、经济因素和复杂的自然条件等,拟定路线的走向。

一、任务实施流程

本工作任务可按以下脉络开展实践与交流:

(1)任务解读(根据提供的资料信息,进行图上初步分析,对各可能方案进行比较以确定最佳方案);

(2)实践任务分解与分工;

(3)学生讨论;

(4)资料收集;

(5)课程实训:路线方案比较分析实训,完成"学习任务实施"部分的相关任务;

(6)上交成果:《××路线方案比较分析报告》;

(7)学生自测与自评;

(8)组长对组员进行考核。

二、学习任务实施

(1)任务名称:公路路线方案比选。

(2)基本资料:××公路 K4+452.278~K7+051.522 段,如图 6-1-2 所示,有两套方案,其对应的技术经济指标见表 6-1-1。

方案一:自起点 K4+452.278 开始,新建深渡沿溪桥后,沿皋头村北侧山体布线,新建皋头大桥、胪膛沿溪桥,连续两次跨越好溪,至 K7+051.522,全长约 2.599km。方案一基本为新线。

方案二:设计桩号 B1K4+452.278 开始,基本沿 42 省道旧路布线,经新建深渡沿溪桥、胪膛沿溪桥后在东方镇东侧与推荐线重合,桩号为 B1K7+141.593,全长约 2.689km。该段线位基本上沿旧路左侧拼宽半幅,与旧路形成一级路幅布置,部分路段为新建路段,为少占河道,沿好溪一侧,采用桥梁的形式。

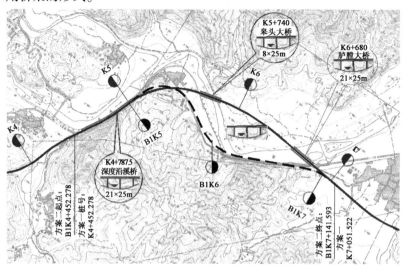

图 6-1-2 K4+452.278~K7+051.522 段路线方案

K4+452.278~K7+051.522 段方案技术经济比较表 表 6-1-1

	项	目	单 位	方案一	方案二	备 注
技术指标		路线长度	km	2.599	2.689	
		平曲线交点数	个	3	4	
		平曲线最小半径	m	616.142	260	
		最大纵坡	%	0.995	0.9	
		最小坡长	m	200	270	
	竖曲线最小半径	凸形	m	12000	15000	
		凹形	m	8000	5000	
经济指标	路基土石方	填方	m³	95750	55152	
		挖方	m³	212948	258441	
	路基防护	M7.5 浆砌片(块)石	m³	7180	25332	
		C15 片石混凝土	m³	10665	13118	
		植草	m²	9753	2685	
		厚层基材	m²	14683	25595	
		路面	m²	33148	35547	
	排水	浆砌片石	m³	166	151	
		混凝土	m³	1523	2579	
		桥梁	m/座	982/3	1024/2	
		涵洞	m/道	176.74/5	247.84/8	

续上表

项目		单位	方案一	方案二	备注
经济指标	平面交叉	处	3	3	
	房屋拆迁	m²	3043.90	5418.04	
	征用土地/耕地	亩	154.7/84.7	173.1/74.5	
	基本造价	万元	10729.47	10618.41	

注：1亩 = 666.67m²。

(3)任务：
①从技术经济、用地、环保等方面对上述方案进行评价；
②根据以上分析，初步确定哪个方案为主要方案，并指出相应的理由。

(4)要求：
①根据班级人数分成若干组，一般5~6人/组；
②以组为单位，各组员完成上述任务，组长负责检查各组员的分析结果，做好记录供集体讨论；
③全组共同讨论学习，组长负责成果的记录与整理，按任务目标的要求上交《××路线方案比较分析报告》。

三、案例分析

[**案例**] ××公路工程路线总长约42km，根据实际情况及选线基本要求，初步拟定以下4个路线选线方案，如图6-1-3所示。

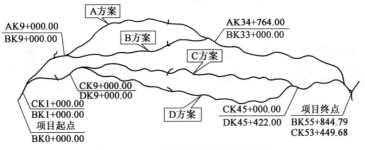

图6-1-3 ××公路路线选线方案示意图

方案A：主要是沿省道进行路线布设，起讫桩号为AK9+000.00~AK34+764.00，总长26km。该方案沿线范围内的地势相对平坦，可减少公路建设对生态环境造成的破坏。相较于方案B，该方案造价相对较高，但与省道之间的距离最近，对周围村镇经济发展具有重要的带动作用。根据当地政府要求，从乡镇分布、城镇发展及产业布局多角度考虑，在工程的初步设计过程中和方案B进行同深度对比。

方案B：主要是在乡镇的南部进行布线，起讫桩号为BK9+000.00~BK33+000.00，总长24km。该方案的估算造价相对较低，且借方和弃方的数量都比较少。与方案A相比，在整体路线上较为顺直，互通式立体交叉和乡镇之间的距离相对较远，并且该方案对周围环境干扰最小，根据当地政府要求进行多方面综合考虑，将该方案视作推荐方案。

方案C：于方案B的南部进行布线，起讫桩号为CK1+000.00~CK53+449.68，总长

52.5 km。该条路线需要从两个矿区、一个过道和一个开发区中穿过,填挖工程量相对较大,且局部为高填深挖,容易对沿线范围内的生态环境造成很大影响;沿线范围内的构造物数量很多,工程施工难度偏大;造价高,可达1.6亿元以上;路线沿途经过的乡镇极少,和省道之间的距离也很远,与项目影响区中经济较为发达的区域相距较远,无法起到促进地方经济发展的基本作用,并且从开发区中穿过,对其规划和建设有很大的影响,所以在初步设计过程中对这一方案不予深入研究。

方案 D:起讫桩号为 DK9+000.00~DK45+422.00,总长 36.4 km。该方案需要从两个采矿区穿过,并跨越一个巷道,其重点与方案 C 完全重合。相较于方案 C,该方案长度虽然有所减小,但地势依然有很大的起伏,相比之下填挖工程量最大,会对沿线范围内的生态环境造成很大的破坏;而且沿线的构造物数量很多,施工困难,与省道之间的距离最远,基本不能起到促进地方经济发展的重要作用,地方政府已经否决了这个路线选线方案,在之后的初步设计过程中,对其不予研究。

通过以上分析可知,方案 A 和方案 B 各自具备不同的优势,需要在后期初步设计工作中开展同深度对比,以选出最佳的路线方案。以工程设计指导思想为依据,在路线设计过程中应尽可能减小公路规模,降低造价,并远离采矿区,减少对耕地的侵占与房屋拆迁,同时还要注意减少和避免对自然景观造成破坏,防止废气与噪声污染。均衡设置路线的各项平纵指标,在切实保证安全的基础上,对能降低造价的段落采用较小的平、竖曲线半径,加强平纵之间的配合以及与自然景观之间的协调性。在初步设计过程中,对方案 A 与方案 B 实施了现场布设,并开展同深度对比。经对比,方案 B 的造价相对较低,且借方与弃方的数量也较小,路线整体上比方案 A 顺直,互通式立体交叉所在位置与乡镇之间的距离很远,并且对风电区基本不会产生干扰,所以最终把方案 B 作为工程的推荐路线方案。

工作任务二　各类地形选线

学习目标

1. 通过学习,熟悉各类地形条件下的路线布设特点;
2. 熟悉各类地形条件下的路线布设要点;
3. 会分析与叙述各类地形条件下的选线要求。

相关知识

一、平原地区选线

1. 平原区路线的特点

1)地形特点

(1)地面坡度平缓(地面横坡小于3°),相对高差较小。路线纵坡不受限制。

(2) 一般多为耕地,地物等障碍多。除了不适宜耕作的土地外多为耕地,良田多,土地昂贵;居民点较密,各种建筑物分布广。

(3) 沟渠密布,河网池塘多。常分布有大量灌溉沟渠、天然河道、湖泊、池塘等。

(4) 地下水位较高,取土困难,缺乏筑路材料。

2) 路线特点

(1) 线形好,标准高。路线纵坡小,圆曲线半径大,技术指标较高。

(2) 路线短捷、顺直。地形对路线的限制不大,主要是地物障碍的限制使路线有所转折。

(3) 前期工程可为后期所利用。由于平原区路线平、纵线形指标较高,后期改建提高等级时多数路段可以利用,减少了改造工程费用。

2. 平原区路线布设要点

1) 线形应顺直、短捷

因平原区地形平坦,可以采用较高的平、纵线形指标,应力求使路线顺直、短捷,在没有充分理由的条件下,不应随意转向,但也不能片面追求长直线。应注意高、低标准的过渡。

2) 正确对待路线与农业的关系

(1) 尽量做到少占农田,不占高产田。

为了采用较高标准线形,新建公路占用农田是不可避免的,但从选线的角度考虑要尽量做到少占农田和不占高产田。但是,也要防止另一个极端,即为了不占某块良田,而使路线弯弯曲曲,导致路线的标准降低。

(2) 与农田水利建设相结合。

当路、渠方向基本一致时,可沿渠布设路线,使路堤合一、桥闸合一,以减少占地。路线应尽可能少地与灌溉渠相交,避免斜穿农田,尽可能把路线布设在渠道的上方和尾部,如图 6-2-1 所示。

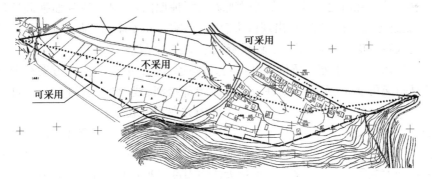

图 6-2-1 农田区路线布设

当遇到大的水塘时,一般应尽量绕避。不得已必须跨越水塘时,宜将路线设在占用水塘长度最短的一侧,拓宽水塘并取土填筑路堤,不致压缩水面过大。

3) 合理解决路线与村镇的关系

路线布设时应解决好公路与城镇、村庄、工矿企业以及管线之间的关系,合理选择是穿越还是绕避。

(1) 对于高等级公路和国防公路,一般以绕避为主,避免直穿,但也不宜离开过远,必要时可设支线连接,做到"靠村不进村,利民不扰民",这样既方便运输又保证安全,如图6-2-2所示。

(2)对于一般公路,应以方便群众为主,宜靠近村镇,如地方政府同意可以穿越村镇,应保证足够的路基宽度和行车视距。

例如,某公路,原设计方案为Ⅰ方案。当地居民为方便自身一再要求路线穿越村庄,后改为Ⅱ方案,如图6-2-3所示。通车以后,随着交通量的增长,运煤车较多,且多夜间行车,严重影响了村民的生活,环境污染非常严重。

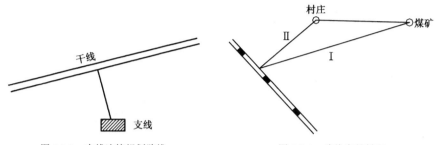

图6-2-2 支线连接规划路线　　图6-2-3 路线穿越村庄

(3)路线布设时应注意避开通信线路和其他管线,尽量减少与铁路直交,遇文物古迹或风景点时,应绕避。

4)正确处理好路线与桥位的关系

(1)对于大、中桥,一般其桥位在满足路线总方向的前提下,都是路线的控制点。桥位应选在河床稳定、河道顺直、河面较窄、地质良好以及两岸地形有利于桥头引线布设的河段。

一般情况下,桥位中线应尽可能与洪水主流流向正交,桥和引道最好都在直线上。如果两端引道必须设置曲线,则应在桥两端保证一定长度的直线段,半径应尽量采用较大值。若不能做到正交,也可设置斜桥和曲线桥。布线时须防止两种偏向:一是不应片面强调桥位,以致路线过分迂回,或过分强调正交桥位,出现桥头急弯,影响行车安全;二是不应只顾线形顺直,造成桥位不合适或斜交角度过大,增大工程投资或增加施工难度。

如图6-2-4所示,甲、丁方案桥位正,但偏总方向远,桥头引线不好;乙方案线形较好,但桥位在河湾处且斜交角度大;而丙方案在"S"形河腰部跨河,线形好,不偏离总方向,桥位略斜交。因此丙方案为可取方案。

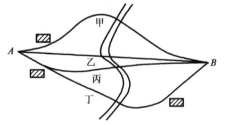

图6-2-4 "S"形河腰部跨河路线布设

(2)小桥涵的位置应服从路线走向,不要过多考虑小桥涵的跨河位置,一般情况下为斜交。但遇到斜交角度过大或河沟过于弯曲的情况时,可采取改移路线或改移河道的做法作适当调整。改移路线时其斜交角度不宜过大;而改移河道的做法则是在河沟过于弯曲的情况下才可能采用,并且改移的长度和数量不宜过大。

(3)渡口的位置,应选在易于摆渡、易于修建码头的地方,要避开浅滩和暗礁。

5)注意当地的水文条件

平原区河道、湖泊、池塘较多,地势低,地下水位高,使得水文地质条件较差,容易影响路基的稳定性。

在设计中,除了保证最小填土高度,采取必要的路基稳定性处理措施以外(比如换土、清淤、降低地下水位等),选线时应尽量沿接近分水岭的高地布线,或沿旱地布线。

一般应避免直穿较大面积的湖泊、水塘、泥沼或洼地等。若必须穿越,应选择在窄而浅、基底平缓且尽可能靠边的地方通过,同时采取必要的措施。

6)充分利用旧路

路线布设时若遇旧路,则应尽可能充分利用,以减少工程造价和占地面积。旧路利用时,应以保证技术标准为前提,不能因为旧路限制而降低相应的公路技术标准。

7)尽量靠近建材产地

平原地区一般缺乏砂石建筑材料,在可能的情况下,路线应尽可能靠近筑路材料丰富的地方,以减少施工、养护材料的运输费用。

二、山岭区选线

1. 基本认知

1)山岭区自然条件及其与路线的关系

(1)地形复杂:地面横坡在25°以上,起伏多变,山高谷深,水流较急。但山脉水系清晰,为山岭区选线指明了方向,即顺山沿水,或横越山岭。山岭区地形是影响路线布设的主要因素。

(2)地质复杂:山岭区地质现象比较复杂,常见的不良地质现象主要有滑坡、碎落、泥石流等。它们对公路的影响很大,在选线中,应特别注意对这些不良地质现象的分布区域、活动规律进行详细调查研究,采取的必要措施,如绕避、靠近或穿越。

泥石流的破坏仅次于水毁,其特点是:爆发突然,危害大,直接冲毁或淤埋公路,堵塞河道,造成河水上涨,淹没公路、村庄和农田。

(3)水文径流复杂:表现在沟底比降大,导致水流的流量增大。平时水量不大,但在雨季水量很大,山洪猛起猛落,破坏性大。对公路的危害主要是水毁。因此,在选线时要充分考虑洪水的威胁。

(4)气候复杂多变:表现在气候的多变性。夏季雨多,冬季雪多、冰冻严重,高山地区雾多,高原地区气压低、气温变化大。这些气候条件对汽车行驶不利。

(5)材料来源方便:砂、石、水源丰富,可以做到就地取材,降低造价。

2)山岭区路线布设原则

以纵坡为主导,设计时首先考虑纵断面线形,其次才考虑横断面及平面线形。

3)山岭区公路路线布设形式

根据山岭区地形特点,路线与地形的相互关系,按路线所经部位不同,一般可将山岭区公路分为沿河(溪)线、越岭线、山脊线和山腰线四种形式。其中,沿河(溪)线是沿着河岸(溪岸)布设的路线;越岭线是翻越山岭的路线;山脊线是沿着分水岭布设的路线;山腰线是离开河流一定高度,在山坡上布设的路线。

以上四种线形,由于所处的位置不同,因而选线中要解决的主要问题也不同。其中,山腰线可归属于沿河(溪)线的高线或越岭线的一部分或山脊线的一部分,因此对山腰线不做单独介绍。下面分别介绍沿河(溪)线、越岭线和山脊线的布设特点和应注意的主要问题。

2. 沿河(溪)线

1) 沿河(溪)线特点

优点:路线走向明确,只能顺山沿水布设;线形平缓、顺直,纵坡一般小于5%,可达到较高的标准;材料来源方便,河谷内一般都有丰富的砂、砾、石料以及水,可就地取用,为施工和之后的养护工作创造了条件;联系居民点多,服务性好,山区居民一般沿河谷两岸居住,沿河谷修路,能很好地为群众服务。

缺点:洪水威胁大。暴雨时水位猛涨猛落,冲刷力大。若线位高度设计不合理,公路常常受到水毁,使交通中断;艰巨工程多,河谷一般含石头较多,悬崖陡壁多,而且间断出现,导致石方工程集中,开挖困难;桥涵防护工程多,由于沿岸两侧地质、地形复杂,常常需要跨河换岸以避让艰巨工程,另外支沟多,使得桥涵多,路基支挡防护工程多;占地多,主要指占用农田较多,山区良田大多是沿河两岸阶地分布,而线形也是利用阶地布设。

2) 路线布设

沿河(溪)线布设的主要矛盾是解决路线与水的问题,以防水毁。为此,路线布设时需要解决河岸选择、线位高度、桥位选择等问题。

(1) 河岸选择:确定路线设于河的哪一岸。

一般来说,河谷两岸地形、地质、水文等条件各不相同,各有利弊,而且往往有利点在两岸交替出现。由于布设路线要充分利用有利的一岸,有时需要跨河换岸。对于小河沟,跨径不大,换岸比较方便,造价增加不会过大;但对于大的河流,跨径较大,建桥费用增加较多时,建桥换岸应经过技术经济比较,慎重考虑。

河岸选择时应考虑以下因素:

①地形、地质条件。路线布设时应选择在地形平坦,有可以利用的阶地,支沟少,水文地质条件良好的一岸。布线时可能需要跨河换岸,这时应深入调查,全面分析。

如图 6-2-5 所示,路线沿响水河两岸布设,若走左岸(甲方案)则地形陡峻,且有连续陡崖。若走右岸(乙方案),则地势平缓,但到夏村后会遇到更陡峻的悬崖,不宜布线,只好再跨回左岸,在 3km 长度内反复跨河,需建中桥两座。如路线不跨河(甲方案),虽需集中开挖一段石方,但与连续架桥方案相比造价明显降低。

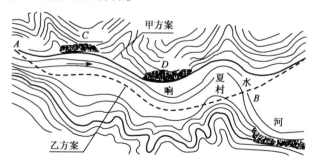

图 6-2-5　沿河(溪)线河岸选择

②积雪、冰冻地区。一般山坡有阳坡、阴坡之分,也有迎风面和背风面之分,它们对路线的影响不同。路线布设时应尽可能选择在阳坡、迎风的一面,以减少路面在冬季积雪。河岸也有

阳岸与阴岸之分,路线布设时也应尽可能选择阳岸。

③村镇、居民点的分布。除国防公路以及高速公路、一级公路外,路线布设时应尽可能选择在村镇多、人口密的一岸,以方便居民出行。

(2)线位高度选择。

沿河(溪)线线位高度的选择十分重要。若高度选择不当,公路就会受到洪水的威胁,影响路基的稳定与安全。布线时应考虑洪水高度、地形、地质条件等,并进行综合分析后确定。

根据路线相对于沟底的不同位置,沿河(溪)线可分为低线和高线两种,如图6-2-6所示。

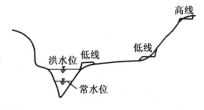

图6-2-6 沿河(溪)线低线与高线横向示意图

①低线。

低线:指高出设计洪水位不多,路基临水一侧边坡经常受到洪水威胁的路线。

低线的优点:a.线形好。无论是平面或纵断面都容易达到较高的标准。b.土石方工程量小、边坡低、易稳定。由于河谷地形平坦,有阶地可以利用,因此路基土石方工程数量较小,路基高度降低,路基稳定性好。c.路线活动范围相对较大,便于选择有利地形和避让不良地形。d.跨支沟和主流方便。

低线的缺点:a.受洪水威胁大;b.防护工程多;c.占田多,废方不好处理。

②高线。

高线:指高出设计洪水位较多,基本不受洪水威胁的路线。一般多用于要利用大段较高台地或傍山临河线易被积雪掩埋以及为避让艰巨工程而提高线位等情况。

高线的优点:a.不受洪水威胁;b.废方较易处理;c.遇有不宜设低线的河谷,可把路线提到谷地以上的山坡上。

高线的缺点:a.路线在山坡通过,线形曲折,纵坡起伏,指标较低,工程量大。b.跨河较难。跨主河时,由于路线过高,常需展线急下才能跨过;跨支流时,需建大跨径高桥,或路线绕进很多,使线形标准降低,里程增加,工程量增大。c.遇到不良地质地带,难以避让或处理。d.施工和养护用水、运料都不如低线方便。路基一旦损坏,抢修较难。

综合高线和低线的特点,一般情况下,低线优于高线,原则上"宁低勿高",在满足规定的设计洪水位的条件下,路线越低,工程越经济,线形越好。但应注意修建必要的防护工程(如挡土墙、护坡、护脚等),防护工程做得比较好、比较完善时,可允许洪水在局部地段淹没路基。

(3)桥位选择:可划分为跨主河道和跨支流两种情况。

①跨主河道。跨越主河道的桥位位置,是路线的主要控制点,选择时应尽可能选在河段顺直、河面较窄、河岸稳定、施工方便以及桥头引线舒顺的地方。常见的跨河地点选择有以下几种:

a.在S形河道腰部跨河,如图6-2-7所示。在这种情况下,桥头引道线形平顺、舒畅。如果为大桥,应力求正交。若为中、小桥,可适当斜交,有利于路桥协调。

b.在河湾附近跨河,如图6-2-8所示。这种情况下的桥头引道也比较平顺。要注意河湾水流对桥的影响,应采取防护措施。

c. 在顺直河道跨河,如图 6-2-9 所示。当路线与河道接近平行时,若需要跨河,为保证行车安全,必须处理好桥头引线。路线布设时,对于图 6-2-9a)所示的线形应尽量避免。当必须采用这种方式跨越时,中、小桥可考虑设置斜交桥以改善桥头线形;如为大桥,当不宜设斜交桥时,需对桥头路线作适当处理,如图 6-2-9b)所示。

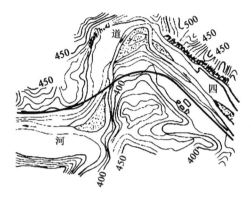

图 6-2-7 在 S 形河道腰部跨河(高程单位:m)

图 6-2-8 在河湾附近跨河

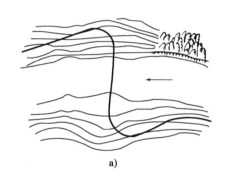

a)

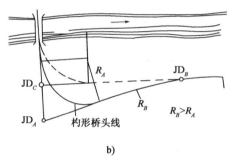

b)

图 6-2-9 在顺直河道跨河

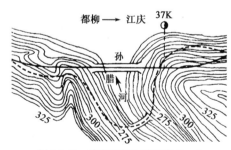

图 6-2-10 跨支流布线(高程单位:m)

②跨支流。支流的跨越方式有两种,即在沟口直跨与绕进支沟上游绕跨,如图 6-2-10 所示。支流的跨越方式,应根据公路等级、地形、地质等因素决定。一般高等级公路宜采用在沟口直跨,低等级公路可采用绕进支沟上游绕跨。

3)几种特殊地形条件下的路线布设

(1)开阔河谷布线。

如图 6-2-11 所示,这种开阔河谷的地形平缓,大多为农田或山区居民点。一般路线有三种布设法:沿河布线、直穿布线和山脚布线。

①沿河布线:纵坡均匀,线形好,但受洪水威胁大,防护工程多,布线时可采用路堑与路堤结合。这是一种较好的布线方式。

②直穿布线:标准高,但占用农田多,尽量不采用。

③山脚布线:平、纵线形较差,但不占农田,是一种可采用的布线方式。

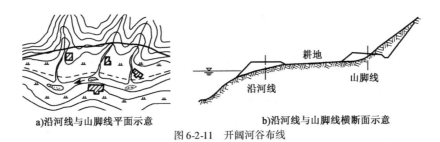

图 6-2-11　开阔河谷布线

(2)山区河谷等地的布线。

①山嘴布线[图6-2-12a)]。

a.沿山嘴自然地形绕行:这种布线方式由于线路展长,在纵坡受限地段,有利于争取路线高度(隧道除外),但易受不良地质的危害和河流冲刷,路线安全条件较差。

b.以路堑或隧道取直通过:这种布线方式路线短而顺直,安全条件较好,但隧道较长时,工程费用较高,应全面分析和综合比选。

②河湾布线[图6-2-12b)]。

对于河湾,有三种布线方式:一是沿自然河湾绕线,二是两次跨河取直线,三是改移河道取直线。

具体采用哪种方式要通过比较技术经济指标决定。一般情况下,高等级公路应采用直穿方案,而低等级公路多采用绕线通过,但山岭区低等级公路为满足填河造田的需要,有时也采用改移河道取直线的做法。

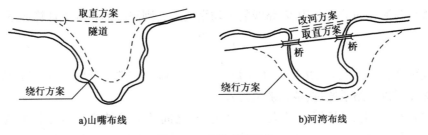

图 6-2-12　山嘴、河湾布线

③陡崖峭壁布线。

在山区河谷两岸,常常分布有悬崖峭壁,有时两岸都是悬崖峭壁,此时称为峡谷,峡谷可分为 U 形谷和 V 形谷。这种地形河床狭窄,水流很急。

路线通过峡谷和悬崖峭壁时,一般可采用绕避和直穿两种方案。

a.绕避。

绕崖顶方案:要求崖顶有可供布线的合适地形,崖顶过高时不宜采用。

局部越岭方案:崖顶以上应有符合走向的垭口。

以上两种方案的共同点是纵断面上而复下,需要相当长的过渡段,上下线位高差大;当崖顶过高,峡谷不长时不宜采用。

b.直穿。

直穿悬崖峭壁或峡谷,这种情况下路线的平面和纵断面活动余地小。布线时可根据河床宽窄情况,采用不同的方案,见表6-2-1。

直 穿 方 案 表　　　　　　表 6-2-1

编号	方　案	适 用 条 件
1	占河争路	适用于河床较宽,压缩河道后洪水位抬高不多的情况。靠河侧应修建浸水挡墙
2	筑路与治河结合	适用于当河床较窄,压缩河道后洪水位抬高较大时。应开挖对岸突出的山嘴,清除河床的漂石,增大过水面积
3	台口式路基	适用于在河床一侧硬开路基的情况,要注意废方处理,不应堆入河道
4	顺水桥	适用于两岸石壁非常接近的情况
5	悬出路台和半山桥	适用于 V 形谷
6	半山洞和隧道	前五种方案不能适用时

④河床纵坡陡峻的河段布线。

在山区河谷中,有时会遇到急流和跌水,河床沟底纵坡在短距离内突然下降几米至几十米,而路线即使采用最大纵坡也不能下至河谷,此时为尽快降低路线,避免把路线吊在半山腰,可利用平缓的山坡或利用支沟展长路线,克服高差。

3.越岭线

越岭线就是沿分水岭一侧山坡爬上山脊,在适当地点穿过垭口,再沿另一侧山坡下降的路线。

越岭线的特点是克服高差大,路线的长度和平面位置主要取决于路线的纵坡,因此,越岭线选线以纵坡为主导。

假设垭口与河谷间的高差为 H,路线的平均纵坡为 i,则路线的长度 L 计算如下:

$$L = \frac{H}{i}$$

由上式可知,当 i 一定时,H 越小,L 越短。因此,选线时应选择低的垭口通过,或将垭口向下挖一定深度或以深路堑通过,或以隧道形式通过。

另外,当 H 一定时,L 越短,i 越大。越岭线 AB 之间的自然坡度通常比标准规定的纵坡大,此时必须通过展线来延长路线长度 L,其目的是减小纵坡,使 i 满足规定。

展线:以一定的纵坡利用地形延长路线,克服高差。

越岭线布线时主要应解决三方面问题:垭口的选择、过岭高程的确定和垭口两侧路线的展线。

1)垭口的选择

垭口是指分水岭上一些马鞍形凹口。对越岭线来说,垭口是路线方案的重要控制点。垭口的位置、高程,决定了将来路线的长度和标准。一般应在基本符合路线走向的较大范围内选择,综合考虑垭口的位置、高程、展线条件以及地质情况。

(1)垭口位置的选择。

垭口的位置、过岭高程和垭口两侧路线的展线条件三者之间密切相关,选择垭口位置时必须综合考虑垭口的过岭高程与两侧路线的展线。

在基本符合路线走向的前提下,首先应考虑上下高差小,展线降坡后路线能直接抵达控制点,不出现无效的延长路线的垭口。其次才考虑稍微偏离路线方向的其他垭口,如图 6-2-13 所示。

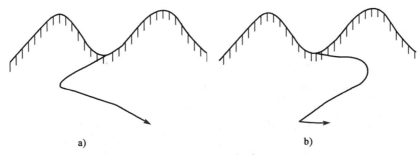

图 6-2-13　垭口位置选择时路线走向比较

(2) 过岭高程选择。

过岭高程的选择,一般应考虑高程较低的垭口。在高海拔地区,常有积雪、结冰、大雾等气候,对行车很不利,为避免这种不利的气候影响,选择高程较低的垭口。有时为了走高程较低垭口,即使方向有所偏离,也应注意比较。

(3) 垭口两侧路线的展线条件。

选择垭口时还须考虑垭口两侧路线的展线条件,要求垭口两侧的山坡比较平缓、地质条件良好,适宜展线。

(4) 垭口地质条件选择。

垭口附近通常为地质构造薄弱地带,常伴有不良的地质现象,布线时应深入调查。摸清其性质和对公路的影响。

2) 过岭高程的确定

垭口的高程是指没有开挖之前垭口的原地面高程,而过岭高程是指路线采用不同方式通过垭口的设计高程。

过岭高程不同,路线的长度、工程量、投资费用等也不同。过岭高程越低,路线就越短,但路堑或隧道的长度就越深、越长,工程量也就越大。

过岭高程的确定,与路线等级、垭口的地质条件、过岭方式等因素有关。布线时应根据垭口的地形、地质条件综合考虑。过岭高程一般有三种,即浅挖低填、深挖垭口与隧道穿越。

(1) 浅挖低填。适用于宽而厚(肥大)、地质条件差的垭口。这种垭口往往有沼泽,一般不宜深挖,垭口的高程基本上等同于垭口的过岭高程。

(2) 深挖垭口。适用于垭口较窄、地质条件好的情况。布线时可以采用深挖路堑通过,但应注意挖方边坡的稳定性,一般挖深控制在 20~30m 以内。

垭口深挖,虽土石方工程较集中,但由于降低了过岭高程,相应缩短了展线长度,总工程量并不一定增加,即使有所增加,也可从改善行车条件,节约运营费中得到补偿。

如图 6-2-14 所示,甲方案挖深 9m,需设置两个回头曲线;乙方案挖深 13m,需设置一个回头曲线;丙方案挖深 20m,可顺山势布线,不需设置回头曲线。丙方案线形好,路线最短,有利于行车和节约运营费用。

(3) 隧道穿越。适用于垭口挖深超过 20~30m 又不宜深挖路堑的情况。当垭口挖深在 20~30m 以上时,应与隧道方案进行比较。

隧道穿越的优点是路线短、线形好、路线隐蔽和路基稳定、保护环境等,在高寒山区降低了高程,不受冰冻、积雪、大雾等的影响,可大大改善行车条件。其缺点是隧道造价较高,受地质条件影响大,施工技术复杂。

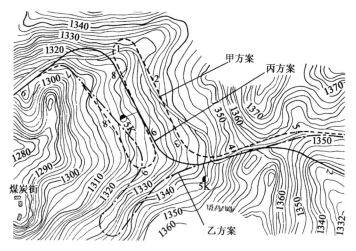

图 6-2-14　垭口采用不同过岭高程的展线方案布设(高程单位:m)

隧道的高程将直接影响路线的长度、建设投资费用、环境保护以及后续营运费用等。一般,隧道高程越低,路线越短,技术指标也越易提高,对营运也越有利。但高程低,隧道就长,造价就高,工期也长。布线时可通过综合比较各项因素,合理取舍。

隧道高程的选定不应仅考虑经济条件,还应考虑以下因素:

①地质和水文地质条件是选择隧道高程的决定性因素,选择时应尽量将隧道设在较好的地层中。

②隧道高程应设在常年冰冻线和常年积雪线以下,以保证施工和行车安全。

③隧道长度要考虑施工期限和施工技术条件等因素。

④在不过多增加工程造价的情况下,要适当考虑远景的发展,尽可能降低隧道高程。

⑤隧道高程和长度还须考虑对环境和生态的影响。

3)垭口两侧路线的展线

(1)展线布局。

越岭线展线的主要目的是克服高差。布局时以纵坡为主导,利用有利地形,避让不良地形和地质,通过合理调整纵坡坡度,并设置必要的回头展线来实现。具体步骤如下:

①拟定大致走法。

如图 6-2-15 所示,A、B 为方案选择阶段野外调查所确定的主要控制点,A、B 间的自然坡度往往大于最大坡度,需要进行展线布局,通过延长路线,克服高差来实现。A、B 之间的大致走法通常不是唯一的,这时要求选线人员经过广泛深入的调查,用手持水准仪确定的大概坡度作为引导,充分利用有利地形,避让不良地质,拟定路线的大致走法。

选线时大概坡度采用 3°,即 $\tan 3° = 5.25\%$,称为 3°草坡,由 A 点开始,利用有利地形开始放坡,直至山下终点 B。

②试坡定线。

试坡的目的是进一步落实已经拟定的大致走法,发现和加密中间控制点,发现局部新的比较方案,拟定路线布局。

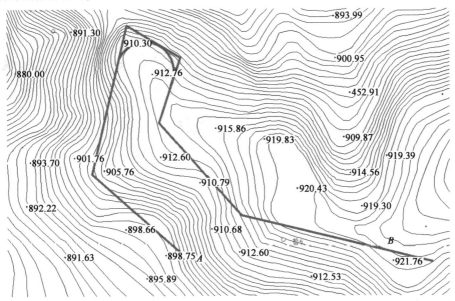

图 6-2-15　回头展线(高程单位:m)

试坡应从垭口开始向下放坡,因为由上而下视野开阔,便于了解和掌握地形的变化。

放坡必须以平均纵坡放出匀坡线(5%或5.5%),否则无法控制路线的长度以满足《规范》的有关要求。

③分析、落实控制点,决定路线布设方案。

按控制点的位置和高程是否可变动,可将控制点分为固定控制点和活动控制点。

固定控制点一般较少,大多数控制点是有活动余地的。在调整中,可先把活动范围小的控制点的平面位置和高程确定下来,然后适当调整坡度,定出活动范围大的控制点。

调整控制点时应注意:相邻控制点之间的坡度调整范围为 $i_{min} \leqslant i < i_{max}$,同时相邻控制点之间不能出现反坡。

控制点的调整方法如下:先定控制点,后在两点间定出匀坡线;或利用匀坡线交汇确定活动控制点;利用匀坡线定出回头地点。

(2)展线方式。

越岭线的展线方式有三种:自然展线、回头展线和螺旋展线。

①自然展线。

自然展线是以适当的纵坡,顺着自然地形,绕山嘴、侧沟来延长距离,以克服高差,如图6-2-16所示。

自然展线的优点是路线走向与地形走向基本一致,顺应地形自然升降,路线最短。与回头展线相比,其线形简单,技术指标较高,路线不重叠,对行车、施工、养护有利。

自然展线的缺点是避让艰巨工程和不良地质能力差,只有调整纵坡才能解决。

②回头展线。

回头展线是利用合适的地形,以回头的方式布设路线。回头曲线须符合两个条件:一是回头曲线的转角在180°左右;二是回头曲线的上线与下线应在同一侧山坡。当控制点间的高差大,靠自然展线无法获得需要的距离以克服高差,或因地形、地质条件限制,不宜采用自然展线时,路线可利用有利地形设置回头曲线进行展线,如图 6-2-17 所示。

图 6-2-16　自然展线

图 6-2-17　回头展线

回头展线的优点是便于利用有利地形,避让不良地质、地形和艰巨工程。

回头展线的缺点是在同一面坡上,上下线重叠,工程集中,互相干扰,线形差,不利于行车、养护和施工。

布设回头展线时,应注意以下两点:

a. 正确选择回头地点。这一点与回头曲线工程量和使用质量关系很大。

适宜设置回头曲线的有利地形包括:a. 山包;b. 平缓山脊;c. 平缓的山坡;d. 较缓的山沟;e. 较缓的山坳。

b. 尽可能拉长两回头间的距离,避免在同一山坡上多层展线,减少回头个数。

③螺旋展线。

当路线受到限制,需要在某处集中提高或降低某一高度才能充分利用前后有利地形时,可考虑采用螺旋展线。螺旋展线一般多在山脊利用山包盘旋,用旱桥或隧道跨线,以便在局部范围内快速降低路线高程,如图 6-2-23 所示。这种展线方式目前已较少采用。

4) 越岭线展线布局的基本形式

越岭线展线布局的基本形式是利用山谷、山脊和山坡展线。

(1) 利用山谷展线,如图 6-2-18、图 6-2-19 所示。

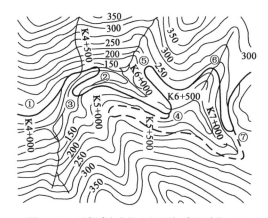
图 6-2-18　反复跨主沟的山谷展线(高程单位:m)

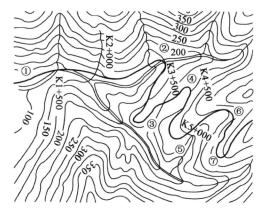
图 6-2-19　利用侧沟的山谷展线(高程单位:m)

(2)利用山脊展线,如图 6-2-20 所示。
(3)利用山坡展线,如图 6-2-21 所示。

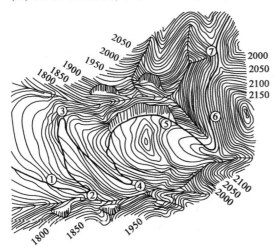

图 6-2-20　利用支脉山脊展线(高程单位:m)

注:①受高程控制较严,③、⑤、⑥点下方横坡陡峻,路线不宜再低,视为固定控制点,②、④点能稍许活动,布线时分别由①、③、⑤定出。

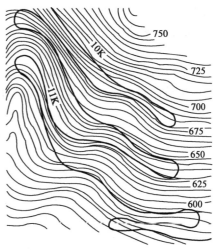

图 6-2-21　利用山坡展线(高程单位:m)

4. 山脊线

在山岭区,沿分水岭或两侧坡布设的路线称为山脊线或山坡线。

1)山脊线特点

(1)山脊线的优点:①土石方工程量小;②水文、地质条件好;③桥涵构造物较少。

(2)山脊线的缺点:①线位高,离居民点较远,服务性差;②缺乏筑路材料和水源,增加施工、养护难度;③高山气候条件下不利于行车。

鉴于以上缺点,当与其他路线方案比较时,往往放弃采用山脊线方案。

2)山脊线的选择条件

是否采用山脊线方案,主要应考虑下列条件:

(1)分水岭的方向不能偏离路线总方向过远。

(2)分水岭平面较顺直,纵断面各垭口间高差不应过大。

(3)控制垭口间山坡的地质情况较好,地形不过于陡峻零乱。控制垭口是指在山脊上一系列垭口中,起控制作用的垭口。当垭口高差不大时,每一个垭口都可作为控制垭口;当高差悬殊时,低垭口为控制垭口。

(4)上下山脊的引线要有合适的地形可利用,否则,山脊本身条件再好也难以利用。

3)山脊线布设

由于山脊线走向明确,基本是沿分水岭前进,因此,布线时主要解决三个问题:一是控制垭口的选择;二是分水岭两侧位置选择;三是试坡布线。

(1)控制垭口的选择。

山脊上每一组控制垭口都代表着一个山脊线方案,所以,控制垭口的选择是山脊线选择的关键。一般情况下,控制垭口应选在方向顺直、起伏不大处,若起伏较大,则舍去相对高的垭口,留下低垭口作为控制点;若有支脉横隔,在相距不远的几个并排垭口之间,选择其中一个与前后连接条件比较好的垭口作为控制点。

(2)分水岭两侧位置选择。

接近分水岭的侧坡是山脊线的主要布设地带,选择从哪一侧山坡通过,要综合分析比较后确定。一般宜选择坡面整齐、横坡平缓、路线短捷、地质稳定、无支脉横隔的向阳山坡。除两个侧坡优劣十分明显的情况外,都要对两侧作比较以定取舍,如图6-2-22所示。

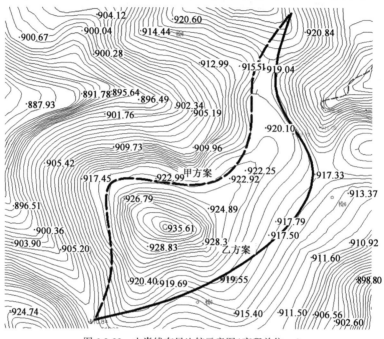

图6-2-22 山脊线布局比较示意图(高程单位:m)

(3)试坡布线。

在相邻两控制点之间布线,应结合具体地形,力求距离短捷,纵坡平缓。当控制点之间高差较大时,需要通过展线来克服高差,有时也需要采用回头展线或螺旋展线来克服高差;也可以采用修建桥梁的办法抬高低垭口或修建隧道的办法降低高垭口,使两控制点间的高差缩小。

当控制垭口之间有支脉横隔时,为避免路线绕行过远,缩短路线,有时需要采用上下起伏的纵坡,如图6-2-23所示。

三、丘陵区选线

1)地貌特点

丘陵区是介于平原区与山岭区之间的一种地形,可分为重丘区和微丘区两类。重丘区地形多山丘连绵、山坳交错,此起彼伏,山形迂回曲折,岭低脊宽,山坡较缓,丘谷相对高差不大,常存在路路可通的情况;微丘区指的是地面起伏不大,自然坡度平缓,相对高差一般在200~500m以内的地形。

重丘区与山岭区不易划出明确界线,技术指标与山岭区大致相同。

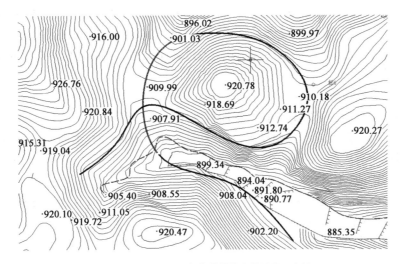

图 6-2-23 采用上下起伏的纵坡山脊展线示意图

2)路线特点

丘陵区的地形决定了通过丘陵区路线的特点。

(1)局部方案多。

(2)为了充分适应地形,路线纵断面会有所起伏。

(3)路线的平面以曲线为主,如图 6-2-24 所示。

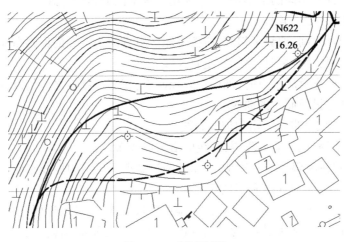

图 6-2-24 丘陵区地形

3)路线布设原则

丘陵地区选线,要根据丘陵地区地形特点(地形起伏,丘岗连绵,相对高差不大),选出方向顺直、工程量少的路线方案。

(1)微丘区选线。应充分利用地形,处理好平、纵线形的组合。不应迁就微小地形,造成线形迂回曲折,也不宜采用长直线,造成纵断面线形起伏频繁。

(2)重丘区选线注意事项。

①注意利用有利条件减少工程量。

路线应随地形变化布设,在确定路线平面、纵断面线位的同时,应注意横向填挖的平衡。横坡较缓地段,可采用半填半挖或填多于挖的路基;横坡较陡地段,可采用全挖或挖多于填的路基。应注意挖方边坡的高度,不致因挖方边坡过高而失稳。同时还应注意纵向土石方平衡,以减少废方与借方。

②注意平、纵、横应综合设计。

不应只顾纵坡平缓,而使路线弯曲,平面标准过低;或者只顾平面直捷,纵断面平缓,而造成高填深挖,工程量过大;或者只顾经济,过分迁就地形,而使平面、纵断面过多地采用极限或接近极限的指标。

③注意少占耕地、不占良田。

a. 线路宜靠近山坡布设,尽量做到少占耕地、不占良田,但应避免因过分靠近山坡增加工程量,要给出不同方案,征求地方意见后选定。

b. 当线路通过个别高台地或山鞍时,应结合地质、水文条件,做深挖与隧道的方案比选,以节约耕地或避免病害。

c. 当线路跨越宽阔沟谷或洼地时,应结合节约用地的要求做旱桥与高填方案的比选。遇到冲沟比较发育的地段时,高速公路、一级公路和二级公路可采用高路堤或高架桥的直穿方案;三级公路、四级公路则宜采用绕越方案。

d. 应结合灌溉系统及流量要求,修建相应的桥涵,注意避免引起水害、冲毁或淹没农田。

4) 丘陵区的路线布设

丘陵区布线时针对不同的地形条件,可采用三种不同的布线方式。

(1) 平坦地带——走直连线。

两个已知控制点之间,地势平坦时,应按平原区以方向为主导的原则布线。

①当无地质、地物障碍物时,路线应走直连线;
②当有障碍物或靠近居民点时,加设中间控制点,相邻控制点之间仍以直线连接;
③路线转折处应设长而缓的曲线。

(2) 具有较陡横坡地带——沿匀坡线布线。

①如无地形、地物、地质上的障碍,路线应沿匀坡线布设;
②如有障碍,则在障碍处加设控制点,相邻两控制点间仍按匀坡线布设。

(3) 起伏地带——走直连线和匀坡线之间。

起伏地带属于具有横坡的地带,其特点是地面横坡较缓,匀坡线迂回。在这种地形条件下,如走直连线,路线最短,但起伏很大,为了减缓起伏,势必会出现高填深挖的情况,增加工程量;如走匀坡线,坡度均匀,但路线迂回,里程增长不合理。

这种"硬拉直线"和"走曲求平"的做法都不可取,如图6-2-25所示,如果路线走在直连线和匀坡线之间,比直连线起伏小,比匀坡线距离短,而且工程量也较省。路线的具体位置,要根据地形起伏程度和路线等级而定。

①对于较小的起伏地带。在坡度和缓的前提下,一般是低等级公路工程量宜小,路线可偏离直连

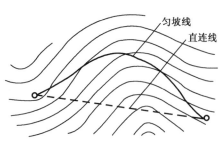

图 6-2-25 匀坡线示意图

线远些;高等级公路则尽可能缩短距离,使路线离直连线近些。

②对于较大的起伏地带。两端与谷底高差经常不同,高差大的一端纵坡常常是决定性因素。一般以高差大的一端为主,结合梁顶的挖深和谷底的填高来确定路线的平面位置。

总之,丘陵区选线,由于可选的路线方案较多,而且各方案之间的优缺点相差不大,因此特别强调要多跑、多看、多问、多比较,以确定一条合适的路线。

一、任务实施流程

本工作任务可按以下脉络开展实践与交流:
(1)任务解读(公路选线与分析);
(2)实践任务分解与分工;
(3)学生讨论;
(4)资料收集;
(5)课程实训:公路选线分析实训,完成"学习任务实施"部分的相关任务;
(6)上交成果:《××公路路线选线分析报告》;
(7)学生自测与自评;
(8)组长对组员进行考核。

二、学习任务实施

(1)任务名称:山岭区选线。
(2)基本资料:合适地形图,如图6-2-26所示(样图),三级公路,设计速度$V=40\text{km/h}$。

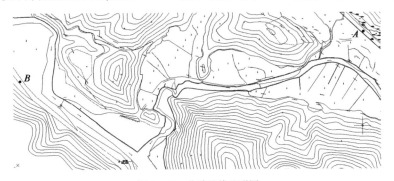

图6-2-26 公路选线地形图

(3)任务:
①在 A、B 两点之间初拟 2~3 个路线方案;
②在每个方案之间布设合适的控制点,逐渐安排路线走向;
③撰写路线选线分析报告。
(4)要求:
①根据班级人数分成若干组,一般 5~6 人/组;

②以组为单位,由组长组织各组员完成上述任务①和②;

③各组员分工完成上述任务③然后集体讨论,组长负责成果整理与结果分析,按任务目标的要求上交《××公路路线选线分析报告》。

(1)如何理解路线方案、沿线主要控制点、路线总方向的相关概念?
(2)影响路线方案选择的主要因素有哪些?
(3)简述公路路线选线过程及选线步骤。
(4)简述路线方案选择的一般内容。
(5)简述平原区路线布设要点。
(6)如何理解沿河(溪)线、越岭线、山脊线的概念?
(7)简述沿河(溪)线布设需解决的问题。
(8)越岭线选线时需要解决哪些问题?
(9)越岭线有哪些展线方式?
(10)丘陵区路线布设有哪些特点?

模块七 MODULE SEVEN
公路定线与放线

工作任务一　纸上定线

 学习目标

1. 通过学习,熟练掌握纸上定线的方法与要求;
2. 熟悉纸上定线的基本概念;
3. 熟悉纸上定线的基本操作步骤。

 相关知识

公路定线是指在选线布局中确定的"路线带"范围内,根据公路等级,结合地形、地质及其他自然条件,综合考虑平、纵、横三方面的合理安排,最终确定公路中线的确切位置。

公路定线是公路测设的关键,它不仅要解决工程技术、经济方面的问题,还要考虑公路与周围环境的协调性,以及工程技术标准、国家政策等因素的影响。因此,定线人员要在把握定线技巧的基础上,充分了解公路的使用任务、性质和要求,熟悉路线所经地区的地形、地质情况,通过设计方案的比选、反复试线,在众多相互制约的因素中,定出一条最佳的路线设计方案。

公路定线根据公路等级、技术要求和自然条件,一般有纸上定线、实地定线和航测定线三种方法。对技术等级高,地形、地物复杂的路线,必须先纸上定线,然后把纸上所定的路线敷设到实地上;实地定线就是直接在现场通过插点、穿线、定交点的方法定出公路中线的过程,它一般适用于公路等级较低、地形条件简单的路线;航测定线是利用航摄相片、影像地图等航测资料,借助航测仪器建立与实地完全相似的立体光学模型,在模型上直接定线。

公路定线按不同的地形条件,所要解决问题的重点不同。

平原微丘区的地形比较平缓,路线的纵坡一般不受高程限制,定线的重点是如何正确地绕越控制点之间的障碍,建立起中间控制点,使控制点间的路线顺直、短捷。

山岭重丘区地形复杂,高差大,横坡陡,定线的重点是如何利用有利地形,安排好纵坡,避免工程艰巨和不良地质地段。

现以路线平面、纵断面、横断面受限制较严的越岭线为例,将纸上定线的方法与步骤阐述如下:

1. 拟定路线走向

在大比例尺(一般为1∶1000~1∶5000)地形图上,根据路线的起、终点和中间控制点,仔细分析控制点间的地形、地质及地物情况,选择地势平缓、山坡顺直、河谷开阔及有利于回头展线的地点等,拟定路线各种可能的走向,完成路线的总体布局。

2. 放坡试线

设等高线间距为h,选用的平均坡度为$i_{均}=5.0\%\sim5.5\%$(视相对高差而定),则等高线平距$a=h/i_{均}$。如图7-1-1所示,从垭口开始,使两脚规的开度等于a(比例与地形图相同),自上而下依次在等高线上截取1,2,3…各点,直至山脚控制点附近。如果放到山脚控制点时,其位置和高程均接近控制点,说明放坡试线方案成立,否则应调整或修改走向重新放坡试线,直至方案成立,将已定1,2,3…各点连成折线,称为匀坡线。

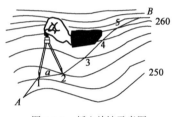

图7-1-1　纸上放坡示意图

3. 定导向线

根据已得到的匀坡线,分析路线所经地带的地形、地物及工程艰巨情况,确定应避让或绕越的中间控制点,调整中间控制点前后的纵坡,重新在等高线上放坡,截取$1'$,$2'$,$3'$…各点,将$1'$,$2'$,$3'$…各点连成折线,称为导向线。

4. 修正导向线

(1) 在导向线的基础上,初步进行平面试线,并确定圆曲线半径,量出地形变化特征点桩号及对应的地面高程,绘制纵断面地面线,初步拉坡,然后计算出各桩号概略设计高程。

(2) 在平面试线各桩号的横断面方向上,定出与概略设计高程相应的各点,这些点的连线是具有理想纵坡、中桩处不填不挖的折线,称为修正导向线。

(3) 根据修正导向线各点横断面方向的地形,绘制横断面地面线,用路基模板在横断面图上找出路基中线不填不挖、工程经济或起控制作用的最佳位置,以及路基中线可以活动的范围。将取得的最佳位置点用不同符号标注在平面图上,这些点的连线是具有理想纵坡、横断面位置最佳的平面折线,称为二次修正导向线。

5. 定线

定线是在分析研究二次修正导向线上各特征点的性质和可活动范围的基础上,反复试线,按规定的技术标准进行最后定线。具体操作有以下两种方法:

(1) 直线型法:在二次修正导向线上,按弃少就多、保证重点的原则,先用直尺绘出与较多地形相适应的一系列直线段,然后用适当的平曲线连接相邻直线。直线型法适用于地形简单的平原或微丘地区。

(2) 曲线型法:此法适用于以曲线为主的连续线形。具体定线时仍以二次修正导向线为基础,但定线的过程与直线型法相反,即根据导向线上各点受地形、地物控制的宽严程度,先用不同的圆弧分别拟合控制较严的地段,定出圆曲线部分,然后用适当的缓和曲线顺滑连接相邻圆曲线。若相邻圆曲线之间相距较远,也可根据需要插入直线段,形成一条以曲线为主的平面线形。曲线型法适用于地形、地物复杂的丘陵或山岭地区。

6. 纵断面设计

路线确定以后,量出路中线穿过每一等高线处的桩号及高程,绘制纵断面图中的地面线,进行纵坡设计。根据设计纵坡,检查所定路线是否经济合理,如填挖过大,应进行修改。修改是调整纵坡还是改移中线,或两者都改,应对平、纵、横三方面充分研究后确定。

纸上定线是一个反复试定路线的过程,平面试线的修改次数越多,最后所定路线的设计质量越高,直到认为再修改已得不到显著效果时,纸上定线工作才算完成。

任务实施

一、任务实施流程

本工作任务可按以下脉络开展实践与交流:
(1)任务解读(根据所提供的资料,完成公路纸上定线);
(2)实践任务分解与分工;
(3)资料收集;
(4)完成公路纸上定线;
(5)上交成果:《××公路纸上定线报告》;
(6)学生自测与自评;
(7)组长对组员进行考核。

二、学习任务实施

(1)任务名称:公路纸上定线。
(2)基本资料:若干套地形图及相关设计要素(包括公路等级、设计车速、地形分类等)。
(3)任务:
①根据地形、公路等级、纵断面、填挖等,在要求的控制点间确定路线走向及交点位置。
②确定每个交点处的圆曲线半径、缓和曲线长度,根据交点坐标、圆曲线半径、缓和曲线长度计算曲线要素、里程桩号等,编制直线、曲线及转角表。根据计算的平面设计资料,在图中注明相应的里程桩号。
③分组讨论并详细分析各图中公路平面设计的合理性。
(4)要求:
①根据班级人数分成若干组,一般5~6人/组。
②以组为单位,各组员完成上述任务①和②,组长负责检查各组员的计算或分析结果,做好记录供集体讨论。
③全组共同完成上述任务③,组长负责成果的记录与整理,按任务目标的要求上交成果。

三、案例分析

[案例] 图7-1-2为某山岭重丘区部分地形图,图中已定出两个控制点:垭口位置 A 点和

山坡坡脚 D 点,在 A 点和 D 点之间设计一条越岭线。

解:其定线过程如下。

①拟定路线走向。

由图 7-1-2 中等高线可看出,该部分东南方向地形较陡,西北方向地形较缓,且在西北处有较为平坦的山脊,由此确定路线的大致走向应为西南方向。

②放坡试线。

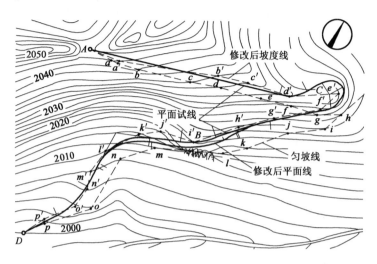

图 7-1-2　某山岭重丘区部分地形图(高程单位:m)

如图 7-1-2 所示,其相邻两等高线之间的高差(即等高距)为 2m,A 点与 D 点之间相对高差接近 60m,选用的平均坡度应不大于 5.5%,则等高线平距 $a = h/i_{均}$。从垭口 A 点开始,使两脚规的开度等于 a,自上而下依次在等高线上截取 $a,b,c\cdots$ 各点,直至 D 点附近。如果放到 D 点时,其位置和高程均接近 D 点,说明放坡试线方案成立,否则调整或修改走向后重新放坡试线,直至方案成立,将已定 $A,a,b,c,\cdots,D$ 各点连成折线,形成匀坡线。

③定导向线。

由图 7-1-2 中匀坡线可看出,匀坡线在 B 处陡崖中间穿过,而且也没有利用有利于设置回头曲线的 C 点,为此将 B 和 C 两处定为中间控制点,然后调整 B、C 两处前后路线的纵坡,重新在等高线上放坡,截取 $a',b',c'\cdots$ 各点并连接,确定出导向线。

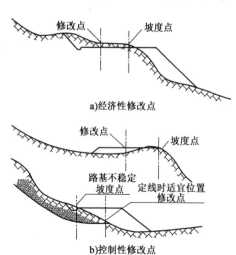

图 7-1-3　经济性和控制性修改横断面示意

④修正导向线。

根据导向线初步拟定出平面线形,拟定圆曲线半径,量出地形变化特征点桩号及地面高程,绘制纵断面图,参考地面线设计理想纵坡,计算出各桩号概略设计高程。然后从纵断面与特殊横断面两方面考虑对导向线进行修正,如图 7-1-3 所示,确定出修正导向线。

⑤定线。

在修正导向线上,按弃少就多、保证重点的原则,用直尺绘出与较多地形相适应的一系列直线段,然后用适当的平曲线把相邻直线连接起来,如图7-1-2所示。

工作任务二　实地定线和纸上移线

学习目标

1. 通过学习,熟练掌握实地定线和纸上移线的基本原理;
2. 熟悉实地定线和纸上移线的方法和步骤;
3. 熟悉实地定线和纸上移线的技术要点,能根据实际因素合理选定圆曲线半径。

相关知识

一、实地定线概述

实地定线是指设计人员在现场通过反复试插路线,直接选定交点的定线方法,是低等级公路定线的常用方法。实地定线的原则与纸上定线基本相同。实地定线时,定线人员直接面对实际地形、地质及水文等具体情况,较纸上定线直观;在现场受视线条件限制,定线时存在一定的片面性和局限性,因此定线人员要有一定的选线经验,要多跑、多看、多问,摸清路线所经地带的地形、地质等变化情况,反复试定路线,才能定出好的路线。

1. 以点定线

当路线不受纵坡限制时,定线以平面和横断面为主要考量因素。其要点是以点定线、以线交点。如平原微丘区实地定线时,以点定线就是在路线布局和逐段安排阶段确定的控制点之间,结合各种因素,进一步选定影响中线位置的小控制点,然后根据这些小控制点,大致穿出直线;以线交点就是再结合路线的标准,进一步调整各段直线,使之在满足路线标准的前提下,通过主要的小控制点,最后延长相邻两直线交出交点。

1)控制点的加密

两控制点相距较远时,一般不可能作直线(特别是地形困难、等级较低的公路),常常需要设置交点,使路线转弯,避开障碍物,利用有利地形,以达到技术与经济目的。加密控制点,就是在实地寻找控制和影响公路中线位置的具体点位。所谓小控制点,就是结合路线标准,在平、纵、横三个方面对局部路线位置起控制作用的点。小控制点有经济性和控制性两种控制点。

经济性控制点是指在路线穿过斜坡地带时,考虑横向填挖平衡或横向施工经济(有挡土墙及其他加固边坡时)等因素而确定的小控制点。如图7-2-1中Ⅱ-Ⅱ中线位置,使挖方面积和填方面积大致相等,这时的线位即为经济性控制点。这类点由于仅从横向施工经济出发控

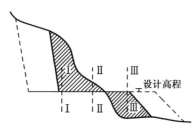

图 7-2-1 横断面经济性控制点

制线位,故只能作为穿线定点的参考位置。

控制性控制点是受艰巨工程、不良地质、地物障碍、路基边坡稳定等因素限制所确定的公路中线位置的控制点。图 7-2-2 是几个主要因素对线位影响的示意图。从图中可看出,控制点的位置还与路基的形状尺寸、加固方式、通过不良地质地段的工程控制、地表形状、路基设计高程等因素有关。定线时应综合考虑这些因素,合理确定小控制点的位置。

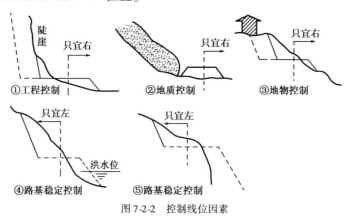

图 7-2-2 控制线位因素

2) 穿线定点

受各种因素限制的平面位置控制点比较多,而且这些点在平面上的分布又没有一定的规律,另外受路线技术标准和平面线形组合的限制,不可能照顾到每一个控制点。因此,穿线定点,就是根据技术标准和线形组合的相关要求,满足控制性控制点和照顾多数经济性控制点,前后照顾,用穿线的办法延长直线,交出转角点。

此外,在具体穿线定点时还应考虑两交点之间的直线长度、平面视距、纵坡和平纵面线形的相互协调,以及路线与桥梁、路线与其他特殊构造物的配合等问题。

2. 放坡定线

当两控制点间高差较大,路线受纵坡限制时,定线应以纵坡为主导,采用放坡定线。如山岭区越岭线实地定线的方法和步骤如下:

(1) 分段安排路线。

在路线全面布局所拟定的主要控制点之间,根据地形、地质、水文等情况,自上而下用粗略试坡的方法确定中间控制点,确定路线轮廓方案。

(2) 放坡。

放坡就是在现场按照要求的设计纵坡(或平均坡度)找出地面坡度线、确定越岭线平面基本走向的工作,其实质就是对路线设计的限制性因素(如最大纵坡、最大坡长与最小坡长及平均纵坡等)进行合理安排。放坡是越岭线实地定线的一个重要环节,它对克服高差,处理平、纵、横之间的关系起着重要作用。

如图 7-2-3 所示,此路段的地形为山岭重丘区,天然地面坡度均在 20°以上,而设计纵坡

(或平均纵坡)有一定要求,路线由 A 点到 B 点,如果沿最大地面自然坡度方向 AB(即垂直于等高线的方向)前进,路线上不去,显然不可能实施。如果路线沿等高线走(即 AC 方向),虽然纵坡平缓,但方向偏离,达不到上山目的,因此,就需要在 AB 和 AC 方向间找到 AD 方向线,使其地面坡度正好等于设计纵坡(或平均纵坡)i,这样既使路线纵坡平缓,又使填挖数量最小,寻求这条地面坡度等于设计坡度(或平均纵坡)$i_{约}$路线的工作就是放坡的任务。

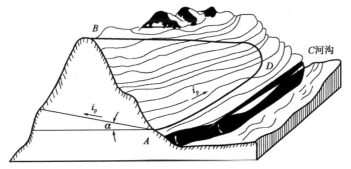

图 7-2-3 放坡示意图

放坡时,根据《标准》规定的平均坡度值 5.0% ~ 5.5%,结合地形、地质、水文等具体情况,分段拟定各区段的平均纵坡,并使放出的纵坡坡度同时符合纵断面设计要求。

放坡一般从最高控制点(如垭口)开始,由一人将全站仪安置于控制点处,拨动望远镜向下倾斜,使其竖直角与选用的纵坡方向相一致,并沿山坡方向指挥前点人员,前点人员手持花杆在山嘴、山坳等地形变化处,计划变坡处及顺直山坡上每隔一定距离定点,插上坡度旗,并在旗上注明选用的纵坡值。按上述方法定出的这些坡度点的连线,如图 7-2-4 中 $A_0 A_1 A_2 \cdots$ 所示,相当于纸上定线的修正导向线,称为导向线。放坡传递坡度时,要估计平曲线的大概位置及半径,以便考虑纵坡折减。对拟定要跨的山沟和要穿的山嘴或山脊放坡时要"跳"过去,否则会使放出的坡度与设计纵坡相差太大,若准备对山沟或山嘴进行绕越,则坡度要放缓,距离要考虑一定的折减。

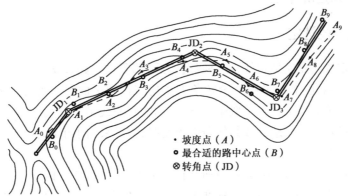

图 7-2-4 放坡定线示意图

(3)与横断面进行核对。

放坡定出的坡度线(即导向线),主要是从纵坡安排方面考虑的,对路基稳定特别是横断面上的填挖方数量考虑较少。因此,还应根据路基设计的要求,在坡度线上选择横坡较陡或高填、深挖的特征点位置,定出横断面方向上相应特征点(如经济性控制点、控制性控制点和路中线最合适的位置点)等,并插上标志,这些点的连线如图7-2-4中$B_0B_1B_2\cdots$所示,相当于纸上定线的二次修正导向线,称为修正导向线。根据经验,一般当地面横坡在1∶5以下时,中线在坡度点上下方对路基稳定性和工程经济性影响不大;当为1∶5~1∶2时,以中线与坡度点重合为宜;当大于1∶2时,中线宜在坡度点上方,以形成全挖的台口式断面为好。

(4)穿线定交点。

修正导向线是具有合理纵坡、横断面上位置最佳的一条折线。根据修正导向线进行实地穿线。穿线应在满足平面线形要求的前提下,尽可能多地靠近或穿过导向线上各特征点,特别要注意穿过控制性严的点,裁弯取直,使路线平、纵、横三方面相互配合与协调,穿出与地形相适应的若干直线,延伸相邻两条直线定出交点,如图7-2-4中$JD_1 JD_2 JD_3$所示,即为路线的导线。穿线定交点这一工作很重要,定线人员必须反复试插,多次修改,才能定出合理的路线。

(5)设置平曲线。

路线导线确定以后,即可根据交点偏角及附近地形、地质等情况,确定合适的圆曲线半径并敷设平曲线。

(6)纵断面设计。

根据有关外业资料,绘制纵断面图,进行纵坡设计。

实地定线的纵坡设计,一般都是在平面已经确定的基础上进行的。虽然在实地定线时已充分考虑了纵断面及横断面的具体要求,但限于定线的经验、视野以及对所经地形、地质的了解程度,定出的路线难免会存在一定的局限性。因此,实地定线的室内纵坡设计,不仅要解决工程经济和技术标准问题,还要实现平、纵线形的配合和协调,这就要求设计人员不断调整纵坡,通过反复试坡修改,以得到满意的结果。

在纵断面设计中,如果靠调整纵坡无法满足要求,则应考虑调整平面线形。若平面线形改动不大,可根据已有路线导向线和横断面资料,绘制带状平面图,通过纸上移线的办法解决;若工程经济与平、纵线形配合矛盾剧烈时,平面线形必须作重大改动,此时应按定线的具体要求,通过现场改线,重新定出路线。

二、圆曲线半径选定

无论是纸上定线还是实地定线,在路线选定后,都要根据路线交点实际情况,酌情选定圆曲线半径。《标准》规定:各级公路不论转角大小均应设置平曲线。为提高公路使用质量,应尽可能选用较大的圆曲线半径。一般情况下,选用的圆曲线半径宜大于《标准》所规定的最小半径一般值,只有当受地形、地物或其他条件限制时,方可采用小于最小半径一般值,不要轻易采用最小半径极限值。

圆曲线半径的选定,除要与弯道本身所在位置的地形、地物条件相适应,使曲线沿理想的位置通过外,还要考虑与弯道前后的线形标准相协调。如在长而陡的坡道下端和两长直线中间,不宜插设小半径平曲线;在陡坡路段,不宜设小半径平曲线。圆曲线半径确定可采用下列方法。

1. 单交点法

单交点法是实地定线最常用的方法之一。它是用一个交点来确定一段单圆曲线的插设曲线的方法。单交点法适用于一般转角不大或实地能直接钉设交点的情况。

1)根据外距控制半径

(1)当交点附近有地物,平曲线线位受地形、地物限制时,其半径的选定通常可以用单交点法或双交点法,平曲线预期通过的理想线位,一般先结合现场实际予以确定,然后按平曲线要素几何关系来推算适应上述线位要求的相应半径值。对于转角不大、线位受限不严的平曲线,通常采用单交点法,控制点位取曲线中点(QZ),根据预期中点线位至交点的实测距离 $E_{控}$,按下式计算出相应半径值:

$$R = \frac{E_{控}}{\sec\frac{\alpha}{2} - 1} \tag{7-2-1}$$

式中:$E_{控}$——实测控制的外距(m)。

由式(7-2-1)求得的 R 值,在满足要求的前提下,一般应取5m或10m的倍数。

(2)用外距控制线位高低或工程数量。

当路线相邻直线的等高线线位高程基本相同时,平曲线部分的线位若能与相邻直线大致在同一高程上则最为合适,若按此要求所得的圆曲线半径值满足《标准》规定,则即为所求。此外,当路线绕越山嘴时,可按外距值大小选择圆曲线半径。其中 $E_{控}$ 值越大,工程量越大,具体半径可根据公路等级高低合理确定。

2)用切线长控制半径

选定圆曲线半径,除受地形、地物限制外,有时还应考虑线形要求。当同向或反向曲线间直线长度较短时,为解决曲线敷设与衔接的问题,通常采用限制切线长度的方法来推求圆曲线半径,如图7-2-5a)所示。桥梁或隧道两端的曲线起、终点到桥头或隧道口之间应留有一定长度的直线段,如图7-2-5b)所示,此时圆曲线半径也应根据切线长来选定。

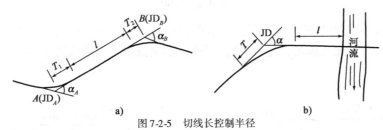

图7-2-5 切线长控制半径

注:图中 α,α_A,α_B 分别为各交点的偏角。

当采用单交点法选定圆曲线半径时,首先需要选定受地形或地物等控制条件较严的弯道,据此计算该平曲线的切线长度 T_1,然后考虑留出《标准》规定的直线长度 l(当反向或同向曲线径相连接时,直线长度 $l=0$),再根据留余部分作为切线长度反算另一个弯道的平曲线半径,计算公式如下:

$$T = T_2 = \overline{AB} - T_1 - l$$

或

$$T = \overline{AB} - l$$

$$R = \frac{T}{\tan\frac{\alpha}{2}} \tag{7-2-2}$$

式中:α——计算弯道所对应的偏角。

3）用曲线长控制半径

当已知交点偏角，其他条件不受限制时，如果圆曲线半径选得过小，则曲线长度必然太短，对行车不利。此时应用平曲线的最短允许长度来控制半径，其计算公式如下：

$$R = \frac{180L}{\alpha\pi} \tag{7-2-3}$$

式中：L——要求的平曲线的最短允许长度(m)。

2. 双交点法

双交点法是指当路线偏角较大及交点受地形或地物障碍限制，无法钉设交点时，可在前后直线上选两个辅助交点来代替原交点，敷设曲线来选定半径的方法。

对于转角较大，交点过远或交点处无法安置仪器时，可考虑采用虚交点法。虚交点法常用纸上图解法来选定圆曲线半径。该方法是根据实测辅助导线 AB 的转角大小及其长度，在纸上按一定比例作图，定出虚交点位，如图 7-2-6 所示，通过图解可选出与地形相适应的圆曲线半径，然后根据图解结果，现场校验选定的曲线半径是否合适。

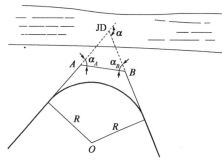

图 7-2-6　虚交示意图

采用双交点法选定圆曲线半径时，一般应先选择曲线适宜通过的点位 C 点，如图 7-2-7 所示，然后通过 C 点作 AB 线与前后导线交于 JD_A 和 JD_B，测量 α_A、α_B 及 AB 长度，按下式求出圆曲线半径，即

$$R = \frac{AB}{\tan\frac{\alpha_A}{2} + \tan\frac{\alpha_B}{2}} \tag{7-2-4}$$

当按式(7-2-4)计算出圆曲线半径后，应在现场定出平曲线的起点 D、公切点 C 及终点 F，当以上三点通过校验无法满足合适线位时，可改为虚交点法或复曲线法选定半径，如图 7-2-7、图 7-2-8 所示。

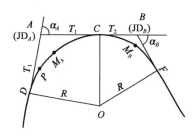

图 7-2-7　双交点法

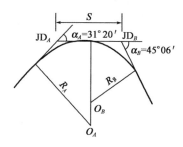

图 7-2-8　复曲线法

对复曲线半径的选定，一般应先定出受地形控制较严的一侧曲线半径，然后反算相邻曲线半径，除要求曲线通过理想线位外，还应注意两相邻曲线的半径值不宜相差过多，其比值一般以不大于 1.5 为宜。

3. 回头曲线定线法

一般来讲，有回头曲线的地方，路线受地形约束较大，主曲线和辅助曲线的平面线形和纵断面控制较严,定线时稍有不慎会对线形和工程量产生很大影响,插线时必须反复试线,才能得到满意的结果。回头曲线定线的方法很多,通常采用切基线的双交点法定线。

按照放坡的导向线,先确定辅助曲线交点 JD_1、JD_2 和上下线位置,如图 7-2-9 所示,然后反复移动基线 JD_A—JD_B 以确定主曲线,直到满意为止。其具体方法同切基线的双交点法。

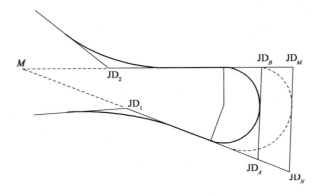

图 7-2-9　回头曲线定线法

三、纸上移线

在公路定线过程中,往往由于考虑不周、受地形条件限制或其他原因,难免产生个别路段因平面中线位置不当致使工程量过大、线形的技术指标不够理想等缺点。此时可在分析研究已定路线平、纵、横图纸资料的基础上,采用纸上移线方法,修改局部路线,使设计达到经济合理的要求,它对提高设计质量,降低工程造价起着一定的作用。

1. 纸上移线的条件

当路线设计出现以下情况时,应考虑纸上移线。

(1) 路线平面线形前后不协调或平、纵线形配合矛盾突出时,应采取调整交点位置、改变半径或减少弯道等方法进行移线。

(2) 因路线中线位置不当,使工程量过大、边坡过高,或须设高挡土墙和大的砌石工程时,应考虑纸上移线,如图 7-2-10 所示。

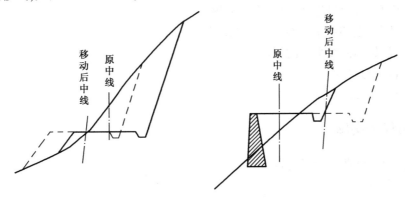

图 7-2-10　横断面纸上移线示意图

纸上移线应在实测横断面的范围内进行。

对纸上移线原因与情况,应在纸上移线平面图上作扼要说明。纸上移线的资料主要从原线形的横断面上取得,由于横断面的实测范围有限,且离中线越远误差越大,故移距一般以小于 3~5m 为宜。当移距较大时,应在定出移改导线后,实地放线重测。

2. 纸上移线的方法和步骤

(1)绘制移线路段大比例尺(一般采用 1:200~1:500)路线平面图,注明交点编号,曲线起、终点以及各桩位置。

(2)根据移线目的,在纵断面图上试定出合理纵坡,算出各桩的填挖值。

(3)根据纵断面图上各桩填挖值,在横断面图上找出各桩经济性或控制性的路基中心线位置,量出偏移原中心线的距离(即移距),分别用不同的符号标记在平面图上。

(4)在保证重点照顾一般的原则下,参照平面图上标记,经反复试定修改,定出修改后的导线。用正切法算出各交点偏角,并使移线与原线角度闭合。拟定圆曲线半径,计算平曲线要素,绘出平曲线。

(5)根据移线起点与原线桩号里程的对应关系,推算移线后各新桩的桩号里程,算出长链或短链值,在移线终点处注明。

(6)按各桩的平面移距,在相应各横断面图上绘出移线后的中桩位置,并注明新桩号。

(7)根据横断面图上移线前后中桩处的相对高差,在原纵断面图上点绘移线后地面线(用虚线表示),重新设计纵坡及竖曲线。

(8)设计路基横断面,并计算土石方数量。

任务实施

一、任务实施流程

本工作任务可按以下脉络开展实践与交流:
(1)任务解读(根据所提供的资料,进行实地定线和纸上移线);
(2)实践任务(公路实地定线)分解与分工;
(3)资料收集;
(4)资料汇总、分组讨论并整理,形成成果;
(5)实践任务(公路纸上移线)分解与分工;
(6)上交成果:圆曲线半径的拟定;
(7)学生自测与自评;
(8)组长对组员进行考核。

二、学习任务实施

(1)任务名称:圆曲线半径选定。
(2)基本资料:
①某公路的平曲线偏角 $\alpha = 17°17'13''$,缓和曲线长度 $l_h = 70m$,该曲线内侧需绕过某建筑

物,如图 7-2-11 所示,外距控制不得大于 7.0m,试求平曲线最大半径。

②某公路的平曲线偏角 $\alpha = 6°15'32''$,为了使平曲线长度大于 300m,试求平曲线最小半径。

③图 7-2-8 中,JD_A 与 JD_B 之间直线段距离 $S = 54.20m$,转角 $\alpha_A = 31°20'$,$\alpha_B = 45°06'$,拟设复曲线通过,试求圆曲线半径。

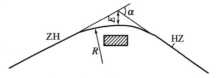

图 7-2-11 外距控制示意图

(3)任务:根据上述资料分别拟定圆曲线半径。

(4)要求:

①根据班级人数分成若干组,一般为 5～6 人/组;

②以组为单位,各组员完成上述任务,组长负责检查各组员的计算或分析结果,做好记录供集体讨论;

③按任务目标的要求上交拟定的圆曲线半径。

三、案例分析

[**案例 1**] 图 7-2-12 所示为微丘区某三级公路,路线交点受一建筑物限制,已知转角 $\alpha = 46°38'$。试求在不拆除建筑物的条件下能够设的最大圆曲线半径。

解:根据以上要求,首先应测出交点 O 至建筑间的距离 OM,实测结果为 15.10m,已知该弯道路基横断面如图 7-2-13 所示,则

$$E_{控} = 15.10 - (3.5 + 1.9 + 1.2 + 2) = 6.5(\text{m})$$

$$R = \frac{E_{控}}{\sec\frac{\alpha}{2} - 1} = \frac{6.5}{1.089 - 1} = 73(\text{m})$$

取整 $R = 70\text{m}$。当 $R = 70\text{m}$ 时,外距 $E = 6.23\text{m}$,能满足上述要求。

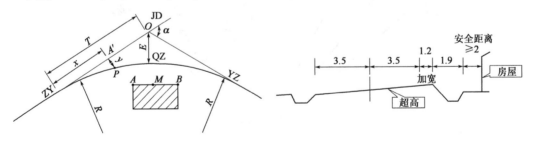

图 7-2-12 外距控制布置图　　　图 7-2-13 路基横向距离控制示意图(尺寸单位:m)

当仅以曲线中点(QZ)难以判断整个曲线是否与地形、地物全部吻合时,应补点进行复核。还应验核建筑物左上角 A 点是否阻碍路线,此时可自 A 点作切线的垂线交于 A' 点,量得 A' 至曲线起点(ZY)的距离 x,然后将已定的圆曲线半径 R 值,代入切线支距近似公式 $y = x^2/(2R)$ 求得相应 y 值,从而定出曲线上对应点位 P 点,再根据 PA 间实际距离,即可判断路线能否通过,如有妨碍,则应重新调整半径,直至满足要求为止。

[**案例 2**] 如图 7-2-14 所示,JD_{16} 为双交点曲线。已知 $\alpha_A = 50°30'$,$\alpha_B = 42°02'$,$AB = 69.15\text{m}$,试求圆曲线半径。

解：

$$R + p = \frac{AB}{\tan\frac{\alpha_A}{2} + \tan\frac{\alpha_B}{2}} = \frac{69.15}{0.472 + 0.384} = 80.8(\text{m})$$

选取缓和曲线 $l_h = 40\text{m}$，则

$$p \approx \frac{l_h^2}{24(R+p)} = \frac{40^2}{24 \times 80.8} = 0.83(\text{m})$$
$$R = 80.8 - 0.83 = 79.97(\text{m})$$

将 $R = 79.97\text{m}$ 代入计算公式校核：

$$p \approx \frac{l_h^2}{24(R+p)} = \frac{40^2}{24 \times 80.8} = 0.83(\text{m})$$

$$q = \frac{l_h}{2} - \frac{l_h^3}{240R^2} = 20 - 0.04 = 19.96(\text{m})$$

$$T'_1 = (R+p)\tan\frac{\alpha_A}{2} = 80.8 \times 0.4716 = 38.11(\text{m})$$

$$T'_2 = (R+p)\tan\frac{\alpha_B}{2} = 80.8 \times 0.3842 = 31.04(\text{m})$$

$$AB = T'_1 + T'_2 = 38.11 + 31.04 = 69.15(\text{m})$$

由此可确定，圆曲线半径 $R = 79.97\text{m}$，缓和曲线长 $l_h = 40\text{m}$。

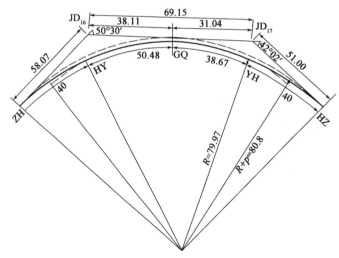

图 7-2-14 复曲线平面数据草图（尺寸单位：m）

[案例3] 已知某交点偏角 $\alpha = 15°$，若要使平曲线长度满足 $L = 40\text{m}$，求圆曲线半径。

解：

$$R = \frac{180L}{\alpha\pi} = \frac{180 \times 40}{15\pi} = 152.79(\text{m})$$

取整 $R = 155\text{m}$。

[案例4] 虚交点算例：已知某弯道交点 JD_{23}，A，B 辅助交点的转角 $\alpha_A = 55°56'$，$\alpha_B = 12°02'$，基线长 $AB = 58.13\text{m}$，半径 $R = 100\text{m}$，试计算曲线要素 T_A，T_B。

解:路线总转角为

$$\alpha = \alpha_A + \alpha_B = 67°58'$$

虚交三角形边长:

$$a = \frac{\sin 55°56'}{\sin 67°58'} \times 58.13 = 51.95(\text{m})$$

$$b = \frac{\sin 12°02'}{\sin 67°58'} \times 58.13 = 13.07(\text{m})$$

切线总长:

$$T = 100 \times \tan\frac{67°58'}{2} = 67.41(\text{m})$$

终点到辅助曲线交点的距离:

$$T_A = 67.41 - 13.07 = 54.34(\text{m})$$
$$T_B = 67.41 - 51.95 = 15.46(\text{m})$$

[**案例5**] 已知某六点圆,实测资料见表7-2-1,圆曲线半径 $R=500\text{m}$,试计算该曲线要素。

实 测 资 料 表 表7-2-1

辅助交点	A	B	C	D	E	F
转角	18°46′	15°32′	27°05′	−20°36′	24°41′	13°14′
基线长		$l_1=112.40\text{m}$	$l_2=128.64\text{m}$	$l_3=131.86\text{m}$	$l_4=138.57\text{m}$	$l_5=153.45\text{m}$

解:根据已知条件,作出草图如图7-2-15所示。
① 先列表计算有关数据,如表7-2-2所示。
② 计算 a, b, T_A, T_B。

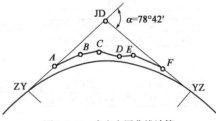

图7-2-15 多交点圆曲线计算

$$a = \frac{\sum_{i=1}^{n}\left[l_i \sin\left(\sum_{j=1}^{i}\alpha_j\right)\right]}{\sin\left(\sum_{i=1}^{n+1}\alpha_i\right)} = \frac{454.516}{0.98061} = 463.50(\text{m})$$

多交点圆曲线数据计算表 表7-2-2

辅助交点	A	B	C	D	E	F	Σ
α_i	18°46′	15°32′	27°05′	−20°36′	24°41′	13°14′	
$\sum\alpha_i$	18°46′	34°18′	61°23′	40°47′	65°28′	78°42′	
$\sin\sum\alpha_i$	0.32171	0.56353	0.87784	0.65320	0.90972	0.98061	
$\cos\sum\alpha_i$	0.94684	0.82610	0.47895	0.75719	0.41522	0.19595	
l_i	112.40	128.64	131.86	138.57	153.45		
$l_i\sin\sum\alpha_i$	36.161	72.492	115.752	90.514	139.597		454.516
$l_i\cos\sum\alpha_i$	106.424	106.270	63.154	104.923	63.716		444.487

$$b = \sum_{i=1}^{n}l_i\cos\left(\sum_{j=1}^{i}\alpha_j\right) - a\cos\left(\sum_{i=1}^{n+1}\alpha_i\right) = 444.487 - 463.50 \times 0.19595 = 353.66(\text{m})$$

则切线长:

$$T = R\tan\frac{\sum_{j=1}^{i}\alpha_j}{2} = 409.97(\text{m})$$

$$T_A = 409.97 - 353.66 = 56.31(\text{m})$$

$$T_B = 409.97 - 463.50 = -53.53(\text{m})$$

[案例 6] 某公路采用实地定线确定了平面线形,在纵断面、横断面设计时发现在 JD_{175}、JD_{176},即里程桩号为 K50+311.88~K50+424.77 处需开挖的土石方数量过大,易出现深路堑。为解决此问题,需依据已有的平、纵、横图纸资料,进行纸上移线,减小工程量。

解:①绘制 K50+311.88~K50+424.77 路段平面图,如图 7-2-16 所示。

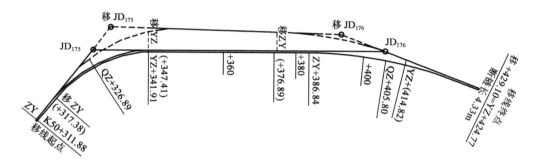

原曲线要素表

JD	α_z	α_y	R	T	L	E
175		68°49′	25	17.12	30.03	5.30
176	21°44′		100	19.20	37.93	1.83

移线曲线要素表

JD	α_z	α_y	R	T	L	E
175		68°49′	25	17.12	30.03	5.30
176	21°44′		100	19.20	37.93	1.83

原桩号	移线桩号	移距(m)	
		左	右
K50+311.88	K50+311.88	0	0
+326.89	+327.80	2.7	
+341.91	+345.30	4.9	
+360	+363.40	5.0	
+380	+383.40	4.8	
+386.84	+390.20	4.2	
+400	+404	2.4	
+405.80	+410	1.8	
+424.77	+429	0	0

注:此段移线原因为土石方数量过大,线位偏右,将 JD_{175} 与 JD_{176} 间直线平行左移 5m,两曲线要素不变,断链长 4.33m,土石方减少 4000m³ 左右。

图 7-2-16 纸上移线平面图

②以减小开挖深度为目的,在纵断面图上试定纵坡,如图 7-2-17 所示,计算各桩号合理的开挖深度。

③根据各桩号的开挖深度,在横断面上找出合适的路基中心线位置,量出移距,如图 7-2-18 所示。

④在平面图上依据移距做出相应标记,参照标记,定出修改后的导向线,如图 7-2-16 所示。计算各交点偏角,拟定半径,计算平曲线要素,绘出平曲线,如图 7-2-16 所示。

⑤推算移线上的新桩号,量各桩号的移距,将新老桩号及移距填入移距表中,如图 7-2-16 所示。

⑥依据各桩移距在横断面图上找出相应中桩位置,注明新桩号,如图 7-2-18 所示。

⑦根据图 7-2-18 中各横断面图确定出各桩号移线后中桩处的地面高程,并在纵断面图上绘出移线后地面线,重新设计纵坡,如图 7-2-17 所示。

⑧依据图 7-2-18 设计横断面,并计算土石方数量。

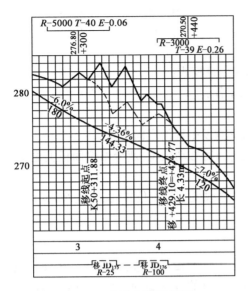

图 7-2-17 纸上移线纵断面图

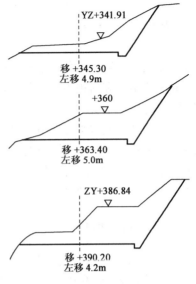

图 7-2-18 纸上移线横断面图

工作任务三 实地放线

学习目标

1. 通过学习,熟练掌握公路实地放线的基本方法、内容及要求;
2. 熟悉公路中线放样、公路纵断面放样及路基横断面放样的方法和步骤;
3. 能独立进行实地放线成果的可靠性分析。

相关知识

实地放线是指根据纸上确定的公路中线与导线关系,依据控制点或路线上控制点的位置,将路线位置敷设到实地,以指导施工。实地放线包括公路中线放样、公路纵断面放样、路基横断面放样。公路中线放样是在实地确定公路中线位置;公路纵断面放样是在确定路线位置的基础上确定各桩号的填挖高度;路基横断面放样是在确定路线位置的基础上确定公路填筑或开挖的宽度。

一、公路中线放样

公路中线放样方法有穿线交点法、拨角法、直接定交点法和坐标法。坐标法放样由于其数据全部由精确计算得到,放样精度高,放样速度快,目前在公路勘测、公路施工中被广泛使用。

坐标法放样是指通过坐标计算，编制逐桩坐标表，利用全站仪的坐标放样功能，输入测站点、后视点和待测设中桩的坐标，即可在实地标定出待测设中桩的位置。坐标法放样的具体步骤如下：

(1)在测站点安置全站仪，瞄准后视点，选择测量模式；
(2)输入测站点和后视点的坐标，完成定向工作；
(3)输入待测设中桩的坐标；
(4)转动照准部使水平角为 0°00′00″，完成待测设中桩的定向工作；
(5)持棱镜者将棱镜置于待测设中桩方向上，前后移动棱镜，使全站仪面板上显示 0.000m 时，该点为待测设中桩的精确点位。

重复步骤(3)~(5)，即可放样出其他中桩。当改变测站点位置时，重复步骤(1)~(5)。

二、公路纵断面放样

公路纵断面放样是指依据路基设计表中各个中桩的设计高程，根据施工现场已有的水准点，利用水准测量或三角高程测量的方法，将各个中桩的设计高程测设到地面，以此控制各个中桩的填挖高度。

1. 水准测量法

如图 7-3-1 所示，已知水准点 BM_A 的高程为 H_A，欲求放样 B 点的高程 H_B。在 BM_A 与 B 点间安置水准仪，后视立在 BM_A 点上的水准尺读数 a，则 B 点水准尺读数可按式(7-3-1)计算。

$$b = a + H_B - H_A \tag{7-3-1}$$

放样时，在 B 点徐徐打入木桩(或先打入木桩，在靠近木桩侧面上下移动水准尺)，直至前视 B 点上所立水准尺的读数为 b(或在先打下的木桩上沿尺底在木桩侧面画一条水平标志线)，即可得到放样的高程。

2. 倾斜视线法

已知倾斜坡度时，可采用设置倾斜视线的测设方法，利用经纬仪或其他仪器进行放样，如图 7-3-2 所示，其步骤如下：

(1)将经纬仪安置在 A 点，量出仪器高为 i，并在 B 点立尺。
(2)转动望远镜，使望远镜在 B 尺上的读数等于仪器高 i，此时，望远镜的倾斜视线与设计的坡度线平行，当中间各桩点 P_1，P_2，…上的标尺读数都为 i 时，则各桩顶点的连线就是所需放样的已知坡度线。

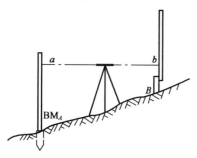

图 7-3-1 水准测量法

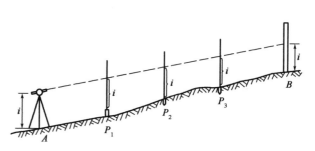

图 7-3-2 倾斜视线法

三、路基横断面放样

路基横断面放样的主要工作就是放样路基边桩。路基边桩测设是指在地面上将每一个横断面的路基边坡线与地面的交界点用木桩标定出来。边桩的位置由两侧边桩至中桩的距离来确定。常用的边桩测设方法有图解法和解析法。

1. 图解法

图解法是直接在路基横断面图上量取中桩至边桩的距离,然后在实地用皮尺沿横断面方向测量其位置。当填挖方不大时,采用此法较简便。

2. 解析法

解析法是通过计算求解路基边桩至中桩的平距。

1)平坦地段路基边桩测设

对于填方路基,如图7-3-3所示,路堤边桩至中桩的距离为

$$D = \frac{B}{2} + mh \tag{7-3-2}$$

对于挖方路基,如图7-3-4所示,路堑边桩至中桩的距离为

$$D = \frac{B}{2} + S + mh \tag{7-3-3}$$

式中:B——路基设计宽度(m);

m——路基边坡坡度;

h——填方高度或挖方深度(m);

S——路堑边沟顶宽(m)。

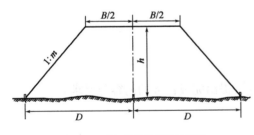

图7-3-3 平坦地段路堤边桩测设

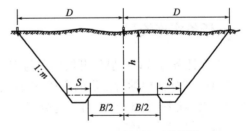

图7-3-4 平坦地段路堑边桩测设

以上是断面位于直线段时求解 D 值的方法。若断面曲线上有加宽,在用上述方法求出 D 值后,还应于曲线内侧的 D 值中加上加宽值。

2)倾斜地段路基边桩测设

在倾斜地段,边桩至中桩的距离随着地面坡度的变化而变化。如图7-3-5所示,路堤边桩至中桩的距离如下:

斜坡上侧:
$$D_{上} = \frac{B}{2} + m(h_{中} - h_{上}) \tag{7-3-4}$$

斜坡下侧:
$$D_{下} = \frac{B}{2} + m(h_{中} + h_{下}) \tag{7-3-5}$$

如图7-3-6所示,路堑边桩至中桩的距离:

斜坡上侧:
$$D_\text{上} = \frac{B}{2} + m(h_\text{中} + h_\text{上}) + S \qquad (7\text{-}3\text{-}6)$$

斜坡下侧:
$$D_\text{下} = \frac{B}{2} + m(h_\text{中} - h_\text{下}) + S \qquad (7\text{-}3\text{-}7)$$

式中:$h_\text{中}$——中桩处的填挖高度(m);

$h_\text{上}$,$h_\text{下}$——斜坡上、下侧边桩与中桩的高差(m);

其余符号意义同前。

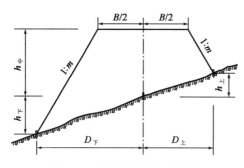 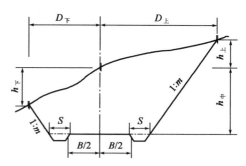

图7-3-5 倾斜地段路堤边桩测设　　　　图7-3-6 倾斜地段路堑边桩测设

在实际工作中,采用逐次渐近法测设边桩。先根据地面实际情况,并参考路基横断面,估计边桩位置;然后测定该估计位置与中桩的高差,并以此作为$h_\text{上}$和$h_\text{下}$代入式(7-3-4)~式(7-3-7)计算$D_\text{上}$和$D_\text{下}$,并据此在实地定出其位置。若估计位置与其相符,即得边桩位置;否则应按实测资料重新估计边桩位置,重复上述工作,直至相符为止。

任务实施

一、任务实施流程

本工作任务可按以下脉络开展实践与交流:
(1)任务解读(根据所提供的资料,进行实地放线,提出完成任务的内容与要求);
(2)实践任务(实地放线)分解与分工;
(3)课后思考与总结;
(4)实训:公路实地放线;
(5)现场验收:公路实地放线成果;
(6)学生自测与自评;
(7)组长对组员进行考核。

二、学习任务实施

(1)任务名称:实地放线。
(2)基本资料:某平原区三级公路,双车道,设计速度为40km/h,其他设计资料如下。
①平面设计资料如表7-3-1所示。

路线逐桩坐标表　　　　　　　　　　　　　　表 7-3-1

里程桩号	X	Y	里程桩号	X	Y
ZH + 070.55	3116959.311	479405.5384	YH + 204.86	3117199.849	480498.7805
K2 + 150	3116995.337	479476.353	K2 + 250	3117037.571	479566.9855
HY + 170.55	3117004.379	479494.804	HZ + 304.86	3117191.563	480598.4339
QZ + 187.71	3117167.380	479984.085			

②路基标准横断面图如图 7-3-7 所示。

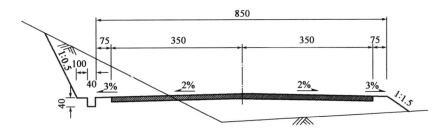

图 7-3-7　路基标准横断面图(尺寸单位:cm)

③路线起点(ZH + 070.55)填挖值 $T = 0.35 \text{m}$,转坡点设在 K2 + 200 处,前坡坡度 $i_1 = +0.6\%$,后坡坡度 $i_2 = -0.5\%$,路线终点(HZ + 304.86)填挖值根据实地测设确定。

(3)任务:

①在现场初定控制点两个,并合理设定其中一个控制点坐标值为(3116918.327,479317.365),两控制点之间的坐标方位角 $\alpha_{12} = 32°18'12''$,用全站仪确定另一控制点的坐标值;

②根据表 7-3-1 提供的路线中桩坐标进行路线中线放样;

③用水准测量法放出路线各点的填挖高度;

④用解析法放出各桩横断面边桩。

(4)要求:

①根据班级人数分成若干组,一般 5~6 人/组;

②以组为单位,共同完成上述任务①、②、③;

③组长分配任务,要求每个组员分析至少 2 个断面的横断面数据,然后相互检查分析结果的正确性;

④全组共同完成上述任务④,按任务目标的要求上交《××公路路线实地放线报告》。

(1)简述公路定线方法以及其适用条件。
(2)简述纸上定线的概念。
(3)不同地形条件下纸上定线的重点有哪些?
(4)纸上定线与实地定线有何区别?
(5)简述实地定线的特点。

(6) 简述实地定线的方法及步骤。
(7) 简述纸上移线的原因。
(8) 简述纸上移线的方法和步骤。
(9) 什么是公路中线放样、公路纵断面放样、路基横断面放样?
(10) 公路中线如何放样?

模块八
MODULE EIGHT
公路外业勘测

工作任务一　公路初测

 学习目标

1. 通过学习，熟练掌握公路初测的基本要求、程序及工作要点；
2. 熟悉公路初测的目的和任务，熟练掌握公路初测外业测量、勘测与调查及内业工作的相关内容；
3. 能够协调测绘组其他成员进行路线平面控制测量、路线高程控制测量和路线地形图测量；
4. 熟练掌握小桥涵勘测与调查、路基与路面调查及路线交叉勘测。

 相关知识

初步测量是两阶段设计和三阶段设计中的第一阶段外业测量工作，简称初测。

其目的是根据批准的"计划任务书"所拟定的路线基本走向及公路等级进行导线、高程、地形、地质、土壤、小桥涵和其他构造物、路线交叉、概算资料等的测量和调查工作，落实路线局部方案，选定路线中线位置，确定人工构造物布设方案。初步测量应根据批复的工程可行性研究初步拟定的路线起、终点，中间控制点及路线基本走向，在地形图、数字地面模型或航测相片上进行研究，拟定路线方案。

一、公路初测的前期准备

1. 公路初测的准备工作

初测的前期工作是保证公路外业测量顺利进行的一个重要步骤，其主要内容包括：搜集与项目相关的技术、经济、社会、自然条件以及测绘等资料;通过对地形图、数字地面模型或航测相片反复研究,拟定勘测方案;根据初步确定的勘测方案编写工作大纲和技术设计书。

1)搜集资料

(1)各种比例尺地形图、航测相片,国家及有关部门设置的三角点、导线点、水准点等资料;

(2)沿线自然地理概况、地质、水文、气象、地震基本烈度等资料;

(3)沿线农林、水利、铁路、公路等有关部门的规划、设计、规定、科研成果等资料;

(4)对改建公路,除上述资料外,还应搜集原有公路的测设、施工、养护、路况等档案资料。

2)室内研究

室内研究主要是理解和掌握"计划任务书"所确定的路线基本走向和公路等级,熟悉沿线地形、地质、地理等条件,拟定各种可能方案,在地形图(1∶10000~1∶50000)或航测相片上进行室内路线研究,经过对路线方案的初步比选,拟定出需要勘测的方案(包括比较线)及需现场重点落实的问题,根据初步确定的勘测方案编写工作大纲和技术设计书。

2. 公路现场踏勘

踏勘是在初测前对初拟的路线方案进行现场全面调查和核实,是勘测前必须进行的一项重要工作。踏勘主要包括现场核查、路线总体方案布设、方案取舍和修正等方面的工作。踏勘应根据准备阶段确定的初拟勘测方案,对工程进行现场踏勘;现场踏勘过程中,应根据项目特点及自然、地理、社会环境调整并确定勘测方法与勘测方案。在现场踏勘中一般需做以下工作:

1)根据初拟勘测方案,针对下列主要内容进行现场核查

(1)核查所搜集的地形图与沿线地形、地物有无变化,对拟定的路线方案有无干扰,核查沿线居民的分布、农田水利设施、主要建筑设施并研究相应的路线调整方案。

(2)核查沿线各种地上、地下管线,重要历史文物,名胜古迹,旅游风景区,自然保护区,景观区点等,应注意研究路线布设后对环境和景观的影响。

(3)对沿线重点工程和复杂的大、中桥及隧道、互通式立体交叉等,应逐一核查落实其位置与设置条件。了解沿线主要建筑材料的产地、质量、储量和运输条件,对缺少的筑路材料应提出解决的途径。

(4)进行核查工作时,应与当地政府或主管部门取得联系,对重要的路线方案,及对地方规划或设施有干扰的方案,应征求相关部门的意见。

2)根据不同地形特点,进行路线总体方案的布设

(1)平原微丘区路线,应处理好路线与农田、水利、道路、村庄和其他建筑物的关系,路线应短捷、舒顺,并注意整体线形的协调性和连续性。

(2)越岭线,应选择好垭口和坡面,确定垭口控制点,需要展线时,应充分利用自然坡面展线,不得已时可采用回头展线。山腰线应布设于地形、地质、水文情况良好的一侧山坡,并应通过纵坡调整,避开支河发育、剥蚀严重的"鸡爪"地形和悬崖陡坡。

(3)沿河(溪)线应根据河岸两侧自然条件、农田、水利、居民分布及洪水淹没等情况,确定所走河岸及跨河换岸的地点;应注意洪水调查,合理控制洪水高程。

(4)改建公路的路线应着重调查原有路基、路面、桥涵、防护和排水系统与主要病害情况,以及原有道路的平、纵面情况,提出对原道路的利用、改善或另择新线方案。

3)进行方案比选

现场踏勘过程中,应对可行性研究报告或室内拟定的各种局部比较方案进行研究比较,对优劣较为明显的方案,通过现场踏勘可确定其取舍;不能确定其优劣时,应作为比较线,进行初测比较。

4)对初拟方案进行修正

经过现场踏勘,应根据实际情况对初拟的路线方案和比较方案进行调整或修正,确定路线走向后进行初测。

二、公路初测的外业测量工作

1. 路线平面控制测量

路线平面控制测量包括路线、桥梁、隧道及其他大型建筑物的平面控制测量。路线平面控制测量的目的:一是控制地形,二是用作定测时放线的依据。平面控制测量应采用GPS测量,根据路线走向合理布置平面控制网,包括导线点布置、导线长度测量、水平角测量等。《公路勘测规范》(JTG C10—2007)规定,二级及二级以上公路必须进行平面与高程控制测量;三级和四级公路应进行平面控制测量;控制测量应根据公路等级、路线所在地区的地形和作业条件、拟投入的仪器设备、高级控制点的数量和分布位置等,确定测量控制网的布网方式和作业方式。初测的主要任务是进行导线距离丈量、交点转角测设及平面坐标的量测工作,其等级应满足《公路勘测规范》(JTG C10—2007)的有关要求,主要内容介绍如下。

1)GPS测量

GPS测量的中误差应小于按式(8-1-1)计算的标准差,各等级控制测量固定误差a、比例误差系数b的取舍应符合表8-1-1的规定。计算GPS测量大地高差的精度时,a、b可放宽至2倍。

$$\sigma = \pm \sqrt{a^2 + (bd)^2} \qquad (8\text{-}1\text{-}1)$$

式中:σ——标准差(mm);

a——固定误差(mm);

b——比例误差系数(mm/km);

d——基线长度(km)。

GPS测量的主要技术要素 表8-1-1

测 量 等 级	固定误差 a(mm)	比例误差系数 b(mm/km)
二等	≤5	≤1
三等	≤5	≤2
四等	≤5	≤3
一级	≤10	≤3
二级	≤10	≤5

2)导线布置

初测导线的布设应全线贯通。导线点位应选在稳固处,导线点宜尽量接近路线位置,并便于测角、测距、测绘地形及定测放线。导线点的间距不应短于50m且不应长于500m,根据需要可增设加桩,加桩应取至整米。布设导线点时,应做好现场记录,并绘出草图。

3）导线长度测量

导线长度应优先采用全站仪测量。也可用钢尺和基线法测量，其相对限差至少应满足 1/10000，单位取至 cm。

4）水平角测量

水平角测量采用测回法测量右角，经纬仪精度指标不低于 J_6 级。两个半测回限差在 60″内取平均值，符合导线和闭合导线差为 $\pm 60''\sqrt{n}$（n 为置镜点总数）。施测中每天至少观测一次磁方位角，其校核差不大于 2°。

当路线起、终点附近有国家或其他部门平面控制点，且引测较方便时，可根据需要进行联测，形成闭合导线。

2．路线高程控制测量

初测中的路线高程控制测量主要是沿导线布置水准点，测出导线点和加桩高程，初测时的高程控制测量要求如下：

（1）路线高程控制测量应按《公路勘测规范》（JTG C10—2007）有关要求执行。

（2）尽量利用路线所经地区已有国家或其他部门的水准点，但对原水准点应进行逐一检测；若原高程系统与本路线高程系统不一致，应进行换算。

（3）路线布置的平面控制桩、中线桩和设计需要高程控制的点，如干渠、水坝、河堤、管线、铁路等都应测量其高程。

3．公路地形图测量

地形图分为路线地形图和工点地形图。路线地形图是以导线（或路线）为依据的带状地形图，主要供纸上定线或路线设计用。工点地形图是利用导线（或路线）或与其取得联系进行测量，为特殊小桥涵和复杂的排水、防护、改河、交叉口等工程布设的专用地形图。地形图测量的精度要求高，测绘工作量大。路线地形图的测绘要求主要有以下几方面：

（1）路线地形图应全线贯通实测，测图比例尺应根据设计阶段、工程性质及地形、地貌等因素按表 8-1-2 选用。

地形图比例尺的选用　　表 8-1-2

设计阶段或工程性质	比 例 尺	设计阶段或工程性质	比 例 尺
工程可行性研究	1：10000	施工图设计	1：1000、1：2000、1：5000
初步设计、技术设计	1：2000、1：5000	重要工程	1：500

（2）地形图基本等高距应符合表 8-1-3 的要求。

地形图基本等高距　　表 8-1-3

地形类别	不同比例尺的基本等高距（m）			
	1：500	1：1000	1：2000	1：5000
平原	0.5	0.5	1.0	1.0
微丘	0.5	1.0	2.0	2.0
重丘	1.0	1.0	2.0	5.0
山岭	1.0	2.0	2.0	5.0

(3)对于路线地形图的测绘宽度,当采用纸上定线法进行初测时,路线中线两侧各测绘200~400m;采用现场定线法进行初测时,路线中线两侧测绘宽度为150~250m。

(4)应利用国家或其他有关部门所测地形图,但使用时应进行现场核查,对有变化处须补测。

(5)高速公路和一级公路采用分离式断面时,地形图测绘宽度应包括中间范围。但当两线距离很大时,中间部位可不测。

(6)测绘地形用的导线图,一律按路线前进方向从左向右展绘,采用坐标法绘制导线,坐标网格间距采用10cm。网格对角线及导线点间长度的误差均应不大于0.5mm。

(7)地形测图精度,应符合有关规定要求。

4. 路线测量

(1)在地形测量之后,应进行纸上定线;受条件限制或地形、方案较简单,也可采用现场定线。

(2)进行路线定线工作,应正确掌握和运用技术标准。定线工作应做好总体布局,根据各类地形特点,结合人工构造物的布设,进行路线平、纵、横三方面的协调布置,定出合理的线位。对地形、地质、水文条件复杂,工程艰巨的路段,应拟定出可能的比较方案,进行反复分析比较后确定采用方案。

(3)纸上定线。

①应将有特殊要求或需控制的地点、必须避绕的建筑物或地质不良地带、地下建筑或管线等标注于地形图上。

②山岭地区的越岭线,需进行纵坡控制的地段应在地形图上进行放坡,将放坡点标示于图上。

③在地形图上选定路线曲线与直线位置,定出交点,计算坐标和偏角,拟定平曲线要素,计算路线里程。

④沿路线中线按一定桩距从地形图上读取其高程,点绘纵断面图。河堤、铁路、立体交叉等需要重点控制的地段或地点,应实测高程点后绘制纵断面图,并以此为依据进行纵坡设计。

⑤应根据路线中线线位,在地形图上测绘控制性横断面,并按纵坡设计的填挖高度进行横断面设计,作为中线横向检验和计算路基土石方数量的依据。

⑥依据纸上定线的线位及实地调查资料,初步确定人工构造物的位置、交角、类型与尺寸。

⑦综合检查路线线形设计及有关构造物的配合情况,如有不合理的情况,应对纸上定线线位及纵坡做进一步修改、优化,直至达到要求为止。线形设计可采用透视图法检验平、纵、横组合情况。

⑧纸上定线后,应进行实地查看,对高填深挖地段、大型桥梁、隧道、立体交叉以及需要特殊控制的地段,应进行实地放线检验、核对,并作为各专业工程勘测与调查的依据。

⑨所确定的线位应总体配合恰当、技术经济合理、线形连续顺适。对需比较的方案,应按上述步骤和方法定出线位、计算工程量,进行技术经济比较。

(4)现场定线。

①现场踏勘前应在1∶50000地形图上对路线进行总体布置,拟定主要技术指标,确定控

制点、绕避点,选择路线合适的线位。

②越岭线或受纵坡控制的路线,应选择好山坡坡面进行放坡试线,然后确定展线方式并重新分段安排纵坡,即可开始布线。

③根据各种地形的定线要点及控制点进行布线和穿线定点,钉设交点、转点和选定半径。

④测定交点,对中桩、水准、横断面和地形等进行测量。

⑤通过内业工作,对路线进行平、纵、横综合检查,确定线位。

三、公路初测的勘测与调查

1. 工程地质初勘与调查

公路初测时,应根据测设的任务和要求,进行工程地质初步勘察(简称初勘)。初勘的目的主要为选定路线、路基、路面及小型人工构造物的设计方案和编制初步设计文件提供必要的工程地质资料。

初测阶段的工程地质调查与测绘工作,应从全局考虑,查明和研究关键性工程地质问题,为评价工程地质条件提供依据。

工程地质调查的基本内容是地形、地貌、地层、地质构造、工程地质条件、水文地质条件、地震烈度大于7度的界限。

工程地质调查与测绘的精度,一般路段是每公里设一个勘探点,深1.5~2m,勘探点应设在地形特征点处,并按工程地质分段取样试验。水、土、砂、砾(碎)石等试验按常规项目进行。岩石一般宜在大型料场取样检测。

初勘时,应根据初测与初步设计的有关技术要求,结合沿线工程地质条件,完成下列工作:

(1)根据工程地质条件,优选路线方案。

(2)在路线基本走向范围内,对各路段可能布线的区间进行工程地质初勘。

(3)重点勘察对路线方案起控制作用的不良地质地段,明确路线能否通过或如何通过。

(4)提供编制初步设计文件所需要的全部工程地质资料。

2. 筑路材料初勘与调查

根据已有地质资料,初步确定材料产地,据此进行现场调查,并视需要进行取样试验。查明沿线天然筑路材料的分布、种类、质量、数量、开采条件及运输条件。

天然筑路材料调查的重点是对大型料场的调查,不应有遗漏。初勘材料蕴藏量的允许误差为±30%,同时不小于设计需要的3倍。

所有材料的调查,都必须记录于材料料场记录簿中,对料场位置、材料成因、主要矿物成分、颗粒组成、成品率、开采难易程度、开采方法、开采的季节性、蕴藏量、运输方式等都应清楚说明,以满足编制初步设计文件的需要。

在资料整理中,应对所调查的料场(主要对材料的质量、数量、开采条件)作出初步评价,在合理安排供应范围和蕴藏量满足各路段需要的基础上,进行必要的取舍,并提供下列资料:①编写天然材料调查说明书;②绘制天然材料料场供应示意图;③整理各项原始资料及材料试验成果。

3. 小桥涵勘测与调查

小桥涵勘测，其主要任务是桥涵水文及有关桥涵设计资料的搜集、整理和分析工作。勘测时应根据初步设计任务的要求，结合当地自然条件，搜集有关资料，选定概略位置，选择结构类型，拟定孔径及估定基本尺寸，估列附属工程，并提出设计时应解决的问题和注意事项。

小桥涵的位置，一般应按导线走向，结合纸上定线线位，采用逢沟设涵的原则，同时考虑水利建设、农田灌溉、路基排水及便于交通等特殊要求，合理选定。

涵址一般不作特殊测量，但要定出涵洞与路线的交角及涵底纵坡。对于小桥、复杂的涵洞等附属工程，可进行必要测量，以便进行工程量计算。

小桥涵形式的选择，按因地制宜、就地取材、便于施工、利于养护的原则选定其结构类型，同一路段的结构类型应尽量统一并采用标准形式。

小桥涵孔径，可采用现场确定，也可根据设计流量与汇水面积的关系求得。对于小桥涵的其他结构尺寸，可根据路线纵坡、涵洞与路线的交角、桥涵处河床高程、预估的冲刷深度等予以确定。

初测时需搜集资料，主要包括地形图、水文、气象、岩石、植被、冰冻深度、农田水利工程及规划，以及当地的水文和暴雨流量计算等有关资料；若为旧路改建，应查明桥涵位置、结构形式、荷载标准、跨径、高度、长度、基础形式及埋深、修建年代、损毁修复等情况，并通过现场鉴定，确定其利用程度。

初测完成后小桥涵勘测应提供如下资料：

(1) 小桥涵野外资料调查记录、桥涵汇水面积图及流量、孔径计算资料。

(2) 附属工程调查资料。

(3) 小桥涵初测说明。

(4) 如果是旧路改建，还应包括原有桥涵资料调查记录。

4. 路基、路面调查

路基、路面调查，主要是搜集沿线水文及水文地质的特征，气象资料，农田水利设施的现状、发展规划，表土性质、厚度及对路基、路面的影响等；路线所在区域的公路自然区划及其特征；路面需用材料质量和产量。此外，还需确定一般路基防护工程（包括边坡加固、挡土墙、驳岸、护坡、改河工程）的概略位置、结构形式和轮廓尺寸；概略分段提出路面结构类型、厚度和材料用量。在当地有多种材料可供选用或材料供应有困难需要远运时，应提出不同的路面结构类型以进行比较。

对原有公路进行改建时，需对旧路的路基、路面使用状况，结构物等的破坏程度、原因、机理进行调查，提出利用、改善或新建的方案。

5. 路线交叉勘测

路线交叉包括公路与公路、公路与铁路、公路与乡村道路以及公路与管线交叉。路线交叉勘测应在研究视察报告的基础上，对公路沿线的各种交叉进行资料搜集、交叉口形式选择，并进行必要的测量。

1)资料搜集

(1)对大型或复杂的交叉应进行坐标控制测量和高程控制测量,并根据需要测绘比例尺为1∶500~1∶5000的地形图。

(2)公路与公路交叉。

①调查相交公路的名称、相关区域的路网规划、交叉位置、地名及里程、修建时间、公路等级、技术标准、路面结构类型、排水和防护工程情况及其在路网中的作用。

②补充调查相交公路的交通量、交通组成。

③测量交叉角度、交叉点高程、纵坡、路基宽度、路面宽度及厚度。

(3)公路与铁路交叉。

①调查铁路名称、等级、轨距、轨道数、净空、运行情况,交叉位置地名,与铁路交叉处里程,铁路路侧附属设施,排水条件以及铁路的技术标准、规划、施工要求等。

②测量交叉点铁路轨顶高程、交叉角度及路基宽度。

(4)公路与乡村道路交叉应调查相交道路的性质、路面结构、排水条件、交通量及规划,测量路基宽度、路面宽度及路面高程。

(5)公路与管线交叉。

①测量公路与管线交叉的位置、交叉角度、交叉点悬高或埋置深度、杆塔高度以及受影响的长度。

②调查管线的种类、技术标准、型号、规格、用途、编号、敷设时间等。

(6)互通式立体交叉、分离式立体交叉、复杂的平面交叉应实地放出交叉桩,测量交叉桩号、交叉角度和地面高程。

(7)各种交叉的位置、交叉形式、相交道路改移方案等,均应征求地方政府或主管部门的意见。

2)初测时交叉口的选择原则和布设要求

初测时交叉口的形式、类型和位置的选择原则及具体布设要求,应符合《标准》《规范》《公路勘测规范》(JTG C10—2007)的有关规定。

3)初测时交叉口的勘测工作

初测时交叉口的勘测工作,应按以下要求进行:

(1)根据选定路线及搜集的资料,综合考虑交叉道路的性质、技术标准、交通量及转向车流分布的发展规划、自然条件等因素,合理选定交叉口形式、类型和位置。对于立体交叉和复杂的平面交叉,应提出可供比较的方案,通过勘测工作确定其取舍。

(2)一般平面交叉,应按路线与被交叉道路的几何关系,利用路线地形图,定出交叉口的位置。立体交叉和复杂的平面交叉,应根据拟定的比较方案位置,实地测绘工点地形图,并据此进行交叉口布置。

(3)交叉口的布置图必须经现场核对,认真比选后确定采用方案,为初步设计提供所需资料。

6. 概、预算资料调查

概、预算资料调查,应符合《公路工程建设项目概算预算编制办法》(JTG 3830—2018)的有关规定。应调查的资料及要求如下:

1)施工组织的形式和工资标准的调查

(1)了解上级对工程施工期限的要求,落实施工单位,了解其施工组织编制情况、生产能力及施工机械化程度等。

(2)向工程所在省(自治区、直辖市)、市或地区调查现行工资标准(包括各种补贴)及其计算方法。

2)外购材料调查及采运调查

(1)调查主要外购材料的供应价格及供应地点,包括材料的出厂价格和可能发生的包装费以及供销部门手续费。

(2)地方性外购材料,如砂、石、砖、石灰、工业废料等,应调查当地规定或市场供应价格,以及主要厂(场)的生产能力。

(3)材料的运输方式、运距、运输条件及承运能力等方面的调查。

3)征用土地和拆迁建筑物及补偿费用调查

(1)调查当地政府关于土地补偿费,青苗补偿费,安置补偿费,被征用土地上的建筑物、构筑物、坟墓、水井、树木等附属物,文物保护,土地征用等收费标准及政策文件。

(2)搜集拆迁建筑物、构筑物和其他设施等的补偿费用标准和办法。

(3)调查拆迁电力、电信设施或对铁路、水利等工程产生干扰所发生的工程费用,及其拆迁规模和数量。

4)临时工程调查

(1)根据工程需要,调查落实沿线可供利用的道路(包括地方道路及国、省道公路等)、桥梁情况。

(2)了解沿线可供利用的房屋数量及价格。

(3)调查供电电源及电费标准,并向电信、电力部门咨询原有线路能否利用,以及电杆加设、移位及其相应的工程费用。

5)其他费用调查

(1)主、副食运输补贴——与工地距离最近的粮食、燃料、蔬菜、水供应地点及运距。

(2)气温、雨量等资料——路线所经地区的海拔、气温、雨量、雨季、施工季节等有关资料。

(3)其他费用资料——工程所在地区可能发生并符合规定的地方性应纳入概、预算费用的资料。

(4)施工队伍调迁费——工程所在的省(自治区、直辖市)或有关部门对计算专业队伍的调迁费的规定与要求。

(5)施工机具运输费——运输调运地点、运距、运输方式和计价方式。

7. 环境保护勘测与调查

对于高速公路、一级公路和经过水源保护区、自然保护区、风景名胜区、文物古迹保护区、经济林带等有特殊意义的公路,应编制环境影响评价报告,调查和核实沿线环境影响敏感点,并根据环境影响评价报告拟定相应对策和环保工程方案。环保工程方案确定后,对沿线的环境保护工程,都应进行相应的调查和必要的勘测,以便确定环保设计方案、具体位置和规模,以满足设计要求,具体包括:

(1)当地园林工程和适种植被情况。
(2)沿线既有道路环保工程实际情况。
(3)沿线国家生态保护区、野生动物保护区的情况。
(4)沿线水源保护区和湿地的情况。
(5)拟建公路可能对当地的生态环境造成的影响。

四、公路初测的内业工作

经初测后,即可按初步设计的深度和要求进行内业整理工作,有关工作如下:
(1)初测的内业工作:
①复核、检查、整理外业资料;
②进行纸上定线或移线及局部方案比选;
③初步拟定各种构造物设计方案并综合检查定线成果;
④编制勘测报告及有关图表制作与汇总。
(2)外业资料应逐日复核,检查外业原始记录资料,如有差错、遗漏,必须及时纠正或弥补;对于向其他部门搜集的资料,应根据测设需要,检查、分析其是否齐全、可靠和适用,做到正确取用。
(3)综合检查、协调路线设计与有关专业及结构物布设的合理性,并进行现场核对。
(4)初测应提交的成果:
①各种调查、勘测原始记录及检验资料;
②纸上定线或移线成果及方案比较资料;
③各种主要构造物设计方案及计算资料;
④路基、路面、桥梁、交叉、隧道等工程设计方案图及比较方案图;
⑤沿线设施、环境保护、筑路材料等设计方案;
⑥主要经济技术指标表、勘测报告及有关协议、纪要文件。

一、任务实施流程

本工作任务可按以下脉络开展实践与交流:
(1)任务解读(掌握路线局部方案比选及相关要素);
(2)实践任务(公路初测)分解与分工;
(3)资料收集;
(4)资料汇总、分组讨论并整理;
(5)上交成果;
(6)学生自测与自评;
(7)组长对组员进行考核。

二、学习任务实施

(1) 任务名称:公路路线平面方案比选。
(2) 基本资料:某四级公路双车道,设计速度为20km/h,路线在 JD_{97} ~ JD_{98} 之间跨越星河。
(3) 任务:分组讨论并详细分析图8-1-1中各路线方案的优缺点,推荐最佳方案。
(4) 要求:
① 根据班级人数分成若干组,一般5~6人/组;
② 以组为单位,各组员分别准备分析报告,组长负责检查各组员分析结果,做好记录供集体讨论;
③ 全组共同讨论,组长负责成果的记录与整理,按任务目标的要求上交《××公路路线平面局部比选方案分析报告》。

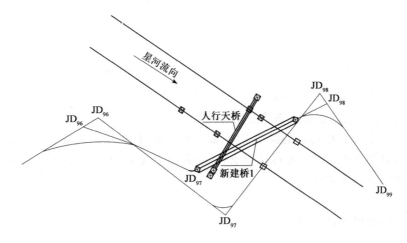

图 8-1-1 路线方案比选

工作任务二　公路定测

学习目标

1. 通过学习,熟练掌握公路定测的各项工作内容与测设要求;
2. 掌握公路定测中外业测量和调查的主要方法;
3. 能配合和协调测绘组成员进行路线中桩放样、中桩高程测量、横断面测量、地形图测量,能进行工程地质、筑路材料、公路用地、桥涵等的调查与勘测。

相关知识

公路定测即定线测量,也称公路施工图测量,它是一阶段施工图设计或两阶段设计第二阶段的工作。定线测量的任务是按已批准的计划任务书或初步设计,结合现场地形、地物条件进一步优化、调整和完善线形、线位及构造物位置,具体核实路线方案,即将纸上定线的路线方案进行实地放线、测角、铺设中桩、测出各桩地面高程和横断面地面线,修正初测地形图和其他勘测与调查工作,其目的是为施工图设计和编制工程预算提供资料。

一、公路定测的准备工作

定测阶段的准备工作包括资料搜集和现场核查,是定测前的重要环节,其目的是弄清初步设计的意图和沿线的变化情况,以便进一步优化线形及构造物的设计方案,保证定测工作的质量。

1. 资料搜集

定测阶段应搜集工程可行性研究、初设阶段勘测与设计的有关资料以及审查、批复意见;搜集初测有关的记录、计算及设计资料。

2. 现场核查

为保证定测的质量与定测顺利进行,应进行以下几方面检查:
(1)应对初步设计阶段所搜集的资料进行现场核查。
(2)核查沿线地形、地貌及地物的变化情况。
(3)全面检查初测阶段施测的路线平面、高程控制测量,当检测成果与初测成果的较差符合限差要求,并且控制点分布满足设计要求时,应采用原成果;否则应对整个控制网进行复测或重测,并应重新进行平差计算。

二、公路定测的工作任务

公路定测的工作任务可按选线组、测角组、中桩组、水平组、横断面组、地形组、调查组、桥涵组、内业组共九个作业组进行。如果采用纸上定线方法进行,则可将选线组和测角组合并为放线组。

1. 放线组

放线组首先检查初步设计阶段设置的测量控制点,如有丢失不能满足放线要求,应增设或补设。应对原有测量控制点进行检测,当检测成果与初测成果的较差在限差以内时,采用原成果作为放线的依据;当超出限差时,应予以重测。对新增或补设的测量控制点,应予以联测。

1)实地放线

放线组实地放线时,根据测量控制点和纸上定线计算成果,可采用极坐标法、拨角法、支距法、直接定交点法。高速公路、一级公路应采用极坐标法放线;二级、三级、四级公路可采用拨角法、支距法或直接定交点法放线。采用拨角法、支距法、直接定交点法等方法放线时,中线一般每隔5km,特殊情况不远于10km,应与初测控制点联测,其闭合差不应超过表8-2-1的规定。

中 线 闭 合 差　　　　　　　　表 8-2-1

名称	高速公路、一级公路	二级及以下公路
水平角闭合差(″)	$\pm 30\sqrt{n}$	$\pm 60\sqrt{n}$
长度相对闭合差	1/2000	1/1000

注:n 为交点数。

(1)极坐标法。

①采用极坐标法放线时,可不设置交点桩,其偏角、间距和桩号均以计算资料为准。放线时应一次放出整桩与加桩,亦可只放直、曲线上的控制桩,其余用链距法测定。

②采用链距法测定中桩的控制桩(公里桩,转点桩,曲线起、中、终点桩等)时应读数两次,其点位差不得大于 2cm,并于桩顶钉小针以示点位。

③测站转移前,应观测核对相邻控制点的方位角;测站转移后,应对前一测站所放桩位重放 1~2 个桩点,以便校核。采用支导线敷设个别中桩,只限于两次传递,并应与控制点闭合。

(2)拨角法。

①根据纸上定线,计算各路段的方向、距离、交角等资料,采用经纬仪在现场拨角量距,定出路线转点和交点。

②拨角法放线,应重新实测偏角和距离,并据此敷设中线,其数据以实测值为准。

③一般每隔 3~5 个交点与导线点闭合一次,必要时应调整线位,消除实地放线与纸上定线间的累积误差。

(3)支距法。

①根据纸上定线线位与控制点位置的相互关系,采用量取支距的办法放出路线上的特征点,并据此穿线定出交点和转点。

②实地放线后,应结合地形、地物复查线位与线形,必要时予以现场修改,使之完善。

③放线后,应实测交角、距离,并据以测定中桩,其数据以实测值为准。

(4)直接定交点法。

①利用图纸上和地面上明显特征点的位置,直接在现场定出路线交点,并测角量距,敷设中线,其数据以实测值为准。

②直接定交点法,通常用于地形平坦,路线较少受限,地面目标明显,或公路改建等的定测放线。

2)延长直线钉设转点或交点

(1)交点至转点或转点间距离,一般控制在 50~500m 之间;当点间距离小于 50m 时,应设置远视点。

(2)正倒镜的点位横向偏差每 100m 不应大于 5mm;当点间距离大于 400m 时,最大点位差不应大于 20mm。二级以下的公路,点位差值可放大至两倍。符合以上偏差范围时,可分中定点。

(3)延长直线时,前后视距离宜大致相等。当距离小于 100m 时,应用测针或垂球对点;当距离较远时,可用花杆对点,并以杆脚为照准目标,如有困难则至少应照准花杆长度的一半以上。

(4)采用拨角法、支距法、直接定交点法钉设交点时,宜采用设骑马桩的方法定出交点桩。

2. 中桩组

中桩组的主要任务是现场中桩敷设、写桩与钉桩、断链及处理。

1)现场中桩敷设

现场中桩敷设包括:路线的起、终点桩,公里桩,百米桩,平曲线主点桩,桥梁或隧道中轴线控制桩以及按桩距要求根据地形、地物、地质需要设置的加桩等。凡下列位置应设加桩:

(1)路线纵、横向地形显著变化处。

(2)与水渠、管道、电信线、电力线等交叉处或与既有公路、铁路、便道交叉处。

(3)拆迁建筑物处。

(4)桥梁、涵洞和隧道等构造物的起、终点处。

(5)土质变化及不良地质地段起、终点处。

(6)省、地(市)、县级行政区划分界处。

(7)改建公路变坡点、构造物和路面面层类型变化处。

加桩一般应取位至1m,特殊情况可取位至0.1m。

路线中桩间距应不大于表8-2-2的规定。

中 桩 间 距　　　　表8-2-2

直线(m)		曲线(m)			
平原微丘区	山岭重丘区	不设超高曲线	$R>60$	$30 \leqslant R \leqslant 60$	$R<30$
≤50	≤25	≤25	≤20	≤10	≤5

注:表中R为曲线半径,以m计。

2)写桩与钉桩

所有中桩应写明桩号,转点及曲线主点桩还应写明桩名,桩的尺寸见图8-2-1。为了便于找桩和避免漏桩,所有中桩应按0~9的循环序号在背面编号。中桩的书写常用红油漆或油笔。

3)断链及处理

在中桩钉设与丈量过程中,出现路线桩号与地面实际里程不符的现象叫断链。断链产生的原因较多,但主要有两种:一种是计算和丈量发生错误,另一种是局部改线、分段测量等客观原因。断链有"长链"和"短链"之分,当路线桩号长于地面实际里程时叫短链,反之叫长链。断链桩宜设于直线段,不得设在桥梁、隧道、立体交叉等构造物范围之内。断链桩上应标明换算里程及增减长度。断链桩号写法如下:

长链:K3+110 = K3+105.21(长:4.79m)

短链:K3+157 = K3+207(短:50m)

所有断链桩号应填在"总里程及断链桩号表"

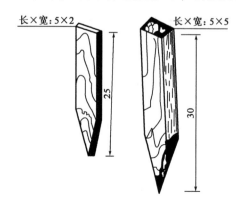

图8-2-1　桩志(尺寸单位:cm)

中,考虑断链桩号的影响,路线的总里程应为

$$路线总里程 = 终点桩里程 - 起点桩里程 + \sum 长链 - \sum 短链$$

3. 水平组

水平组的任务是对路线中线各中桩高程进行测量,并沿线设置水准点,为路线纵断面和横断面设计与施工提供高程资料。

水平组通常分为基平和中平两个组。基平测量主要是设置临时水准点并进行水准点高程的测量,中平测量主要是对各中桩进行水准测量。

1) 水准点的设置

水准点的高程应引用国家水准点,并争取沿线联测,形成闭合路线。采用假定高程时,假定高程应尽量与实际接近,可借助1:10000或1:50000的地形图进行假定。

水准点沿线布设,应有足够的数量,平原微丘区间距为 1~2km,山岭重丘区间距为 0.5~1.0km。在大桥、隧道、垭口及其他大型构造物所在处应增设水准点。水准点应设在测设方便、牢固可靠的地点。设置的水准点应在记录本上绘制草图,并记录其位置及其所对应的路线桩号,以便编制"水准点表"。

公路定测中进行水平测量时,若初测已设置了水准点,只需对初测水准点逐一检查,如丢失或损坏,应加以恢复或补设。

2) 基平测量

基平测量一般采用一组仪器,在两水准点间往返各观测一次,也可用两组仪器各进行一次单程观测,再进行复核。基平测量读数应精确到毫米(mm)。公路定测中进行基平测量时,若初测已进行了水准点测量,在定测时应对初测水准点逐一进行检测,符合精度要求时采用初测高程;超出精度时,应复测,并予以更正。水准点距定测中线应为 50~200m,过小或过大时,应予迁移。对恢复、补设、迁移的水准点,均应进行联测,并与相邻的初测水准点闭合,其技术要求与精度应符合相应的规定。

3) 中平测量

中平测量一般采用单程法,用水准仪以相邻两水准点为一测段的,从前一水准点引测,逐一测量测段范围内所有路线中桩的地面高程,然后附合到下一个水准点,如果与基平测量附合,即可计算测段内全部中桩地面高程,否则应重测。中平测量应起闭于水准点,其允许误差如下:

①高速公路、一级公路:$\pm 30\sqrt{L}$ mm(式中,L 为中平测量水准路线长度,以 km 计);

②二级及二级以下公路:$\pm 50\sqrt{L}$ mm(式中,L 为中平测量水准路线长度,以 km 计)。

中桩高程检测限差:高速公路、一级公路为 ±5cm;二级及二级以下公路为 ±10cm。中平读数精度,转点尺读至毫米(mm),中桩则读至厘米(cm)。

中桩高程应测量桩志处的地面高程。对沿线需要特殊控制的建筑物、管线、铁路轨顶等,应按规定测出其高程,其检测限差为 ±2cm。相对高差悬殊的少数中桩高程,可用三角高程测量或单程支线测量。

4. 横断面组

横断面组的主要任务是实地测量每个中桩在路线法线方向的地面起伏变化情况,并画出

横断面的地面线,为路基横断面设计、土石方数量计算及公路施工放样提供资料。

1)横断面方向确定

横断面测量应逐桩施测,测量前应首先确定横断面的方向。在路线直线段,横断面方向与路线中线垂直;在曲线段,横断面方向与该点的切线垂直,即为该点的法线方向。直线段的横断面方向可用方向架或经纬仪作垂线确定;曲线段的横断面方向可用弯道求心方向架或经纬仪来确定。

2)横断面测量方法

横断面测量可采用抬杆法、水准仪皮尺法、手水准法、视距测量、三角高程测量、钓鱼法等方法。高速公路、一级公路横断面测量应采用水准仪皮尺法、横断面仪法、全站仪法或经纬仪视距法,二级及二级以下公路横断面测量可采用水准仪皮尺法。

(1)抬杆法。

抬杆法是指利用花杆直接测量平距和高差。如图 8-2-2 所示,根据地面情况选定变坡点 1,2,3,…,将标杆竖立于 1 点,皮尺靠在中桩地面拉平,量出中桩点至 1 点的水平距离,而皮尺截于标杆的红白格数(通常每格为 0.2m)即为两点间的高差。测量员报出测量结果,以便绘图或记录。报数时通常省去"水平距离"四字,高差用"低"或"高"报出,例如图 8-2-2 所示中桩点与 1 点间,报为"6.0m 低 1.6m",记录格式见表 8-2-3,表中按路线前进方向分左、右侧,以分数形式表示各测段的高差和距离,分子表示高差,正号为升高,负号为降低,分母表示距离。自中桩由近及远逐段记录。该方法简便、易行,在实际生产中经常被采用,它适用于路线横向地面变化较多、较大的地段,但由于测站较多,测量和累积误差较大。

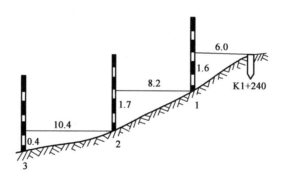

图 8-2-2 抬杆法示意(尺寸单位:m)

横断面测量记录表 表 8-2-3

左 侧	桩 号	右 侧
……		……
平 $\dfrac{-0.4}{10.4}\ \dfrac{-1.7}{8.2}\ \dfrac{-1.6}{6.0}$	K1+240	$\dfrac{+0.6}{2.8}\ \dfrac{+1.2}{3.2}\ \dfrac{+1.2}{3.4}$
平 $\dfrac{-0.8}{1.8}\ \dfrac{-0.4}{6.2}\ \dfrac{-1.4}{1.4}$	K1+220	$\dfrac{+0.4}{1.8}\ \dfrac{+1.0}{2.0}\ \dfrac{+1.2}{3.0}$同坡

(2)水准仪皮尺法。

当视线开阔、横坡不大且对横断面精度要求较高时,可用水准仪施测高差,配合卷尺丈量距离。测量方法与纵断面水准测量一样(采用视线高程法),即后视中桩后,求得视线高程,减去所有断面点的中视读数,即得各点高程。仪器安置得当,一站可测多个横断面。

(3)其他施测方法。

在不良地质地段需作大断面图时,可用经纬仪作视距测量和三角高程测量施测横断面。对于一些陡崖地段,可采用图8-2-3所示的交会法,即选择合适点位A,B,丈量AB之间距离L,利用经纬仪实测竖直角α_A,α_B,图解交会出C点。交会时,交角不宜太小,距离L应有足够的长度。对于深沟路段,可用钓鱼法施测,如图8-2-4所示。

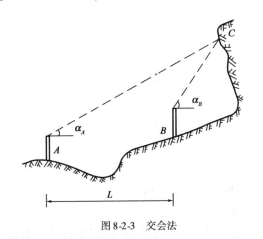

图8-2-3 交会法

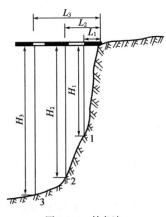

图8-2-4 钓鱼法

3)测量精度及测图范围

横断面中的高程、距离的读数取位至0.1m。横断面测量检测限差应符合表8-2-4的规定。

横断面测量检测限差   表8-2-4

路 线	距 离	高 程
高速公路、一级公路	$\pm(L/100+0.1)$	$\pm(h/100+L/200+0.1)$
二级及二级以下公路	$\pm(L/50+0.1)$	$\pm(h/50+L/100+0.1)$

注:L为测点至中桩的水平距离(m);h为测点至中桩的高差(m)。

横断面的测量范围,应根据地形、地质、地物及设计需要确定,一般要求左右宽度不小于20m。高速公路、一级公路的分离式路基和二级、三级、四级公路的回头曲线路段,应测出连通上、下路线横断面,并标注相关关系。横断面测量应反映地形、地物、地质的变化,并标注相关水位、建筑物、土石分界等位置。

4)横断面图的绘制

横断面应在现场点绘成图并即时核对,消除差错。点绘的方法:以中桩点为中心,分左、右两侧,按测得的各侧相邻地形特征点之间的平距和高差或倾角与斜距等逐一将各特征点点绘在横断面图上,各点连线即构成横断面地面线。

当现场无绘图条件时,也可采用现场记录、室内整理绘图的方法,但必须进行现场核对。

其测量记录方式见表8-2-3。点绘断面按由下向上、由左向右的原则安排断面位置。绘图比例一般为1∶200,对有特殊需要的断面可采用1∶100。

5. 地形组

地形组的任务是根据设计的需要,按一定比例测绘出沿线一定宽度范围内的带状地形图(或局部范围的专用地形图),供设计和施工使用。

地形图若在公路初测中已测量,定测时只需对已有地形图进行核实、补充和进一步完善。

6. 调查组

调查组的工作主要是根据测设任务的要求,通过对公路所经地区的自然条件和技术经济条件进行调查,为公路选线和内业设计收集原始资料。调查的主要内容有工程地质情况、筑路材料料场情况、概预算资料及杂项情况等。对于旧路改建,还应对原路路况进行调查。

1) 工程地质勘探

定测时的工程地质勘探是根据已批准的初步设计文件中所确定的修建原则、设计方案等有关工程地质及道路设计资料进行勘查,通过详勘,获取有关的定量指标,为正确进行路线布设、路基路面设计、桥涵设计、防护工程设计提供可靠的地质资料。其主要任务是对初测时的路线沿线地质情况进行详细勘查,查明待测地段的详细地质、水文地质及不良地质地段的地质资料。

(1) 准备工作。

①充分研究初勘资料,熟悉已批准采用方案的工程地质资料,了解所详勘的资料。

②认真领会初步设计的审批意见,研究落实有关措施。

③对详勘工作的要求进行研究,据此拟定工作计划,落实工作量、组织安排及技术装备。

(2) 工程地质详勘主要内容。

①路线方面:在工程地质复杂和工程艰巨地段,会同选线人员研究路线布设及所采取的工程措施;调查沿线范围内的地貌单元和地貌特征、地质构造、岩石、水文地质、植被、土壤种类、地表径流及不良地质现象,并分段进行工程地质评价;分段测绘代表性工程地质横断面,标明土、石分类界限,并划分土、石等级;调查气象、地震及施工、养护经验等资料;编写公路地质说明书。

②路基方面:调查分析自然山坡或路基边坡的稳定状况,根据地质构造、岩性及风化破碎程度以及其他影响边坡稳定的因素,提出路堑边坡或防护加固措施;沿河(溪)线应查明河流的形态、水文条件、河岸地貌、地质特征、河岸稳定情况、受冲刷程度等,进而提出防护类型、长度及基础埋置深度等意见;调查路基坡面及支挡构造物,提出路基土壤分类和水文地带类型。

③路面方面:收集有关气象资料,研究地貌条件,划分路段的道路气候分区,并提出土基回弹模量建议值,供路面设计时采用;调查当地常用路面结构类型和经验厚度。

详勘时要求对沿线地形、地貌、地质构造,岩层产状、性质、成因、厚度、类别、风化程度,岩土变化规律,地下水露点、埋藏深度、地表积水、排水条件等,分段进行详细描述。描述时应重点突出,并依其地质情况评述本路段的地质对沿线的路基、路面、桥涵、附属结构等的影响,提出相应的工程措施。

④特殊地质、不良地质地区的详勘和全线路基排水系统的详勘,按《公路工程地质勘察规范》(JTG C20—2011)进行。

⑤路基取土调查,应根据初步设计确定的取土方案,可不另行专门勘察,但对于沿线集中取土或线外大型取土坑,均需进行详勘,每处可设 2~3 个勘探点,勘探深度应穿过取土层以下 0.5m,并选取有代表性土样鉴定土的路用性质。

⑥隧道工程地质详勘,通常包括两项内容:一是隧道方案与位置的选择,二是隧道洞口与洞身的勘测,它主要为隧道设计与施工提供所需的地质资料。

2) 筑路材料调查

筑路材料调查就是根据就地取材的原则选定料场,如石料、砾石、砂、黏土、水等路用材料。通过调查确定材料的数量、使用品质、开采与运输条件。

(1) 料场选择。

公路料场分为路侧料场和集中取土两种。路侧料场为附近合理运距范围内的路段供应材料;集中取土不仅为附近路段供应材料,同时为其他路段或其他建筑供应材料。选择料场时应考虑以下因素:

①使用条件:应根据不同的工程需要选择不同的砂石材料。供应铺筑路面用碎石材料,应为质地均匀,有足够的强度,含泥量小,不夹杂扁片,具有棱角状或天然级配材料。一般用作构造物的基础石料,必须有足够的强度和稳定性。

②开采条件:主要应从矿层的产状条件、水文地质条件、开采季节、工作台面大小和废土堆置场地等方面考虑。如具有板状或棱柱状节理的岩浆岩以及岩层均一的沉积岩,一般都易于开采和加工。但如节理过于发育,会降低石料强度和开采效率。

③运输条件:主要应考虑运输支线的距离和修筑支线的难易程度、料场和路线的相对高度和运输工具等因素。

(2) 调查内容。

①开采条件调查:料场工作面的概略范围,有用层和覆盖层的厚度,开采工程等级,废方堆方位置,宜开采的季节及可采取的措施,机械开采的可能性,开采时附近的居住条件,开炸石料时对附近群众和房屋的危害及其处理措施。

②运输条件调查:公路用建筑材料的运输条件,主要考虑支线运距和运输路线情况,宜采用的运输方式,需要修筑便道的长度和便桥座数,运输的季节性及相应的措施。

③数量和质量调查:确定材料蕴藏量,对各类料场进行必要的取样试验,据以评价材料的质量,并估计各种材料的成品率。

调查的资料应能满足施工设计图表的编制要求,一般情况下应提交的资料包括:天然筑路材料说明书、天然筑路材料料场一览表、天然筑路材料料场供应示意图、调查记录资料及试验成果。

(3) 调查方法。

料场调查主要采用勘探方法。在料场范围内,根据实地地形特点布置探坑,勘探线最好呈网状。通过勘探,确定材料界限、覆盖土层厚度与料层厚度,以估计筑路材料的蕴藏量,开挖探坑的数量、位置与深度,与实地勘探面积、地质构造、有无露头等方面有关。

进行料场调查时,应对不同的材料分别取样,以便进行材料试验,进一步了解材料的使用品质,同时填写野外调查记录表,如表 8-2-5 所示。

野外调查记录表　　　　表 8-2-5

___年___月___日　第___页	料场草图　　　　第___页					
1. 料场名称： 2. 编号： 3. 位置:K___+___左 　　　右　m 上路桩号:K___+___ 料场描述：	勘探点					
蕴藏量计算：	编号	层深(m)	层次	岩石描述	工程等级	取样
支线工程：						
占地调查：						
料场取舍说明：						

(4)蕴藏量计算。

计算料场的蕴藏量,首先应根据料场所处的地形与探坑布置情况确定其计算方法,常采用的方法有算术平均法、平等断面法、三角形法等。蕴藏量的详细调查允许误差为 ±15%,一般各料场的总蕴藏量不应少于设计需要量的 2 倍。对于蕴藏量很大、不受限制的料场,则不必计算其蕴藏量,直接以"丰富"表示即可。

3)公路用地、拆迁及预算资料调查

公路用地及建筑物拆迁等资料,应通过实地调查或测绘,提供征用土地及拆迁建筑物等位置、范围及数量,为施工图设计提供必需的资料。

(1)公路用地调查。

①沿线应测绘用地图,并根据设计需要提供永久性占地和临时占地数量。用地图比例尺为 1:500～1:2000,图中应标出中线、桩号、各类土地(水田、旱地、鱼塘、菜地、果园等)的分界线、用地宽度、使用人或单位。

②应调查各类土地常种作物和近三年平均产量,调查统计独立果树的价值、树木的株数、直径及产量。

(2)拆迁调查。

①对于拆迁建筑物,应调查其位置、范围、结构类型(房屋应注明层数)。

②需拆迁建筑设施,如电力、管道、电信等设施,应调查所在单位、位置及长度等,对于重要的建筑设施,如文物、铁路、水利或通信设施等,则应同主管部门协商,落实处理方案及工程措施。

③调查沿线伐树、挖根、除草及挖淤泥等的路段长度,并结合工程设计的需要计算其工程量。

(3)预算资料调查。

预算资料调查可在初测调查的基础上进行补充调查和核实。

7. 桥涵组

桥涵组的主要任务是调查与搜集沿线桥涵水文与地质、地形资料,配合路线的总体布设,进行实地勘测,提出桥涵及其他构造物的技术要求,确定桥涵位置、结构形式、孔径、进出口形式、埋置深度以及上下游防护处理措施等。

1)小桥涵位置和类型选择

小桥涵的位置原则上应服从路线走向,其位置通常根据路线布局大致确定。但桥涵的位置也需综合考虑实地地形、地质与水文条件等才能具体落实。如设置的涵洞是正交还是斜交,设在沟边还是沟底等,均需合理安排。一般下列位置应设置小桥涵。

(1)一沟一桥(涵)。

凡路线与一条明显沟形的干沟小溪、河流相交,当上游的汇水面积大于 $0.1 km^2$ 时,原则上应设一座小桥或涵洞。

(2)农田浇灌涵。

路线经过农作物区,当跨越水田、水渠时,为了不影响农田的水利灌溉,必须设置满足排水要求的农田浇灌涵。

(3)路基边沟排水涵。

山区公路的傍山线,为排除路基内侧的边沟水,通常每隔 200~400m 需设置一道涵洞,具体位置可根据路线平面图、纵断面图及横断面图综合考虑、合理选定,一般设置在纵坡变化处。

(4)路线交叉涵。

当公路与公路、铁路或其他道路相交时,为了使边沟不阻水,同时也不致冲坏相交路线的路基,一般应设路线纵向排水涵。

(5)其他类型涵洞。

当路线经过积水洼地、池塘等处,为沟通两侧水位,应设置涵洞。当路线穿过村镇时,为保证地面水排水畅通,也可设置涵洞。

小桥桥位应考虑选在河面顺直、地质条件良好、河床稳定、桥位中线尽可能与洪水主流方向正交、河面窄且水流平缓的河段上。

涵洞一般顺沟设置,河道或沟渠弯曲时可视地形条件裁弯取直;山沟较深时可沿沟边设涵;山坡纵坡较大时可改设平缓引水沟;当相邻两沟距离接近时,在不影响路基正常排水的情况下,可引水并沟。

涵洞的类型,按修建材料可分为石拱桥涵、混凝土桥涵、钢筋混凝土桥涵;按水力特征可分为无压力式涵洞、半压力式涵洞和压力式涵洞。涵洞类型主要根据公路等级、使用性质和任务,按适用、经济、坚固、因地制宜、就地取材和便于施工等原则来选择。

2)小桥(涵)址测量

小桥涵测量是在桥涵位置确定后,确定小桥涵的孔径、墩台高度、结构类型、基础形式及埋深、必要的附属工程等。涵洞一般只需测量涵洞中心桩处的路线横断面和进出水口的涵洞横断面。而小桥除测量桥位中心处的路线纵断面外,还应测出河沟上、下游各距中心线 5~10m 处平行于路线的纵断面,桥台处的路线横断面,河床比降图,桥位地形图等,供设计小桥时使用。

(1)基本要求。

①小桥涵沿路线中线方向的断面测量,应与路中线测量同步完成,并注意适当加密中桩、实测沟渠以及与路线的交角。对地形复杂的小桥涵,应对路线中线两侧或河床两侧各施测一个或几个断面,其测量范围和精度应能满足涵底纵坡和进(出)水口设计、布置桥孔、调治防护工程、计算开挖土石方数量等的需要。

②小桥涵位地质、地形复杂,布置小桥涵及其附属构造物困难或兼有改河、改道工程及环境协调等综合处理要求的地段,应测绘 1∶200~1∶1000 工点地形图。改河工程应按布设要求进行纵、横断面测量,并相应测量原河道相关范围内的河床纵坡和河床横断面。

(2)小桥涵测量。

①桥址测量。

a. 测绘桥位中心及上下游平行线即河床横断面图,河床横断面图上应标明桥位中心桩号、设计水位或调查洪水位、地貌特征等,还须将地质试坑或地质柱状图绘于河床横断面图上。然后在图上布孔、定出桥位中心桩号及桥的高度(包括桥面设计高程及梁底高程),检查侧墙和锥坡的基础有无悬空及埋置过深现象。

b. 测绘河床比降图,河床比降图显示上、下游河(沟)底纵剖面的实际情况(如有无陡坡、跌水、淤积、冲刷等现象),为水力计算提供依据。

c. 当桥位处的地形条件比较复杂,或河(沟)弯曲、水流紊乱,需纸上研究设计方案时,须测绘桥址处的工点地形图,图纸比例可采用 1∶200~1∶500;测图范围以设计需要为准,当测区范围较大时,测图比例可取 1∶1000,等高距一般采用 0.5m 或 1m。

②涵址测量。

a. 涵位中心纵断面测量。当涵位及其与路线的交角确定后,自涵位中心沿涵洞中心方向分别往上、下游施测纵断面,施测长度以满足布设涵洞为要求,一般施测到距中心线上、下游各 20m 处,若遇有改沟、筑坝或设缓流设备等附属设施,应适当延长。

b. 涵址河(沟)横断面测量。在涵洞中心及上、下游进出口处,各测一个垂直于涵位中线的涵洞横断面图。平原区较顺直的河沟只测涵位中桩一个横断面;山区河沟当沟形十分曲折、地形起伏较大时,则须增设几个横断面,借以了解涵位附近的地形全貌。

c. 涵址平面示意图勾绘:为了便于在内业设计时了解涵址附近的地形全貌,应绘制出每一个涵洞处的平面示意图。勾绘时一般先按比例绘好路线与涵洞方向的关系图,用目测的方法将地形、地貌、地物等勾绘在此图上,目测时应尽量提高准确性,必要时可用花杆或步测来量测。

3)小桥涵地质调查

小桥涵地质调查的目的在于搜集基底处的工程地质及水文地质情况,为准确选定桥涵及附属工程的基础类型和尺寸、埋置深度等提供有关资料。调查内容包括:基底地质土壤类别与特征、有无不良地质情况、土壤冻结深度及水文地质对桥涵基础与施工有无影响。

调查的方法以视察为主,挖深为辅。当地质条件相对简单,通过已有资料及调查天然露头足以查明基底的地质情况时,一般不进行专门的地质钻探。当地质条件复杂时,则须进行现场钻探,探坑的布置位置、深度,应根据地质情况和设计要求确定。每座小桥涵一般布设 1~2 个探坑,分别布置在沟底中心或两侧台基附近,挖深不小于基底埋深以下 1~2m。如果条件许可,最好在挖探的同时,分层选取有代表性的土样做试验,小桥涵地质调查要保证桥涵施工后基础稳定可靠。

8. 内业组

公路定测的内业工作,其主要任务是对外业测量期间测量成果进行整理、复核、校对和编制。一方面,它沟通各个外业组之间的业务关系,保证测量成果的准确可靠;另一方面,内业工作是综合性的设计工作,各测设组搜集的资料与设计成果是否符合要求、是否合理,都要经过内业工作的综合比较论证,以便进一步完善各项设计。

公路定测的内业工作是保证勘测顺利进行及测量成果质量的关键,十分重要。其具体表现在以下几方面:

(1)内业人员应主动向选线人员了解方案情况,掌握各路段的定线意图和布设情况以及对测设工作的意见和要求。其中包括分段定线依据和技术指标,如路线走向、放线坡度、路基填挖高度控制,平、纵、横线形配合要求,以及沿线人工构筑物布设等。摸清底细后,据以检查实测结果与原意图有无出入,以便更好地指导内业设计。

(2)内业人员应协助测量队长对外业的勘测质量进行检查,逐日复核外业人员当天交回的野外记录和原始资料,检查容许误差,发现错测、漏测或不完善情况,及时通知有关外业人员,迅速纠正或补测,以免贻误工作。内业人员在检查和复核各外业资料时应注意以下事项:

①测角方面:应复核转角、分角读数和视距计算是否正确,实测转角和采用半径值同选线所定数据有无出入,影响如何;平曲线要素计算是否正确;交点固定资料是否齐全。

②中桩方面:中线丈量的精度是否符合要求,平曲线要素与测量记录是否一致;中桩里程是否有错;弯道加桩,地形、地物等加桩是否齐全。

③水准测量方面:基平测量的精度是否达到要求,水准点布设是否可行;中平测量是否符合要求,有无漏测、记错或计算错误。

④横断面方面:核对横断面桩号与中桩记录是否一致,有无漏测或错测,横断面施测的宽度是否符合要求,地物界限及标注是否清楚明确,有无需要加测横断面等情况,如有应及时补测或重测。

⑤地形方面:检查中线展绘有无错误,施测范围是否符合要求;图幅的拼接是否吻合连续,地形、地物测绘的精度是否符合要求。

(3)对所有外业资料经检查无误后,按设计文件规定的图表格式和内容填写齐全,存查备用。如直线、曲线及转角表,水准点资料一览表,保护桩资料一览表,总里程表,路基设计表,纵断面图,横断面图,小桥涵设计资料一览表,交叉口设计资料一览表等。具体格式可参见《公路工程基本建设项目设计文件图表示例》。

(4)编制外业期间的工作计划,并根据实际的外业进程及时调整计划。

(5)点绘纵、横断面地面线,并进行纵坡设计,然后到现场核对,检查原定线方案是否合理,平、纵、横配合情况,拉坡有无问题等。

(6)做好器具、测绘用品、外业记录手册、设计文件图表、技术资料、标准图、图书及计划报表等领用、保管及管理工作。

(7)定测阶段应完成和提交的成果如下:

①各种调查、勘测原始记录、图纸及资料;

②各专业勘测、调查的质量检查及分析评定资料;

③路线纵、横断面设计及各种底图、底表;

④各项测设主要计算分析论证资料;

⑤各项测设主要设计布置图及设计底表;

⑥外业勘测说明书及有关协议和文件。

一、任务实施流程

本工作任务可按以下脉络开展实践与交流:

(1)任务解读(公路定测内容和成果);

(2)实践任务(公路定测)分解与分工;

(3)资料收集;

(4)完成公路定测内容;

(5)上交成果:公路定测成果;

(6)学生自测与自评;

(7)组长对组员进行考核。

二、学习任务实施

(1)任务名称:公路定测。

(2)基本资料:教师在校园附近或公路勘测实训基地选定路线基本走向,大致6~10个交点,规定公路等级与设计速度。

(3)任务:

①选线组根据实地地形,采用现场定线方法,选定交点、转点并现场确定平曲线半径,测定交点坐标,计算平曲线要素、中桩桩号、中桩坐标等,确定公路中线位置;

②中桩组根据计算结果敷设中桩,并编制直线、曲线及转角表;

③水平组设置水准点并测其高程,测量所有中桩、加桩高程并记录;

④横断面组测绘路线各中桩的横断面地面线。

(4)要求:

①以组为单位,各组完成上述任务,组长负责组织任务实施与安排、检查各组员的计算或分析结果,每组完成一个交点后交换工作;

②全组共同完成上述任务后,组长负责成果的记录与整理,按任务目标的要求上交直线、

曲线及转角表,逐桩坐标表,中桩高程记录,横断面记录,横断面图。

三、案例分析

[**案例**] 陕西略阳县观(音寺)大(黄院)公路为四级公路改建工程,根据建设单位意见勘察设计工作采用一次定线,一阶段施工图设计。

1)定测

某设计单位在接到略阳县交通运输局的委托后,立即组织专业技术人员赴现场进行调查、踏勘,对路线的走向、主要控制点进行详细的调查和核对。为了确保测设质量和工期,在外业勘察工作前进行了技术装备、技术资料的准备,仪器设备的检校等工作,为保质保量完成该段公路测设做了充分的准备。

2009年7月14日,全体测设人员进入测设现场,7月16—17日,根据路线走向和方案,在路线带上埋设预制水泥混凝土控制桩,随后利用GPS全球定位系统进行平面控制测量,18日又进行了高程控制测量。7月19日开始利用导线点成果对旧路中线及边线进行坐标控制,利用控制的结果在计算机上定线,为充分利用旧路、掌握好技术指标、节约工程投资打下了良好的基础。定线完成后分路线组、中线组、横断面组三个测量专组以及经济调查、平交调查、桥梁涵洞调查、路基路面调查、排水防护调查、工程地质调查六个调查组进行了测设工作,于8月13日完成了该段公路的外业勘测工作。在外业勘测工作完成后,组织全体测设人员于8月15日正式开始该段公路内业设计工作,内业设计工作于8月31日基本完成,文件进入审查及定稿工作阶段。

2)路线走向及主要控制点确定

该段公路位于略阳县正东方向,起点位于观音寺乡街上村,与略(阳)观(音寺)公路相连接,终点位于略阳县大黄院村,是略阳县县域公路网的重要组成部分,路线走向基本上是由北向南,沿黑河右岸南下,途经海棠沟村、包家沟村,在棒槌崖设桥跨河换岸后继续沿黑河南下,经刘家沟、孟家河村至李家河再次设桥换岸,经炉子坝沟口到达黄草岭后设桥跨河换至黑河左侧继续南下,再经过张家坪、庄房坝,在李家坝处设桥换至黑河右侧,经和平村后走高线经四垭豁翻越山岭至终点大黄院村,与大黄院村至茶店公路相接,路线全长18.857km。路线的主要控制点为街上村、棒槌崖、孟家河村、李家河、黄草岭、李家坝、和平村、大黄院村。

3)沿线地形、地质、地震、气候、水文等自然地理状况调查

(1)地理位置:拟建项目地处汉中市西部略阳县境内,略阳县地处秦岭山脉西段南坡山峦腹地,地跨东经$105°42'\sim106°31'$,北纬$33°07'\sim33°38'$。略阳县东临勉县,西连甘肃省康县、成县,南接宁强,北毗甘肃省辉县,是通往四川的交通要道。

(2)地形、地貌:该路线位于秦岭南麓,区内总的地形是西北高、东南低,西北向东南倾斜。县境内山岭纵横、沟壑交错、地形复杂。项目区地跨秦岭梁褶皱带,山峦起伏较大,坡陡、切割深,地质构造复杂,水流急,且瀑布较多,雨量充沛,易发生大的径流,故侵蚀强烈。

(3)地质、地震、气候及水文条件。

①工程地质。

该路线所经地段,以沉积岩、火成岩、变质岩为主并交替存在。沿线分布有盆地、山地和丘

陵,地形复杂。土壤的分布及类型受气候、纬度和水文地质条件的影响,也受长期人为活动的影响,类型多样、分布复杂。

②气候特征。

本地段属于亚热带北缘山地暖温带气候,湿润季风气候。其特点是冬季西伯利亚强冷空气南下,可翻越秦岭南侵;夏季副热带高压北抬西伸,势力强大时也可越岭北侵,冷暖气流均可到达,成为特殊的亚热带北缘山地暖温带湿润季风气候。项目区冬无严寒,夏无酷暑,雨量充沛,光热较差。春季冷暖反复交替,气温回升缓慢,雨少偏旱;夏季多洪;秋季多淋;冬季雨雪稀少,较干燥,日照偏少。

项目区年平均气温13.2℃,日极端最低气温为-11.2℃。年最低气温在1月,平均气温为1.8℃,日极端最高气温37.7℃。年最高气温在7月,平均气温为23.7℃。年平均日照时间为1558.3h,属于日照低值县。平均无霜期为236d。

③水文条件。

项目所在区域水资源丰富,沟河纵横,主要河流为黑河,黑河属长江流域汉江水系。项目区年平均降水量为860mm,最多年(1981年)为1353.6mm,最少年(1965年)为597.7mm。年降水时间主要集中在7—9月,占全年的56.6%。

④地震烈度。

依据国家地震区划图,本区域地震强度为7度。

⑤不良地质现象。

本区为洪水、泥石流、山体滑塌、滑坡多发县,省防汛重点县。

4)现有旧路状况

设计改建的观(音寺)大(黄院)公路是略阳县县域公路网组成部分。原观(音寺)大(黄院)公路于1975年建成通车。总体路基宽度为4.0~7.5m不等,路面等级低,坑槽遍布,原路基本没有排水设施,排水不畅,挖方边坡坡度不一,剥蚀、冲蚀严重,部分河湾地段旧路路基高度甚至低于黑河最大洪水位高度,受冲刷严重,局部路基宽度仅为4m左右,多数路段无法会车,行车状况极差。总之,现有公路技术指标极低,路基、路面毁坏严重,抵抗自然能力差,已不能满足县域经济迅速发展和社会主义新农村建设的需要,更不符合超前发展的原则,影响了略阳县东部山区社会经济的蓬勃发展,严重制约了当地社会经济的对外交流、商品交流和社会文化的发展。

项目建成后,由于技术标准提高,可以缓解和改善现有公路总体运输能力较差、行车平均速度较低的交通状况,拟改建的观大公路贯穿略阳县的观音寺乡、黑河坝乡,一方面不仅带动沿线乡村的经济发展,另一方面可更好地沟通与省道309线的联系,提高略阳县整体路网的水平,促进略阳县的工农业生产和社会经济发展。

5)筑路材料与公路建设的关系

本区域内筑路材料比较丰富,路基、路面用土、砂、片块石、碎石、水泥、石灰等建筑材料距本路较近,开采方便,运距短,可就近上路。路线沿线群众修路热情高,各级领导重视,为公路建设创造了极为有利的条件。

(1)中粗砂:砂场位于沿线黑河河滩,河滩中有丰富的河砂,少覆盖层,颗粒均匀、纯净,含泥量少;主要成分为石英、长石;质地坚硬,可供沿线路基及排水、防护工程用。

(2) 路面用碎石：沿线多处路侧分布有大量的石灰岩，岩石出露，破碎程度较轻，可开挖高度和开挖深度大，储量丰富，而且易于开采，工程性能较好；另外，黑河河道也有丰富的碎石，在 K8+000、K12+880 等地段可设碎石场，其性能均能满足路面面层用碎石和桥涵混凝土用碎石的要求，采用汽车运输可直接上路。

(3) 块、片石：沿线多处路侧或河滩上分布有石料场，沿线块、片石储量较大，开采方便，可沿便道上路。块、片石以石灰岩、玄武岩为主，岩石坚硬，强度高，整体性好，可开挖高度大，工程性能好，抗压强度在 30MPa 以上，可供沿线排水工程、防护工程及小桥涵工程用。

(4) 水泥：略阳县水泥厂生产各种标号水泥，年产量大，性能稳定，产品质量达到国家有关标准，可用于桥涵工程及路基防护和排水工程，运输方便，在路线起点上路。

(5) 工程用水：沿线河流水资源较丰富，水质良好，可作为工程用水。

(6) 工程用电：沿线电力供应情况较好，路段电力分布均匀，等级齐全，供电有保证，工程用电可与供电部门联系，必要时亦可考虑自发电。

6) 路线与周围环境和自然景观的协调情况

本段路线改建工程是在原有公路基础上对局部路段进行裁弯取直，拓宽改建。在路线平、纵、横设计中，充分考虑了路线与自然景观的关系，力求平、纵、横组合设计合理。采用低填、浅挖路基及合理的排水设计，努力做到路线与周围环境和沿线自然景观协调一致，尽量避免对沿线生态环境造成破坏。

7) 与有关部门的协调情况

该段公路的改建设计中，充分考虑了少占耕地、少拆迁的原则。根据建设部门的要求，在满足标准的前提下尽量利用旧路、既有桥涵结构物及支挡防护结构物。

(1) 初测的前期准备工作有哪些？
(2) 初测的外业测量工作包括哪几个方面？
(3) 初测的外业勘测与调查工作包括哪几个方面？
(4) 初测需提交哪些成果？
(5) 什么是公路定测？其目的与任务是什么？
(6) 公路定测的前期准备工作有哪些？
(7) 公路定测的外业测量工作包括哪几个方面？
(8) 公路定测调查工作包括哪几个方面？
(9) 公路定测需提交哪些成果？

模块九 公路路线辅助设计

工作任务一 公路路线 CAD 的基本认知

 学习目标

1. 通过学习,熟练掌握公路路线 CAD 的主要功能、数据采集的基本方法与软件运行原理;
2. 熟悉数字地面模型(DTM)的数据采集方法及质量控制原理;
3. 熟练掌握原始数据的录入格式和原始数据录入的方法。

 相关知识

早在 20 世纪 60 年代,公路设计人员就已开始运用计算机技术解决公路路线中繁冗重复的计算问题。随着计算机图形处理功能的发展和动态可视化技术的日渐成熟,以及 GNSS、航测、遥感等现代测量技术的应用和普及,公路 CAD 已逐步发展成为集数据采集与处理、设计、分析、优化于一体的集成化系统,主要表现为基于数字地面模型(Digital Terrain Model,DTM)的自动化数据采集过程、实时动态可视化的高效辅助设计过程、三维路线(或全景)透视图检验,以及快速规范的成果文件输出过程。随着现代测量技术采集原始数据并加以处理等多方面的进一步发展,公路 CAD 技术已基本上实现了手段先进、过程高效及外业测设内业化的预期目标。

一、公路路线 CAD 系统的总体设计流程

路线设计内容广泛,除平面、纵断面、横断面、土石方数量计算等几大主要内容外,还牵涉土石方调配、透视图生成、路线交叉、排水,并与中小桥、涵洞、挡土墙等构造物关系密切;考虑到设计一体化,还包含对 DTM 系统以及地形原始数据的处理。路线 CAD 系统是一个复杂、庞

大的系统，各个专业部分一般以子系统或功能模块方式进行分散开发，各子系统具有一定的相对独立性，相互间又有十分紧密的联系，如何协调各子系统（或功能模块）之间的关系，提高其系统的整体性、系统性以及易维护、易扩充的功能，提高对路线设计全过程的支持程度，路线 CAD 系统总体设计发挥了重要作用。

一个先进实用的路线 CAD 系统，必须建立在 DTM 基础之上，有功能强大的 DTM 作为支撑，才能为路线设计提供所需的一切地形原始数据，以便进行路线多方案比选和优化设计，并使路线的三维设计、可视化设计、高交互性成为可能。随着公路勘测新技术的发展，如遥感（Remote Sensing，RS）、地理信息系统（Geographic Information System，GIS）和全球导航卫星系统（Global Navigation Satellite System，GNSS），以及全站仪、扫描仪、数字摄影测量等新技术的应用，地形数据采集自动化成为可能，而 DTM 作为连接野外勘测（数据采集）和内业设计（CAD 系统）的纽带和桥梁，在设计系统中起着重要的作用。只有基于 DTM 的路线 CAD 系统，才可能成为覆盖公路测设全过程的一体化集成系统，这也是公路测设现代化的发展方向。

目前常用的公路路线 CAD 系统，除在功能上必须满足路线设计的各种要求外，在软件上其图形语言功能、交互功能、智能化、集成化、柔软性、友善性都达到一定的高度，已建立起集成化 CAD 系统。工程数据库作为集成化 CAD 系统的核心技术，取代了传统的数据文件管理方式。

图 9-1-1 为路线 CAD 系统总体结构示意图，其反映了路线 CAD 系统中各子系统之间的关系。

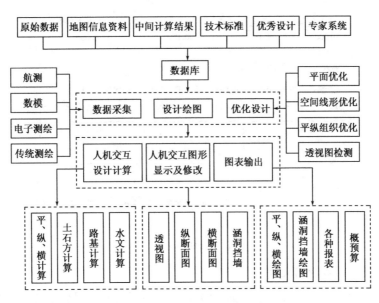

图 9-1-1　路线 CAD 系统总体结构示意图

二、公路路线 CAD 的有关数据文件

为完成一条公路的线形设计任务，一方面需要采集大量原始数据，如平面测设资料、纵断面地面线高程、横断面地面线资料等；另一方面又需按一定格式输入这些原始数据，构建相关

数据文件。在常用的公路 CAD 设计软件中,需要构建的数据文件包括:平面数据文件、纵断面地面线数据文件、横断面地面线数据文件、纵断面设计数据文件、超高及加宽设置数据文件、标准横断面设计数据文件、路线桩号序列数据文件、路线设计参数控制文件及其他附属文件等。因篇幅受限,以下仅就平面、纵断面和横断面原始数据文件的基本格式作简要介绍。

1. 平面数据文件

平面数据文件,一般需包含公路起、终点及交点坐标和桩号,圆曲线半径和缓和曲线设计参数等。平面数据文件的格式因应用软件而异,一般格式参考如下:

```
交点数      起点桩号
起点编号    坐标    坐标    0
交点号1     坐标    坐标    R    LS1    LS2    R1    R2
交点号2     坐标    坐标    R    LS1    LS2    R1    R2
……
终点编号    坐标    坐标    0
```

一般地,平面数据文件采用平面交互设计并通过"输出文件"获得成果,如图9-1-2所示。

图9-1-2 平面数据导入与导出

2. 纵、横断面地面线数据文件

纵、横断面地面线数据文件一般根据公路外业测设成果,或采用交互输入方式得到;或利用 DTM,通过纵、横断面的插值获得结果;或者通过"文件编辑器"进行编辑输入得到(图9-1-3)。纵、横断面地面线数据繁多,而且容易出错,因此在设计时建议利用 DTM。纵、横断面地面线数据文件的一般格式参考如下:

1) 纵断面地面线数据文件

基本格式:

桩号	地面高程
桩号	地面高程

……

2）横断面地面线数据文件

基本格式：

1（或 2、3、4、5、6）

桩号

平距1	高差1	平距2	高差2	平距3	高差3	……
平距1	高差1	平距2	高差2	平距3	高差3	……

桩号

平距1	高差1	平距2	高差2	平距3	高差3	……
平距1	高差1	平距2	高差2	平距3	高差3	……

……

就横断面数据而言，因测量方式不同，可能存在六种数据类型，即

类型1——平距绝对、高差绝对；

类型2——平距相对、高差相对；

类型3——平距绝对、高差相对；

类型4——平距相对、高差绝对；

类型5——平距绝对、高程绝对；

类型6——平距相对、高程绝对。

其中，平距绝对是指横向点的平距以距中桩的绝对距离为基准；平距相对是指横向点的平距以距前一横向点的相对距离为基准；高差绝对和高差相对与之类似；高程绝对是指某一横向点的绝对高程。

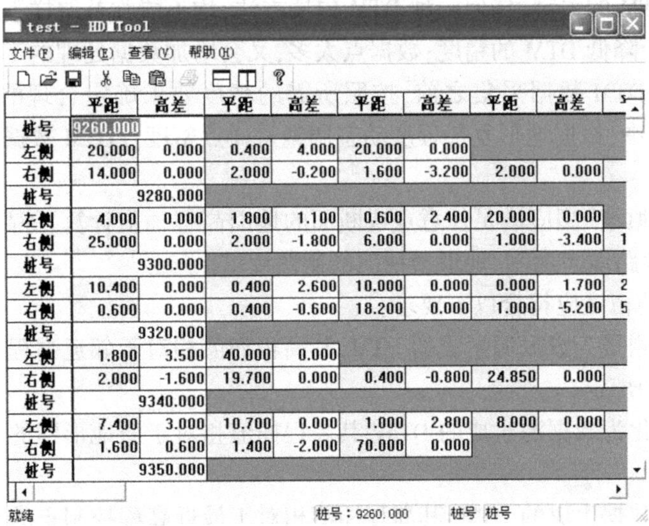

	平距	高差	平距	高差	平距	高差	平距	高差
桩号	9260.000							
左侧	20.000	0.000	0.400	4.000	20.000	0.000		
右侧	14.000	0.000	2.000	-0.200	1.600	-3.200	2.000	0.000
桩号		9280.000						
左侧	4.000	0.000	1.800	1.100	0.600	2.400	20.000	0.000
右侧	25.000	0.000	2.000	-1.800	6.000	0.000	1.000	-3.400
桩号		9300.000						
左侧	10.400	0.000	0.400	2.600	10.000	0.000	0.000	1.700
右侧	0.600	0.000	0.400	-0.600	18.200	0.000	1.000	-5.200
桩号		9320.000						
左侧	1.800	3.500	40.000	0.000				
右侧	2.000	-1.600	19.700	0.000	0.400	-0.800	24.850	0.000
桩号		9340.000						
左侧	7.400	3.000	10.700	0.000	1.000	2.800	8.000	0.000
右侧	1.600	0.600	1.400	-2.000	70.000	0.000		
桩号		9350.000						

图 9-1-3　横断面数据输入的"文件编辑器"

三、数字地面模型(DTM)

数字地面模型(DTM)是指地形表面形态等多种信息的数字表示,是一定范围内规则或不规则格网点的平面坐标(x,y)及其高程(z)的数据集。DTM具有如下特点:

(1)可以以多种比例尺的地形图、纵横断面图和立体图的形式显示地形信息;

(2)采用数字媒介存储,精度不会损失;

(3)容易实现自动、实时更新,适用于各种定量分析与三维建模。

1.DTM数据采集的方法

1)地面测量

利用自动记录的测距经纬仪(常用电子速测经纬仪或全站经纬仪)在野外实测。这种速测经纬仪一般都有微处理器,可以自动记录和显示有关数据,还能进行多种测站上的计算工作。其记录的数据可以通过串行通信,输入计算机中进行处理。

2)现有地图数字化

现有地图数字化是利用数字化仪对已有地图上的信息(如等高线)进行数字化的方法。目前常用的数字化仪有手扶跟踪数字化仪和扫描数字化仪。

3)空间传感器

利用全球导航卫星系统(GNSS),结合雷达和激光测高仪等进行数据采集。

4)数字摄影测量

数字摄影测量是DTM数据采集最常用的方法之一。利用附带的自动记录装置(接口)的立体测图仪或立体坐标仪、解析测图仪及数字摄影测量系统,进行人工、半自动或全自动的量测来获取数据。

2.DTM数据质量控制

数据采集是DTM的关键,任何一种DTM内插方法,均不能弥补取样不当所造成的信息损失。数据点太少,会降低DTM的精度;数据点太多,又会增加数据处理的工作量和不必要的存储量。因此需要在DTM数据采集之前,按照所需的精度要求确定合理的取样密度,或者在DTM数据采集过程中,根据地形复杂程度动态调整采样点密度。DTM数据采集时须考虑以下要求:

(1)公路数字地面模型应满足任意点或断面的地面高程插值计算、等高线、距离、坡度、面积、体积的量算以及路线平面图、地形透视图的制图要求。

(2)基础数据的精度应符合以下要求:

①以数字摄影测量为数据源生成的DTM,其高程插值相对于邻近高程控制点的高程中误差应满足表9-1-1的规定。

②以图形数字化为数据源生成的DTM,其高程插值相对于原地形图的高程误差不得超过原图等高距的1/2。

③以野外实测数据生成的DTM,其高程插值相对于最近高程控制点的高程中误差应满足表9-1-2的规定。

以摄影测量数据生成的 DTM 高程插值精度　　　　　表 9-1-1

采集数据的比例尺	地形类别	中误差(m)	采集数据的比例尺	地形类别	中误差(m)
1∶500	平原	≤±0.2	1∶2000	平原	≤±0.3
	微丘	≤±0.4		微丘	≤±0.5
	重丘	≤±0.5		重丘	≤±1.1
	山岭	≤±0.7		山岭	≤±1.6
1∶1000	平原	≤±0.25	1∶5000	平原	≤±0.4
	微丘	≤±0.45		微丘	≤±0.9
	重丘	≤±0.7		重丘	≤±2.6
	山岭	≤±1.3		山岭	≤±4.0

以野外实测数据生成的 DTM 高程插值精度　　　　　表 9-1-2

地形类别	中误差(m)	地形类别	中误差(m)
平原	≤±0.2	重丘	≤±0.5
微丘	≤±0.4	山岭	≤±0.7

(3) 各分区 DTM 接边时,不应出现漏洞、重叠,其起始、结尾坐标数据应吻合,接边误差不得大于高程插值中误差的 2 倍。满足精度要求范围内的接边误差应在编辑时予以修正。

(4) 数字地面模型应用于施工图设计阶段时,原始三维地面数据必须通过野外实测采集。DTM 高程插值中误差应不大于 ±0.2m。

(5) 纵、横断面插值应符合以下要求:

①采用数字地面模型计算公路纵、横断面时,中桩桩距和横断面取点间距应符合表 9-1-3 的规定。

中桩桩距和横断面取点间距　　　　　表 9-1-3

设计阶段		中桩桩距(m)	横断面取点间距(m)
初步设计	方案比选	25~50	5~10
	优化设计	10~30	2~5
施工图设计		5~20	1~2

②横断面地面线的宽度应符合公路设计的需要。

(6) 等高线可通过三角网模型或矩形网与三角网的混合模型进行等值线自动追踪生成。

3. DTM 数据的应用

公路勘测设计主要涉及平面、纵断面、横断面、路基土石方数量、透视图等几方面。在平面线形初定的情况下,由所建立的带状 DTM 内插出纵、横断面,自动绘制公路路线平面图或地形图,而不必进一步进行野外测量。设计者可利用地形图进行选线、定线工作,在这个过程中,计算机可以根据试定的平面线形,自动产生纵断面地面线,作为定线的依据。另外,在平面线形确定的基础上,计算机可自动从数模(DTM 数据)中内插出纵断面地面线,供纵、横断面设计使用。随着公路设计数字技术的发展,数模在公路线形设计中的应用日益广泛,具体表现在以下三方面:

(1)三维数字地面模型(DTM)的自动化数据采集与优化;
(2)实时、动态与可视化的高效辅助设计;
(3)准确、及时的三维路线(或全景)透视图检验。

一、任务实施流程

本工作任务可按以下脉络开展实践与交流:
(1)任务解读(矢量化的电子地形图及相关设计要素);
(2)实践任务分解与分工;
(3)资料收集;
(4)以组为单位上机操作;
(5)小组各成员相互交流上机心得,组长记录并整理;
(6)上交成果:《公路CAD认识报告》;
(7)学生自测与自评;
(8)组长对组员进行考核。

二、学习任务实施

(1)任务名称:公路CAD软件基本操作、数据录入与处理。
(2)基本资料:合适的公路CAD设计软件。
(3)任务:
①在计算机上安装AutoCAD 2020或以上版本操作系统,同时安装合适的公路设计系统;
②运行已安装的操作系统,观察该操作系统的主菜单结构,认识软件最基本的操作步骤,比如如何建立和管理数据文件、如何采用人机交互设计、软件运行后一般会提供哪些成果等;
③根据模块二或教师提供的一组平面线形数据,编写一段平面设计数据文件;
④根据模块三或教师提供的一组纵断面地面线数据,编写一段纵断面地面线数据文件;
⑤根据模块四或教师提供的一组横断面地面线数据,编写一段横断面地面线数据文件。
(4)要求:
①根据班级人数分成若干组,一般5~6人/组;
②以组为单位,全组共同完成上述任务①、②,组长负责成果的记录与整理;
③各组员完成上述任务③、④、⑤,组长负责检查各组员的计算或分析结果。

三、案例分析

[案例1] 请用纬地三维道路CAD系统(简称"纬地"),描述公路路线CAD交互设计的基本步骤。

解:
(1)在计算机桌面上双击"纬地"操作系统,运行程序。

（2）如图 9-1-4 所示，点击"项目"→"新建项目"，指定项目名称、路径，新建公路路线设计项目。

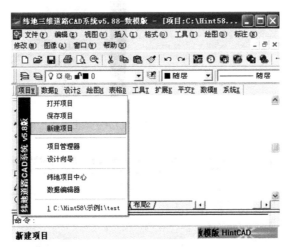

图 9-1-4　纬地三维道路 CAD 系统主菜单

（3）点击"设计"，即可进行路线平、纵、横交互设计。
（4）点击"绘图"，即可进行平面自动分图、路线透视图绘制等交互设计项目。
（5）点击"表格"，即可输出设计所需的各类路线设计表格。

[案例 2]　图 9-1-5 所示为某山岭区公路某路段的平面设计线，请简述用"纬地"中的数模功能获取纵、横断面数据的基本步骤。

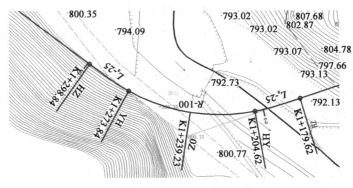

图 9-1-5　某山岭区路形图

解：
（1）新建项目，建立平面数据文件，同案例 1 的第一步、第二步。
（2）如图 9-1-6 所示，点击"数模"→"新数模"菜单项，进行系统初始化。
（3）点选"数模"→"三维数据读入"→"读入 dwg 和 dxf 格式"菜单项，根据提示选取所要读入的 dwg 文件，并设置相应线条的属性，如把地形图中计曲线（层名：T800）、首曲线（层名：T802）设置为约束线，把某些地形特征点设置为控制点等（图 9-1-7）。
（4）点选"数模"→"三角构网"菜单项，程序开始对已经读入内存的所有三维点进行排序、检索，按 DT 理论构建三维数字地面模型。

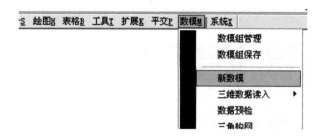

图 9-1-6　新数模建立并初始化

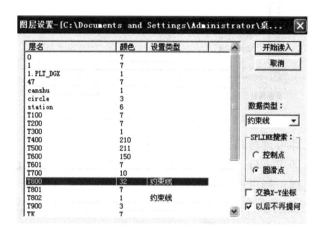

图 9-1-7　数据类型设置

(5)点击"数模"→"三角建模"→"输出三维地面模型",程序调用所有的三维点,能及时在 AutoCAD 平台绘制出相应的三维地面模型。

(6)点击"数模"→"三角应用"→"纵断面插值",即可获得全线纵断面地面线数据。

(7)点击"数模"→"三角应用"→"横断面插值",即可获得全线横断面地面线数据。

(8)依据所获得的纵、横断面地面线数据,即可进行路线纵、横断面设计。

工作任务二　路线辅助设计

学习目标

1. 通过学习,熟练掌握公路路线辅助设计软件——纬地道路辅助设计系统的基本操作;
2. 能够根据所提供的矢量化电子地图独立进行路线平面、纵断面及横断面设计;
3. 能够利用辅助设计系统所提供的常见模块进行实时数据分析与处理;
4. 能够利用辅助设计系统输出各类公路路线设计成果。

相关知识

一、交互式平面设计

近年来,随着计算机软硬件技术的快速发展与 CAD 技术在公路设计中的广泛应用,以及在我国公路建设步伐加快对设计提出了更高要求的背景下,许多公路工程设计和研究人员提出了很多有应用价值的平面线形设计新方法。这些方法对传统方法在理论上及技术应用上均有创新,丰富和完善了公路平面线形设计的方法,具体分类如下。

(1)按定线的操作方法可分为直线型和曲线型两大类方法。

(2)按曲线构造方法可分为组合线形(直线、圆曲线和回旋线)构造法和样条曲线拟合法两类。

(3)按具体应用方法可分为交点法、卵形曲线法、复合导线法、五单元导线法、模式法、积木法、线元法、控制法、参数线元法、位移法、试算优化法、三次样条曲线拟合法等。

(4)按曲线形式可分为单圆曲线、复曲线、凸形曲线、卵形曲线、S 形曲线、C 形曲线、回头曲线等。

(5)按定线的过程可分为静态法和动态法两种。

上述每一种方法都有自己的特点和具体应用场合,如曲线法适用于立体交叉定线,而传统的交点法适用于常规测设方法的定线。但不管采用哪种平面定线方法,其最终结果一样,即平面线形是由直线、圆曲线和缓和曲线构成的平面线形。

交互式平面设计是根据实际情况,人工给定需创造思维、综合决策确定的部分平面线形设计参数,剩余参数通过键盘输入或鼠标拖动输入,由计算机完成计算和绘图工作的过程。为了使人机更好地配合,在交互设计过程中,待定设计参数随鼠标的拖动实时显示在屏幕上,根据这些信息,设计者即时调整设计参数,使之满足设计规范要求,符合地形、地物等约束条件,快速得到合理的平面设计线形。

1. 交互式平面设计模式

交互式平面设计的核心是不同线形之间的合理衔接,衔接方法不同,构成了不同的设计模式。按现有的设计模式大致可分为二单元模式和三单元模式两大类,具体分类如图 9-2-1 所示。

二单元模式是在给定的两个线形单元之间,用一段或两段回旋线光滑连接。根据两个给定单元的线形和位置不同,可分为:

(1)基本型:直线—回旋线 1—圆曲线—回旋线 2—直线;

(2)凸形:直线—回旋线 1—回旋线 2—直线;

(3)卵形:圆曲线 1—回旋线—同向圆曲线 2;

(4)C 形:圆曲线 1—回旋线 1—回旋线 2—同向圆曲线 2;

(5)S 形:圆曲线 1—回旋线 1—回旋线 2—反向圆曲线 2。

三单元模式是在两个给定单元之间插入一个可动单元,并以回旋线将 3 个单元相连。根据可动单元不同,可分为:

(1)插入圆曲线类:在两个给定单元之间插入一段圆弧,两端分别以回旋线与给定单元相连接。

(2)插入直线类:在两个给定单元之间插入一段直线,两端分别以回旋线与给定单元相连接。

各种设计模式的具体计算公式可参考有关路线 CAD 线形计算的专用书籍。

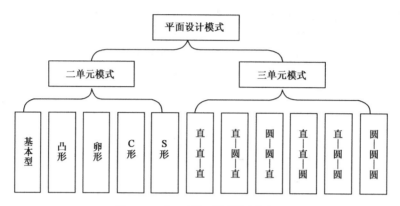

图 9-2-1 交互式平面设计模式分类

2. 交互式平面设计的实现方法

交互式平面设计的实现方法通常有参数输入法和鼠标拖动法两种。

1)参数输入法

参数输入法是早期路线 CAD 系统中平面设计所采用的方法,它从键盘输入设计控制参数,由程序计算出设计结果,并以对话框形式或图形形式显示在屏幕上,设计者主观判断设计结果是否合理,主要依据经验对设计参数作出进一步调整,直到认为设计结果比较满意为止。在设计过程中,计算机只完成其中的计算内容和结果显示部分,对参数的选择和调整还需人工通过键盘输入完成。这种方法定线速度慢,受主观因素控制,通常适用于简单线形的定线工作。

2)鼠标拖动法

鼠标拖动法的主要特征是交互设计、动态修改,当设计者对设计结果不满意时,无须从头重新设计,只要在前次设计结果的基础上,通过拖动鼠标即可对设计参数进行动态修改,直至对设计结果满意为止。整个设计过程动态连续,设计结果实时显示。从控制内容上看,鼠标拖动法可包括以下设计功能:动态导线布设、交互式平面布线、动态修改圆曲线半径及动态修改交点位置等。

一个优秀的路线 CAD 系统在平面辅助设计时应同时能采用参数输入法和鼠标拖动法两种方法,最初的控制设计参数从键盘输入,设计参数的寻优通过鼠标拖动逐步完成。

3. 导线法交互式平面设计应用

以下以纬地道路 CAD(HintCAD)系统为例扼要介绍导线法交互式平面设计的方法。

HintCAD 系统的导线法交互式平面设计界面如图 9-2-2 所示,可选择的控制参数有交点位置、第一缓和曲线、第二缓和曲线和圆曲线半径 4 项。

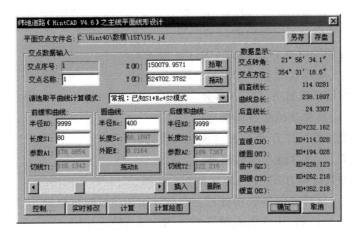

图 9-2-2　导线法交互式平面设计界面

1) 平曲线计算模式

平曲线计算模式共有 13 种,如图 9-2-3 所示。

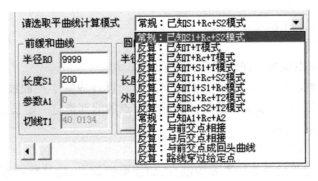

图 9-2-3　平曲线计算模式

(1) 常规方法($S_1 + R_c + S_2$ 模式)。

这种方法是常规辅助设计方法,已知 S_1、S_2 和 R_c 计算主圆曲线长度 S_c、外距 E、切线长 T_1 和 T_2,缓和曲线参数 A_1 和 A_2;交点桩号(JD)及平曲线主点桩号(ZH,HY,QZ,YH,HZ);前直线长、后直线长、曲线总长。

(2) 圆曲线的切线反算方式($T + T$ 模式)。

输入切线长度($T = T_1 + T_2$),反算圆曲线半径 R_c 和长度 S_c。当用户所输入的切线长度大于前一交点曲线的缓直(HZ)点到本交点之间的直线长度时,程序将提示输入有误,并自动以前一交点曲线的缓直(HZ)点到本交点之间的直线长度为切线长,计算得到其他的曲线数据。

(3) 对称曲线的切线反算方式 1($T + R_c + T$ 模式)。

输入切线长度($T = T_1 = T_2$)、圆曲线半径 R_c,反算 S_1,S_2,S_c。当程序通过计算发现缓和曲线的长度过小(< 10.0m)或过大(> 1000m)时,会发出警告。

(4) 对称曲线的切线反算方式 2($T + S_1 + T$ 模式)。

输入切线长度($T = T_1 = T_2$),S_1,反算 S_2,S_c。

(5) 非对称曲线切线反算方式 1($T_1 + R_c + S_2$ 模式)。

输入 T_1,R_c 和 S_2,反算其他参数和桩号。此方式下交点的曲线组合为非对称组合方式,即中间设置圆曲线,两端设置不同参数的缓和曲线。

(6)非对称曲线切线反算方式 2($T_1+S_1+R_c$ 模式)。

输入 T_1,S_1 和 R_c,反算其他参数和桩号。

(7)非对称曲线切线反算方式 3($S_1+R_c+T_2$ 模式)。

输入 S_1,R_c 和 T_2,反算其他参数和桩号。

(8)非对称曲线切线反算方式 4($R_c+S_2+T_2$ 模式)。

输入 R_c,S_2 和 T_2,反算其他参数和桩号。

(9)常规曲线参数计算方式($A_1+R_c+A_2$)。

输入 A_1,R_c 和 A_2,反算其他参数和桩号。在设计缓和曲线时可以选用 A_1 和 A_2 来控制缓和曲线,此法由 A_1 和 A_2 来控制,其计算原理与($S_1+R_c+S_2$)模式相同。

(10)反算与前交点相接计算方式。

此法采用与相邻交点平曲线相接的计算,以及复曲线、卵形曲线等的设计。先选择该计算模式,输入前后缓和曲线控制参数,单击"试算"按钮,系统即自动反求圆曲线半径,使该交点平曲线直接与前一交点平曲线相接。

(11)反算与后交点相接计算方式。

与方法(10)类同。

(12)反算与前交点成回头曲线的计算方式。

此法用于将当前交点和相邻的前一同向交点自动设计成同半径曲线,且两交点的圆曲线直接相接。用户还可以在当前交点的后部和前一交点的前部指定一定长度的缓和曲线。此法主要用于自动设置回头曲线。

(13)反算使路线穿过给定控制点的计算方式。

在设计曲线时,需要经过某一平面控制点,如桥梁控制点、建筑物控制点等。用户可以在平面图中,用鼠标点击该控制点,系统会自动计算经过此点的曲线参数,当计算成功后,显示计算后的参数。如果计算失败,则显示提示信息。

2)交互式平面曲线设计

交点数据输入有以下三种方法:从对话框输入、从图形屏幕上拾取、用鼠标在屏幕上拖动。鼠标拖动方式不仅支持交点数据的动态修改,还支持曲线数据的动态修改。

对圆曲线和缓和曲线进行设计的系统功能主要包括:曲线设计模式选择,各种设计模式的计算及结果显示,用鼠标拖动动态修改圆曲线半径。每个功能都有一个控制按钮,以启动相应的命令执行该功能。

通过移动横向滚动条分别给每个交点设置平曲线,用平曲线计算模式选择曲线组合,然后选择相应的参数设置曲线。曲线设置可按下面的步骤进行:

(1)用横向滚动条选择要设置平曲线的交点,用平曲线计算模式选择曲线组合。

(2)设置"前缓和曲线""圆曲线""后缓和曲线"参数。

(3)点击"试算"按钮,进行各种接线计算,如果所选曲线参数超出线形几何条件,系统将反馈计算失败的信息,在满足几何条件的情况下,系统将计算结果显示在相应的参数框内。

另外，用户可以点击"实时修改"和"拖动 R"按钮，根据命令行的提示实时拖动修改交点位置和圆曲线半径 R。

(4)用户根据计算结果，判断参数是否满足《标准》和《规范》的要求，是否满足线形设计要求等，如果不满足上述要求，则调整曲线参数，重新计算直至满足为止。

在设计曲线的过程中，要随时注意主对话框右边"数据显示"区内的信息，如"前直线长""后直线长"及各主点桩号等。

(5)点击"控制"按钮，选择平面图控制参数，如图 9-2-4 所示。

(6)在"主线设计控制参数设置"对话框内，设置"路线起始桩号""绘图与标注""标注位置"等参数，按"确定"按钮返回主对话框。

(7)点击"计算绘图"按钮，系统自动绘制路线平面图，当计算不能完成时，对话框中的数据不会刷新，并且在 AutoCAD 命令行中将出现计算不能完成的提示信息，用户在调整参数后继续进行计算。

图 9-2-4　控制参数设置示意图

(8)点击"存盘"或"另存"按钮，将平面设计数据保存到指定的数据文件中。

二、交互式纵断面设计

当路线平面设计完成后，就可以进行纵断面辅助设计。交互设计的第一步是要输入路线纵断面地面线数据，由系统根据所提供的数据生成纵断面地面线图，用户可在地面线图上直接拉坡，确定变坡点桩号与高程，进行纵断面设计。

纵断面地面线数据获取的传统方法通常有两种。第一种是按传统方式在野外进行实地路线勘测，用水准测量，或红外测距仪三角高程测量，或全站仪高程测量得到中桩地面高程。野外实测的地面数据精度高，适用于施工图设计阶段。第二种是在初步设计阶段采用纸上定线时，在大比例尺地形图上根据绘出的路中线和桩号，在图上读出各中桩地面高程。

纵断面设计的任务是根据绘出的路线纵断面地面线，进行拉坡设计，确定纵向变坡点里程桩号、高程及竖曲线半径等设计参数。在传统的路线 CAD 系统中，计算机主要完成图形绘制和设计计算工作，纵坡设计和竖曲线半径确定需要人工完成。在整个设计过程中，要依据地形变化及控制点要求，兼顾平、纵配合，经过多次试算和反复调整才能确定每个变坡点位置和竖曲线半径，设计工作量较大。在考虑土石方工程量和填挖平衡等经济性问题时，要经过横断面设计，计算土石方数量后才能核准。每个纵坡方案的修改和调整，似重做一次纵断面、横断面设计和土石方计算，大大延长了设计时间，增加了工作量。

采用交互式纵断面设计，设计者在一个近似的三维空间中进行拉坡，能实时得到平、纵、横三方面设计信息，设计方案的修改和调整在动态可视的环境中进行和完成。

通常交互式纵断面设计应包括如下功能：

1. 动态拉坡设计和修改

用户在图上用鼠标拖动坡度线进行纵坡设计,坡度线随鼠标移动而驱动,设计者可随时看到设计线与地面线的高差变化。用鼠标对修改对象进行拖动时,屏幕上实时显示相应的设计参数(桩号、高程、纵坡、坡长、竖曲线半径、切线长、外距等),从而可以方便地选择拖动步长、拖动比例和拖动方式,对修改对象进行高精度调整。

2. 多参数控制设计

在纵断面设计和修改中,可以对多个参数进行控制和调整,如变坡点桩号、高程、纵坡、坡长、竖曲线半径、切线长、外距等。

3. 多视窗同步显示

纵断面设计时需考虑兼顾平纵配合和横断面填挖情况,采用多视窗同步显示很有必要。一般可分成3个视窗,较大的主视窗显示纵断面设计信息,按思维习惯将平面信息安排在主视窗下面的视窗中显示,在左上角或右上角开启另一个视窗显示横断面填挖信息。在主视窗中进行纵断面拉坡时,其可同步显示拉坡区段内平曲线位置和鼠标位置处桩号的横断面填挖状态。

4. 丰富的查询功能

除可动态查询纵断面设计的各项技术参数和随时查询设计线要素、控制点、断链等信息外,还可进行全线技术指标分析,估算填挖工程量和绘制给定路段的土石方累计曲线。

5. 灵活多变的图表绘制功能

对路线纵断面设计图的图幅、绘图范围与比例、图框样式、栏目内容与栏数、标注顺序、标注文字样式与属性等内容,均可由用户自由选择。

在进行交互式纵断面设计时,首先人工输入或人机交互输入平面设计资料和控制点资料,计算机显示中桩地面线,以便设计者实时拉坡,然后设计者在可视环境中用鼠标和键盘进行动态拉坡和实时检查,对不合理的地方反复修改,直到满意为止。交互过程中可以实时观察到平、纵配合的情况,最后由计算机完成后续计算,输出设计结果。交互式纵断面设计的流程见图9-2-5。

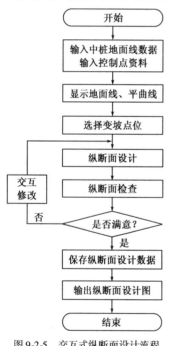

图9-2-5 交互式纵断面设计流程

三、交互式横断面设计

在路线平面、纵断面设计完成之后,就可以进行路基横断面设计和土石方数量计算。横断面设计的工作内容是,按纵断面填挖高度将横断面设计线设置在横断面地面线图形上,并按一定要求设置填挖边坡、边沟、排水沟及支挡结构物等设施。该工作在技术上并不复杂,但需考虑的因素较多,工作量大,适宜采用计算机处理。

在进行交互式横断面设计时,需要提供必需的横断面地面线数据,数据的获取方法通常有两种:一种是用水准仪、皮尺、花杆等测量仪器实地采集;另一种是利用数字地面模型(DTM),

根据平面设计提供的路线逐桩坐标和切向方位角,从 DTM 中内插获取。

横断面地面线数据通常有下面三种格式:

(1)绝对距离(测点至中桩之距)、绝对高程。

(2)绝对距离、绝对高差(测点与中桩的高差)。

(3)相对距离(后一测点至前一测点之距)、相对高差。

为了适应不同的数据格式,公路 CAD 系统提供了不同数据格式之间的转换功能,在横断面计算之前,将横断面地面线数据转换成 CAD 系统需要的格式。

横断面设计的任务是由设计者确定各中桩的横断面形状、尺寸、坡度等参数,根据中桩填挖高度,按路基标准横断面图的有关要求,根据实地具体情况套用到相应的横断面地面线上,然后计算出各断面中设计线与地面线之间所围成的填方与挖方面积,并据此计算相应的路基土石方数量。由于横断面设计时要综合考虑地形、地物、地质、水文及构造物等方面情况,若完全依赖程序设计,很难完全实现设计者的意图,必须视具体情况变化辅以交互修改工作。所以交互式横断面设计可分为三大步骤:首先,由设计者确定典型横断面各要素,包括路幅、填方边坡、挖方边坡、边沟位置及尺寸、排水沟位置及尺寸、挡土墙位置及尺寸等要素;其次,根据已定的相关参数、横断面地面线资料,通过交互输入与适当修改,生成各里程桩的横断面设计图;最后,由程序按所设计的横断面计算填挖方面积与路基土石方工程量。交互式横断面设计流程如图 9-2-6 所示。

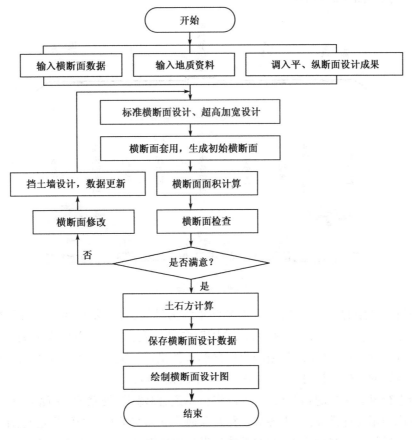

图 9-2-6 交互式横断面设计流程

1. 标准横断面设计

标准横断面是程序进行自动横断面设计时采用的横断面设计模板,它包括路幅、填(挖)方边坡和两侧边沟或排水沟三部分,如图 9-2-7 所示。

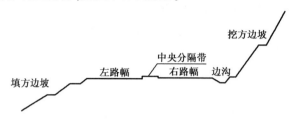

图 9-2-7　标准横断面设计模板示意图

1) 路幅设计

路幅包括公路宽度和横向坡度,路幅的形式由公路类型、等级等因素确定。公路及互通式立体交叉匝道的路幅由行车道、路缘带、硬路肩、土路肩组成。对高速公路、一级公路等对向分道行驶的公路,还应设置中央分隔带,如图 9-2-8 所示。城乡接合部的道路往往采用城市道路的设计断面,即采用 3 块板以上断面形式,其路幅一般包括中央分隔带、行车道、绿带、非机动车道、人行道等,如图 9-2-9 所示。

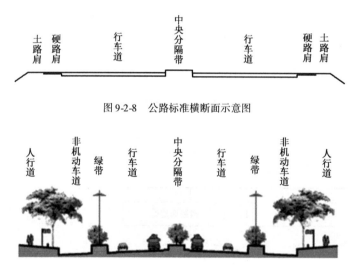

图 9-2-8　公路标准横断面示意图

图 9-2-9　带附加板块的道路标准横断面示意图

对双向行驶公路的路幅设计,一般以公路中线为轴线,将公路分为左、右两幅(有中央分隔带时将其分成左、右两部分)分别设计,采用双向横坡度,由公路中线或中央分隔带边缘向两侧倾斜,其横坡度值根据路面类型和当地自然条件确定。而对分离式单向行驶的公路和立体交叉单向匝道的路幅设计,按单幅考虑,采用单向横坡度。

为了能进行灵活多样的路幅设计,可以将行车道、路缘带、硬路肩、土路肩、中央分隔带等路幅单元组成通用设计模板,用于各级公路及互通式立体交叉匝道的路幅定义,单元宽度和横坡度由程序提供的交互窗口输入,或在系统的设计向导引导下定义路幅中各组成部分的尺寸。

当某公路不设中央分隔带时,可将其宽度设置为零。将绿带、非机动车道、人行道等单元组成附加设计模板,用于城市道路或其他类型道路。图9-2-10所示为纬地道路辅助设计系统设计向导中的路幅设计模板。

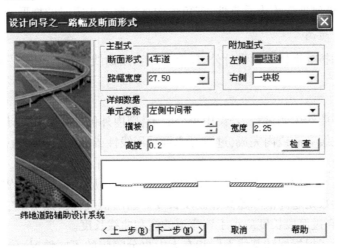

图 9-2-10 纬地道路辅助设计系统设计向导中的路幅设计模板

2)填(挖)方边坡设计

路基边坡设计是横断面设计中较难处理的部分,主要体现在边坡形式的多样性方面。从路基填挖情况看,分填方边坡和挖方边坡两类;从边坡段数看,有单级边坡和多级边坡几种;从边坡坡度看,分陡坡、缓坡和平坡三种。经对边坡的仔细分析,无论多复杂的边坡形式都可分解成由简单边坡组合的形式,而每一简单边坡均由坡度、坡高和坡宽三个参数中任意两个参数控制,所以任意多级、复杂边坡都可以用坡段数和简单边坡两个控制参数来描述。

为了简化应用程序的判断过程,加快执行速度,可以将边坡设计模板定义成挖方边坡模板和填方边坡模板两类,分别应用于挖方和填方两种情况。图9-2-11所示为纬地道路辅助设计系统设计向导中的填方边坡设计模板。

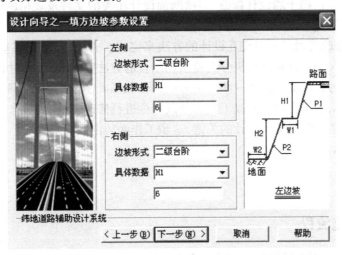

图 9-2-11 纬地道路辅助设计系统设计向导中填方边坡设计模板

3）边沟和排水沟设计

边沟和排水沟的断面形式分为梯形、矩形和三角形三种类型。可以用一个边沟设计通用模板来统一定义，梯形沟可用沟深、沟底宽、内侧坡率及外侧坡率四个参数控制；矩形沟可看成梯形沟的特例，内外侧坡率均为垂直坡；三角形沟是沟底宽为零时的梯形沟的特例。

2．路面加宽与超高

在曲线段上除按标准横断面设计外，还要考虑当圆曲线半径较小时一定路段的路面超高与加宽。

1）路面加宽

路面加宽在平曲线内侧进行，若设中央分隔带，则内外侧加宽值分别计算确定并设置。路面加宽过渡段应在缓和曲线内完成，过渡方式可采用线性或高次抛物线两种线形。

2）路面超高

当圆曲线半径小于《规范》规定不设超高最小半径时，应在曲线上设置超高及其过渡段。控制超高的两个参数是超高值和超高过渡段长度。超高值应按公路等级、设计速度和曲线半径等情况确定；超高过渡段长度应小于该弯道的缓和曲线长度。

超高过渡段形式根据旋转基线不同和有无中央分隔带的不同情况，分为六种不同的超高过渡方式，其内容可参见模块二。

对路面加宽和超高的设计计算，一般可由设计者向系统提供公路等级、设计速度、圆曲线半径、缓和曲线长度、断面形式、横坡度以及超高旋转方式等参数，由程序自动计算完成。对个别特殊情况，也可修改相关数据文件，合理确定设计参数，由系统调用修改后的数据文件并完成后续计算。

任何断面自动设计程序都不能像人脑那样灵活地洞察地面线的各种变化，尽管大多数设计断面是在自动横断面设计的前提下完成设计，但总会有少量设计断面不能完全符合设计者的意图。因此，在横断面自动横断面设计完成之后，对那些不满意的设计断面进行交互修改是必不可少的环节。

横断面修改内容主要包括横断面设计线修改（边坡线、边沟位置等）、地面线修改（地面线外延、挖台阶处理等）、挡土墙设计修改、与横断面设计相关的文件及表格的刷新（横断面数据文件、填挖面积表等）。

横断面交互修改可通过人机交互设计的方法来完成。首先，检查出那些不合理的设计断面，这步工作采用人工检查和计算机分类检索相结合的方法完成。其次，对有问题的断面实施修改。此步工作量大，系统应提供一些灵活方便的修改工具，如挖台阶处理工具、挡土墙设计工具等，设计者借助系统提供的修改工具和修改命令进行修改。最后，对修改变动的内容自动进行数据刷新，这是横断面交互设计的关键，这步工作必须由系统来完成。横断面交互修改流程如图9-2-12所示。

 任务实施

一、任务实施流程

本工作任务可按以下脉络开展实践与交流：

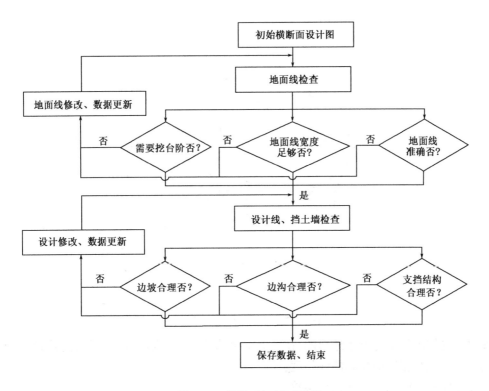

图 9-2-12　横断面交互修改流程

(1)任务解读(矢量化的电子地形图及相关设计要素);
(2)实践任务(路线辅助设计)分解与分工;
(3)资料收集;
(4)以组为单位上机操作;
(5)小组各组员相互交流上机心得,组长记录并整理;
(6)上交路线辅助设计电子文档;
(7)学生自测与自评;
(8)组长对组员进行考核。

二、学习任务实施

(1)任务名称:纬地道路辅助设计系统应用操作技能实训。
(2)基本资料:
①合适的矢量化电子地形图(要求所选区域属于重丘区地形),图上指明路线起、终点及主要控制点。
②设计要素:某三级公路,设计速度 $V=30\text{km/h}$,路基宽度 $B=8.5\text{m}$,路基标准横断面图如图 9-2-13 所示。
(3)任务:
①利用"纬地"新建项目;

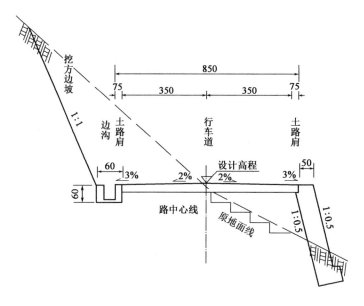

图 9-2-13 路基标准横断面图(尺寸单位:cm)

②根据提供的矢量化电子地形图,在图上定出路线起、终点与各交点位置,并确定每个交点处的合适半径与相应的缓和曲线长度;

③在操作系统中输入平面设计参数;

④利用矢量化电子地形图进行三维数据读入与处理,在此基础上进行纵断面插值与横断面插值,获得纵断面与横断面地面线数据;

⑤交互式纵断面设计,并确定路线各转坡点之间的纵坡度与各转坡点的竖曲线半径;

⑥交互式横断面设计;

⑦输出平面、纵断面及横断面设计图(保存为电子文档);

⑧输出直线、曲线及转角表,逐桩坐标表,路基设计表,路基土石方数量计算表等其他相应表格(保存为电子文档)。

(4)要求:

①以组为单位,全组共同完成上述任务①~⑤,组长负责成果整理;

②各组员完成上述任务⑥~⑧,组长负责检查各组员的计算或分析结果。

(1)公路路线 CAD 系统一般必须具备哪些数据文件?

(2)一个优秀的公路路线 CAD 系统,在软件上应具备哪些功能?

(3)什么是数字地面模型(DTM)?它具有哪些特点?

(4)DTM 在公路线形设计中的应用日益广泛,主要表现在哪些方面?

(5)如何利用矢量化电子地形图进行纵、横断面插值?

(6)交互式平面设计的核心是什么?交互式平面设计的模式有哪些?主要表现在哪些方面?

(7)纵断面地面线数据获取的方法有哪几种?
(8)通常情况下交互式纵断面设计应包括哪些功能?
(9)在公路路线 CAD 系统中,横断面地面线数据的格式一般有哪些?
(10)请叙述交互式横断面设计的基本步骤。

参 考 文 献

[1] 中华人民共和国交通运输部.公路工程技术标准:JTG B01—2014[S].北京:人民交通出版社股份有限公司,2014.
[2] 中华人民共和国交通运输部.公路路线设计规范:JTG D20—2017[S].北京:人民交通出版社股份有限公司,2017.
[3] 中华人民共和国交通部.公路勘测规范:JTG C10—2007[S].北京:人民交通出版社,2007.
[4] 陈方晔,李绪梅.公路勘测设计[M].4版.北京:人民交通出版社股份有限公司,2018.
[5] 赵永平,唐勇.道路勘测设计[M].北京:高等教育出版社,2004.
[6] 金仲秋.公路工程[M].3版.北京:人民交通出版社股份有限公司,2015.
[7] 交通部公路司.新理念公路设计指南[M].北京:人民交通出版社,2005.
[8] 张志清.道路勘测设计[M].4版.北京:科学出版社,2022.
[9] 许金良.道路勘测设计[M].5版.北京:人民交通出版社股份有限公司,2019.
[10] 孙家驷.道路勘测设计[M].4版.北京:人民交通出版社股份有限公司,2019.